憲法裁判の国際的発展

Die Fortschritte der Verfassungsgerichtsbarkeit in der Welt
—von dem rechtsvergleichenden Gesichtspunkt, insbesondere zwischen Deutschland und Japan

„Die Fortschritte der Verfassungsgerichtsbarkeit in der Welt
—von dem rechtsvergleichenden Gesichtspunkt,
insbesondere zwischen Deutschland und Japan“
Das erste Symposium aufgrund der japanisch-deutschen Zusammenarbeit
in Tokyo/Kyoto, 2002

Herausgegeben von KURIKI Hisao, TONAMI Koji, und HATAJIRI Tsuyoshi
Shinzansha Verlag, Tokyo, 2004
6-2-9-102 Hongo, Bunkyo-Ku, Tokyo-To, ZIP 113-0033 JAPAN
printed in Japan
ISBN 4-7972-3135-1

憲法裁判の国際的発展

ドイツ憲法判例研究会 編

編集代表
栗城壽夫・戸波江二・畑尻　剛

日独共同研究シンポジウム

信 山 社

[執筆・訳者一覧]

〈日本側報告者〉

栗 城 壽 夫　名城大学教授
Kuriki Hisao

戸 波 江 二　早稲田大学教授
Tonami Koji

井 上 典 之　神戸大学教授
Inoue Noriyuki

工 藤 達 朗　中央大学教授
Kudo Tatsuro

永 田 秀 樹　立命館大学教授
Nagata Hideki

門 田　　孝　広島大学教授
Monden Takashi

畑 尻　　剛　城西大学教授
Hatajiri Tsuyoshi

〈海外の研究者による報告の翻訳〉

光 田 督 良　駒沢女子大学教授
Mitsuda Masayoshi

玉 蟲 由 樹　仙台白百合女子大学専任講師
Tamamushi Yuuki

渡 辺　　洋　神戸学院大学助教授
Watanabe Hiroshi

岡 田 俊 幸　和光大学助教授
Okada Toshiyuki

國 分 典 子　愛知県立大学教授
Kokubun Noriko

宮 地　　基　明治学院大学助教授
Miyaji Motoi

古 野 豊 秋　桐蔭横浜大学教授
Furuno Toyoaki

嶋崎健太郎　埼玉大学教授
Shimazaki Kentaro

〈ドイツ側報告者〉

クリスティアン・シュタルク　ゲッティンゲン大学教授
Christian Starck

アルブレヒト・ヴェーバー　オスナブリュック大学教授
Albrecht Weber

カール・E・ハイン　ゲッティンゲン大学教授
Karl-Eberhard Hain

ヴェルナー・ホイン　ゲッティンゲン大学教授
Werner Heun

ハインツ・シェーファー　ザルツブルク大学教授
Heinz Schäffer

ヨルン・イプゼン　オスナブリュック大学教授
Jörn Ipsen

〈ドイツ以外の海外の報告者〉

許　　　營　延世大学校法科大学名誉教授
Young Huh

許　宗 力　国立台湾大学教授
Tzong-li Hsu

マリア ヘスス・モントロ=チナー　バルセロナ大学教授
Maria Jesús Montoro-Chiner

目　次

Ⅱ　憲法裁判の類型

V 憲法裁判と政治

VI 各国の憲法裁判

Ⅷ　憲法裁判と憲法訴訟法

総　括

外国人参加者の略歴と業績

クリスティアン・シュタルク　*Christian Starck*

一九三七年生まれ。キール、フライブルク、ヴュルツブルク大学に学び、一九六三年、ヴュルツブルク大学にて法学博士号取得。一九六四年から三年間、連邦憲法裁判所調査官を務め、一九六九年ヴュルツブルク大学にて公法および法哲学教授資格取得。一九九一年以来ニーダーザクセン・ラント国事裁判所裁判官。一九九九年ドイツ公法学者協会会長を歴任。一九七一年よりゲッチンゲン大学正教授。

主な業績として、Einflußrecht auf die Richtliniekompetenz des Regierungschefs,1962/63; Der Gesetzbegriff des Grundgesetzes, 1970; Praxis der Verfassungsauslegung, 1994; Der demokratische Verfassungsstaat, 1995.; Freiheit und Institutionen, 2002. ほか多数

アルプレヒト・ヴェーバー　*Albrecht Weber*

一九四五年生まれ。ミュンヘン、フランクフルト、ジュネーブ、ヴュルツブルク大学に学び、一九七二年、ヴュルツブルク大学にて法学博士号を取得。一九七九年にドイツ公法および外国公法、国際法（ヨーロッパ法を含む）の大学教授資格を取得。ヴュルツブルク大学国際法、ヨーロッパ法および国際経済法研究所助手、Ernst Benda連邦憲法裁判所長官付調査官を歴任。一九八二年よりオスナブリュック大学教授（公法）。

主な業績として、Menschenrechte? Texte und Fallpraxis, 2003; Starck/Weber（Hrsg.）, Verfassungsgerichtsbarkeit in Westeuropa. Eine Einführung mit Nationalberichten: Bundesrepublik, Österreich, Schweiz, Frankreich, Italien, Spanien, Portugal, Griechenland und Belgien, 1986; Schutznormen und Wirtschaftsintegration: Zur völkerrechtlichen, europarechtlichen und innerstaatlichen Problematik von „ordre public“ und Schutzklauseln, 1982 ほか多数。

カール・E・ハイン *Karl-Eberhard Hain*

一九六〇年生まれ。ギーセン大学で法律学を学び、一九八六年に第一次国家試験、一九九〇年に第二次国家試験に合格一九九〇年から五年間、ゲッティンゲン大学のシュタルク教授のもとで助手を務め、一九九三年に論文「放送の自由と放送秩序」で博士号取得。一九九八年、論文「基本法の原理」で公法および法哲学の教授資格を取得。

主な業績として、Rundfunkfreiheit und Rundfunkordnung, 1993; Die Grundsätze des Grundgesetz, 1999; Art. 79 GG—Form, Verfahren und Grenzen der Verfassungsänderungen—, in: v. Mangoldt/Klein/Starck, GG, Bd. 3, 4. Aufl., 2001 ほか多数。

ヴェルナー・ホイン *Werner Heun*

一九五三年生まれ。ヴュルツブルク、ローザンヌ大学に学び、一九七七年に第一次国家試験合格、一九八〇年に第二次国家試験に合格。一九八三年ヴュルツブルク大学にて法学博士号取得。一九八〇年から八年間年ボン大学助手を務め、一九八八年教授資格取得。一九九〇年よりゲッティンゲン大学教授。一九九一年から、同大学一般国家学および政治学研究所長を務める。一九九五／九六年および二〇〇二／二〇〇四年法学部長。

主な業績として、Das Mehrheitsprinzip in der Demokratie, Grundlagen, Struktur, Begrenzungen, 1983; Staatshaushalt und Staatsleitung. Das Haushaltsrecht im parlamentarischen Regierungssystem des Grundgesetzes, 1989; Das Budgetrecht im Regierungssystem der USA, 1989; Funktionell-rechtliche Schranken der Verfassungsgerichtsbarkeit, 1992 ほか多数。

許　營 *Young Huh*

一九三六年生まれ。韓国慶熙大学校卒業後、ミュンヘン大学で法学博士号取得、バイロイト大学で公法正教授資格を取得。ボン大学招聘教授、バイロイト大学教授（契約）、ミュンヘン大学教授（契約）、慶熙大学校教授、延世大学校教授等を歴任して、現在、明知大学校主任教授、延世大学校名誉教授。また、この間、司法試験委員、行政・外務公務員試験等を歴任。

主な業績として、『韓国憲法論』、『憲法理論と憲法』、『憲法学』、ほか多数。また、ドイツで発表された論文としても、Entwicklung des Verfassungsrechts in der Republik Korea, JöR 48, 2000, S. 471ff.; Sechs Jahre Verfassungsgerichtsbarkeit in der Republik Korea, JöR 45, 1997, S. 535ff.; Grundzüge der neuen koreanischen Verfassung von 1987, JöR Bd. 38, 1989, S. 565ff.;

Parallelen im deutsch-koreanischen Rechtsdenken, in: FS. f. H. Pfeiffer, 1987, S. 46ff.

許 宗力 *Tzong-li Hsu*

一九五六年生まれ。ゲッチンゲン大学法学博士。行政院環保署法規委員会委員、行政院環保署訴願委員会委員、行政院公平交易委員会委員、行政院経済部法規委員会委員、台北市政府法規委員会委員、台北市政府国家賠償委員会委員を歴任。現在、台湾大学法学法院院長、台湾法学会理事長。

主な業績として、『法與國家權力』（一九九三年増訂二版）、『憲法與法治國行政』（一九九九年初版）、ほか多数。

マリア ヘスス・モントロ＝チナー *Maria Jesus Montoro-Chiner*

一九四七年生まれ。バルセロナ大学法学部に学び、一九八五年から八六年にドイツ留学。一九八六年より、カタロニアの最高行政諮問会議の委員。一九九六年より、バルセロナ大学の行政法および手続法研究所所長。一九八九年よりバルセロナ大学教授（行政法）。

主な業績として、Spanien als Staat der Autonomen Gemeinschaften, DÖV, 1987, 85ff.; Zur Ehegattenbesteuerung nach spanischen und deutschen Verfassungsrecht/Zugleich Besprechung des Urteil des spanischen Verfassungsgerichts vom 20. Februar 1989, EUGRZ（1989）, 425ff.; Landesbericht Spanien, in: Fritz Ossenbuehl（Hrsg.）, Föderalismus und Regionalismus in Europa, 1990, 167ff. ほか多数

ハインツ・シェーファー *Heinz Schäffer*

一九四一年生まれ。ウイーン大学法学部に学び、一九六四年 ウイーン大学法学博士号取得。一九七一年にウイーン大学私講師（一般国家学、オーストリアの憲法および行政法）。一九九九年から、オーストリア憲法裁判所の予備裁判官。一九七六年より、ザルツブルク大学正教授（公法）。

主な業績として、Verfassungsinterpretation in Österreich（1971）; Österreichische Verfassungs- und Verwaltungsgesetze

(1981); Fälle und Lösungen zum Verfassungsrecht (1985); Theorie der Rechtssetzung (1988); Europäische Integration und Gesetzgebung (1992); B-VG plus-Diskette (1998) ほか多数

ヨルン・イプゼン *Jörn Ipsen*

一九四四年生まれ。ミュンヘン大学及びゲッティンゲン大学にて法学を学び、一九七四年、ゲッティンゲン大学において法学博士号取得、同大学の研究助手を経て、一九八〇年に教授資格取得。一九八一年よりオスナブリュック大学教授（公法）。現在、法学部長。

主な業績として、Richterrecht und Verfassung, 1975; Rechtsfolgen der Verfassungswidrigkeit von Norm und Einzelakt, 1980; Staatsrecht I (Staatsorganisationsrecht), 14. Aufl., 2002; Staatsrecht II (Grundrechte), 6. Aufl., 2003; Allgemeines Verwaltungsrecht, 2. Aufl., 2001 ほか多数。

序　シンポジウムのテーマ

Einführung ins Thema des Kongresses

シンポジウムの経緯と趣旨

栗城壽夫

「世界における憲法裁判の進歩」をテーマとする日・独シンポジウムの開会を宣言することは私にとって大きな喜びであり、名誉であります。

このシンポジウムが、今日、ここ東京で開催されることにつきまして、ドイツ憲法判例研究会の名において、すべての外国の参加者、とりわけ、クリスティアン・シュターク教授に御礼申しあげたいと思います。

今回のシンポジウムが実現の運びにいたりましたのは、シュターク教授がわれわれのパートナーの役割、そしてドイツ・グループのオーガナイザーの役割を引受けて下さり、われわれの研究会の戸波江二教授との緊密な連携のもとに共同研究の進め方、シンポジウムの持ち方についての企画、提案、刺戟を通じて、われわれのシンポジウムの準備作業を促進して下さったおかげであります。

さらに、このシンポジウムのもとになっている共同研究プロジェクトにたいして、ドイツ側ではドイツ学術振興会（DFG）、日本側では日本学術振興会（JSPS）からそれぞれ財政支援を受けたことを、つけ加えなければなりません。

ここで、今回のシンポジウムの前史をお話ししておきたいと思います。

一九九二年に設立されたドイツ憲法判例研究会は二つの目的をかかげています。第一の目的はドイツ憲法の研究であり、このために、一月一回の定例研究会において、ドイツ連邦憲法裁判所の最近の判例を取上げ、それについての検討を行っています。第二の目的はドイツの憲（公）法学者との交流であり、この目的のために、ドイツの憲（公）法学者を招待し、特別講演会においてその講演を聞き、それをめぐって討論することにしています。

更に、わが研究会は、相互の交流をもっと効果的なものにするために、ドイツの憲（公）法学者たちとの共同研究を、日本学術振興会の財政支援のもとで、行うことを企画いたしました。その第一回は〝人間・科学技術・環境〟をテーマとし、フライブルク大学のライナー・ヴァール（*R. Wahl*）教授にパートナーとなり、ドイツ・グループのオーガナイザーの役割を引受けて下さるようお願いいたしました。ヴァール教授は御快諾下さり、共同研究プロジェクトを極めて積極的に推進して下さいました。共同研究プロジェクトの具体化としてのシンポジウムは、第一回目は東京で一九九八年に、第二回目はフライブルクで二〇〇〇年に開催されました。

初めての共同研究プロジェクトの成功にもとづいて、われわれの研究会は二回目の共同研究プロジェクトと取組むことを企画し、かつ、第二回目は、憲法裁判をテーマとすることにし、それについてシュタ－ク教授にパートナーの役割を引受けて下さるようお願いした次第であります。

さて、このたびのシンポジウムは、〝世界における憲法裁判の発展——比較法的視点から〟をテーマとしております。実際、憲法裁判は大きな発展をとげました。しかも、それは、世界中にひろまったという意味での量的な面においてのみならず、個々の国々において国家の行為のコントロールの強度が高まったという意味での質的な面においても、そうであります。

即ち、一八世紀末以来世界の多くの国々において次第に憲法の制定が行われたにもかかわらず、一九世紀においては、アメリカという重要な例外を別とすれば、憲法裁判は、導入されませんでした。それには、すべての国々に共通の理由と個々の国家に特有の理由があったことと思われます。更に、その後憲法裁判制度導入のためのさまざまな理論的・実践的試みが行われたにもかかわらず、二〇世紀前半においても、若干の例外、とりわけオーストリアを別とすれば、憲法裁判はそれほどのひろがりを見せませんでした。ところが、二〇世紀後半には、憲法裁判は爆発的なひろがりを見せました。ドイツが模範的な方法でその先頭を切っております。

しかし、個々の国家の憲法裁判の間にはさまざまな点で違いがあります。とりわけ、裁判所の構成、裁判官の選任、審査手続の開始要件、審査手続、判決の法的効力、などの点において違いがあります。判決が他の国家機関及び一般国民にたいして及ぼす政治的効果も国によってさまざまであるということも、また、考慮に入れる必要があります。こうした違いは、それぞれの国の政治文化、法文化、国民の法意識、などの違いにもとづいていると思われます。このような種類の違いを明らかにすることが比較法、とりわけ、国際的シンポジウムにおける比較法の任務であると思われます。

もちろん、比較法は実践的目的にも役立つものであります。即ち、比較法研究の成果は、自国の法制度や法実務の形成、もしくは、よりよい形成に役立てられることができます。そして、このことが可能になるのは、まさに違いが存在しているからであります。しかし、私は、われわれがこのシンポジウムにおいて、違いを確認するだけでなく、更に、違いの底にある〝共通なるもの〟をも発見できることを期待しております。私は、個々の国家の間にあるこの〝共通なるもの〟が個々の国家間におけるギブ・アンド・テイクを可能にするものであることを確信しています。

そして、私は、このシンポジウムがすべての出席者になんらかの成果、すくなくとも成果の手がかりをもたらすことを希望したいと思います。

憲法裁判の発展

クリスティアン・シュターク
光田督良 訳

世界における憲法裁判の発展を考察することは、意義深いことである。権威主義的な政治体制あるいは全体主義のそれを克服した、世界の多くの国々は、新たに制定した憲法を立法者に対してもその優位を確保するため、憲法裁判権を導入した。このことは、一九七〇年代に権威主義的な政治体制を払拭した後のギリシャ、ポルトガル、スペインといった南ヨーロッパの諸国、一九九〇年代の始めに共産主義的な独裁体制を克服した後の東ヨーロッパおよび中部ヨーロッパの諸国、さらには一九九三年にアパルトヘイト体制を克服した南アフリカにも妥当する。直接的には、第二次世界大戦後、憲法裁判は、ファシズムに基づくあるいはナチズムに基づく独裁体制に対するリアクションとしてイタリアやドイツにおいて導入された。第一次世界大戦後に設立され、憲法の保障のために、他の裁判所から分離された一つの特別裁判所としてのオーストリアの憲法裁判所が、あらゆる場合にモデルとなった。

憲法裁判はこれよりも古いものである。憲法裁判は、一八〇三年にマーベリー対マディソン事件においてマーシャル（*J. Marshall*）連邦最高裁判所長官が以下のように述べたとき、初めて現実のものとなった。(1)「憲法がそれに反するあらゆる法律に影響を与えること、あるいは、立法がその都度通常の行為により憲法を変更できることは、それぞれ否定することのできない明白な命題である。この二者択一には、いかなる中間的な途も存在しない。

憲法は、通常の立法では改正できない、高位の、超越的な法であるか、通常の法律と同じ地位にあり、かつ立法者が憲法改正をする気になったとき、他のあらゆる法律同様改正しうるかのどちらかである。この二者択一の前者に組みするならば、憲法に反する法律は、もはや法律ではない。後者の立場をとるならば、成文憲法は、その性質上無制限である権力を制限しようとする、国民の立場からの不条理な試みとなる」。

憲法裁判の信奉者達は、他の法律に対する憲法の優位を保障しようとした、したがって、この二者択一の前者の立場に依拠している。これは以下の二つの現象形態として現れる。(2)

通常の裁判権の範囲に分散し、主観的な権利をめぐる具体的な争訟事件を契機として、公権の担い手をも含め、人々の行為を法律と一致するかどうかを審査するのみならず、当該法律が憲法の枠内にとどまるかどうかをも審査する。法律が違憲であると最高裁判所により終審として決定されると、当該法律は具体的事件に（当事者間で）適用されなくなる。法律が無効と宣言されないとはいえ、それにも関わらず当該法律は、下級判所が万人に対して（erga omnes）効力を有する最高裁判所の先例に拘束されるとき、その効力を喪失する。

特別の憲法裁判所が設置されている限り、憲法裁判所は争訟の対象に適合し、かつ主観的権利の主張を必ずしも常に要求しない、特別の訴訟手続様式に基づいて裁判する。憲法裁判所がある法律を違憲と考えるならば、当該法律は、通常、無効と宣言される。

憲法裁判のこのような二つの形式は、時間の経過とともに、多様な形で法継受の対象となってきた。(3) アメリカ型の制度は、──日本のそれをも含め(4)──多くの憲法の基礎になっている。もっとも、この型の制度を採用したすべての国において実際に適用されているとはいえないのであるが。例えば、スカンジナビア諸国では、「明白に」違憲である法律のみが適用されない。(5) しかしながら、このような事態が発生する場合については、報告されてないか、されるとしても極めて稀である。法律を違憲と宣言できる特別の裁判所による憲法裁判のオーストリア・ドイツ型の制度は、徐々に世界中で隆盛をきわめてきている。

両システムの継受に関してもう少し詳しく比較法的に注目するならば、アメリカ型の制度は、二〇世紀の五〇年代までは、多くの諸国で継受されていた、とりわけラテンアメリカ諸国や、もちろん日本やインドにおいてそうであった。西ドイツにおいては、一九四九年に、われわれの間ではよく知られていた、一九二〇年以来存続するオーストリア型の制度に依拠した制度を創設した[6]。このオーストリア型の制度は、連邦憲法裁判所の存在とその裁判によって全盛をきわめ[7]、それゆえ、今日、オーストリア・ドイツ型の制度と呼ばれている。少し後になって、インドも特別の憲法裁判の制度を導入した[8]。さらに、南ヨーロッパやかつての共産主義諸国においても、継受された[9]。同じ頃、大韓民国も、憲法裁判所を設置した[10]。ラテンアメリカ諸国では、一九八〇年代以来、多くの国でアメリカ型の制度が廃止され、そして、オーストリア・ドイツ型のモデルが導入された[11]。これらの実例が示しているように、一度なされた、継受の決定は変更されうる。ラテンアメリカ諸国においては、このような変転は、オーストリア・ドイツ型の先例に従って一九八〇年に憲法裁判を創設したスペインの先例に帰因している[12]。中華民国においては一九九九年の夏に行われた司法改革の関する議論により、アメリカ型の制度への以降が準備されているようである[13]。日本においては、アメリカ型からオーストリア・ドイツ型モデルへの変更が議論されている[14]。われわれは、これから始まるシンポジウにおいて、このような状況を十分に考慮しなければならない。

これからの三日間、憲法裁判の制度的な主要問題が主として取り扱われる。われわれは、主として比較を行うことになろう。そして、継受されている事柄を検討し、また、

―憲法裁判の諸類型、
―民主主義および権力分立と憲法裁判、
―裁判官の選出、

―基本権保障の際の憲法裁判と一般裁判との競合、
―特別の憲法訴訟法の独自性、
―憲法改正の実質的な限界を規定している憲法条項の保障は特別に取扱われるべき問題である
などの一般的な問題を取り扱うことになろう。

（1） 2 Law Ed. U.S. 60, 73（1803）.このような議論の基礎は、*Alexander Hamilton*, in: The Federalist, Nr. 78 に見受けられる。

（2） この点については、*Mauro Cappelletti/Theo Ritterspach*, Die gerichtliche Kontrolle der Verfassungsmäßigkeit der Gesetze in rechtsvergleichender Sicht, in: Jahrbuch des öffentlichen Rechts, Bd. 20（1971）, S. 65, 81 ff.

（3） この点については、*Rainer Grote*, Rechtskreise im öffentlichen Recht, in: Archiv des öffentlichen Rechts, Band 126（2001）, S. 10, 43 ff.; *Peter Häberle*, Das Bundesverfassungsgericht als Muster einer selbständigen Verfassungsgerichtsbarkeit, in: *Badura/Dreier*（Hrsg.）, Festschrift 50 Jahre Bundesverfassungsgericht, I. Bd., 2001, S. 311, 314 ff.

（4） Hidenori Tomatsu, Judicial Review in Japan: An Overview of Efforts to Introduce U.S. Theories, in: Y. Higuchi（ed.）, Five Decades of Constitutionalism in Japanese Society, 2001, S. 251 ff.

（5） 例えば、スウェーデン憲法第十一章第十四条、フィンランド憲法第一〇六条。デンマーク憲法については *Wolff-Michael Mors*, Verfassungsgerichtsbarkeit in Dänemark, 2002, S. 42 ff., 98 ff. を参照せよ。

（6） *Karl Korinek*, Verfassungsgerichtsbarkeit in Österreich, in: *Starck/Weber*（Hrsg.）, Verfassungsgerichtsbarkeit in Westeuropa, Bd. I, 1986, S. 152 f.

（7） *Christian Starck,*（Hrsg.）, Bundesverfassungsgericht und Grundgesetz., Festgabe, aus Anlaß des 25 jährigen Bestehens des Bundesverfassungsgerichts, 2 Bände, 1976; *Badura/Dreier*（Hrsg.）, Festschrift 50. Jahre Bundesverfassungsgericht, 2 Bände, 2001 を参照せよ。

（8） *Gustavo Zagrebelsky,* La giustizia costituzionale, 1988, S. 73 ff.; *Jörg Luther,* Die italienische Verfassungsgerichtsbarkeit, 1990, S. 54 ff.

（9） *Giuseppe de Vergottini*（cura）, Giustizia costituzionale e sviluppo democratico nei paesi dell'Europa centroorientale, Turin 2000 なお、英語やフランス語の多くの論文がある。

（10） この点については本書二一五頁以下を参照。

（11） 全般については、*Norbert Lösing,* Die Verfassungsgerichtsbarkeit in Lateinamerika, 2001, S. 28 f.; *D. Garcia Belaunde/F. Fernandez Segado*（Ed.）, La jurisdiccion constitucional en Iberoamerica, Madrid 1977. を参照せよ。

（12） *Francisco Fernandez Segado,* El sistema constitucional español, Madrid 1992, S. 1035 ff., 1046 ff., 1054 ff.; *Enrique Álvarez Conde,* Curso de Derecho constitucional, vol. II, 3d. ed., 2000, S. 275 ff.; *Héctor Fix-Zannidio,* in: Hom/Weber（Hrsg.）, Richterliche Verfassungskontrolle in Lateinamerika, Spanien und Portugal, 1988, S. 129, 134 ff.

（13） *Chien-liang Lee,* Die Verfassungsgerichtsbarkeit und Grundrechtsentwicklung in Taiwan, in: *Starck*（Hrsg.）, Staat und Individuum im Kultur- und Rechtsvergleich, 2000, S. 135, 153 f. 並びに本書二三七頁以下参照。

（14） この点については、最高裁判所元裁判官伊藤正己に関して言及した戸松（前掲注（4））二七四頁を参照せよ。

I

憲法裁判の国際的発展（基調報告）

Die Fortschritte der Verfassungsgerichtsbarkeit in der Welt

1　権力分立と憲法裁判

クリスティアン・シュターク
光田督良　訳

一　権力分立と憲法の優位

権力分立は、国家権力の行使の際にその乱用を防止し、国民の自由を保障するための国家権力の組織に関する原則である。権力分立は、その重要な根拠を、ギリシャ・ローマ時代には様々な異なる形態を発展させ、中世を経て近代に至るまで論究され、実際的意義を有していた、複雑な憲法の概念にその重要な根源を有していた[1]。

支配権力を分割するという観念は二つの異なる形態の中に現れる。国家権力の分割および区分は、様々な支配権が相互の権力抑制的バランスがとられている、実際的、社会的、政治的諸力の基礎があるところで実行されることになる。このような、とくにモンテスキュー（*Montesquieu*）によって主張された実体的な権力分立の観念から、統一的と考えられていた国家権力の機能的な区分がなされた。今日、我々は、通常これと関わり合っている。国民主権に基礎を置く統一的と考えられた国家権力（基本法二〇条二項一文。アメリカ合衆国憲法前文。日本国憲法前文参照）は、古典的な機能に分割して行使される。立法、執行権（執行）および裁判（基本法二〇条二項二文。日本国憲法第四章、五章、六章。アメリカ合衆国憲法一条、二条、三条。国家機能の具体的な配分は、それぞれの憲法の中で明らかになる）。

すでに、一七八九年のフランスの人および市民の権利宣言は一六条において、「権利の保障が確保されず、権力の分立が規定されていないすべての社会は、憲法をもつものではない」と規定していた。権利の保障により、国家権力は同時に制限を課せられる。国民の憲法制定権力に根拠を有している憲法は、したがって、機能の担い手が拘束されることになる国家の基本的な組織約款である。主権に帰属する憲法制定権力は、国家権力を根拠付けると同時にこれを制限し、国家権力を組織し、権限を付与し、国家権力が行使されるための手続を規定する。

憲法によって創設された国家権力は、憲法に拘束される。国家権力の一分野としての立法も、いかなる例外をなすものではなく、憲法の下にある。根本法（lex fundamentalis）としての憲法は、[2] より古い優位思考を採用し、またそれを国家の全体的な法的基本秩序に適用する。[3] この意味は、「国家はその市民に対し、あらかじめ制定された規定の基準に従ってしか影響力を行使してはならないということにある。憲法は、国家権力の行使の形態および条件を限定する。憲法は、このような条件と形態の基づかずに行使されるあらゆる権力を排除する」。[4] 権力分立は、憲法の優位を前提とする。そうでないならば、権力分立は、実践上最強の国家機関の自由な処分に委ねられることとなる。そこで、その名に相応しいそれぞれの連邦国家において、権限は連邦とラントとの間で分配され、また、それに応じた財政分配も確保される。両者は、連邦憲法によって行われる。連邦国家的秩序が連邦の立法者の自由な処理に委ねられるべきでないとき、このような縦型の権力分立は、より高位の法によって保障されなければならない。[5] 連邦国家は、憲法の優位という理念の本質的な推進者であることが明らかになる。そこで、諸ラントにおける国家的機能の担当者は、連邦憲法の優位に基本的な利益を有しており、したがって、連邦立法の単純な多数では、彼らからその憲法上認められた権限を剝奪しえない。[6]

今や、問題は、憲法の規定する権力分立がどのように保障されうるかである。国家機関の憲法上規定された協力による自動的な保障への期待は、妄想であると判明する。したがって、アメリカ合衆国で一八〇三年に、連邦と州との間の憲法上の権限分配が尊重されているかどうかについて、連邦最高裁判所がある法律を審査したことによって、憲法上規定された権力分立の保障者として憲法裁判が初めて稼働した。[7] 裁判自体が権力分立の一要素であるにもかかわらず、裁判は特別の手続と法学的合理性ある理由によって、権力分立の維持を監視し、かつそれを確保することを委ねることができる（二）。しかしながら、憲法の解釈に最終的権限を有する裁判が、憲法の枠構造的性格を誤解し、そのことによって立法の政治的機能を狭めるとき、このような確保機能は、権力分立を危険へと方向転換させうる（三）。

二　憲法裁判所による権力分立の確保

1　裁判所の権限の歴史的発展における相違

国家権力の区分の際に、裁判の独立性に重大な意義がある。裁判所の権限に関しては、重要な相違が生じる。フランスにおいては、立法や行政に対する裁判官の権限は、厳しく制限されていた。[8] したがって、裁判所による、憲法を基準とする法律の統制は、当初、発展しえなかった。法律は一般意思の表現であるというフランスのドグマは、憲法の優位という考え方に不都合であった。このドグマにおいては、あらゆる法は君主の意思に由来するとする絶対主義的な法律概念が、すべての法は国民議会の多数者の意思に由来するという意味のおける共和制にも適用された。[9] 憲法陪審（*jury constitutionnaire*）による準裁判官的法律統制を導入するという、シエイエス（*A. Sieyès*）の試みは失敗に帰した。[10]

アメリカ合衆国における発展はまったく異なった経緯をたどった。「司法権は憲法に基づいて発生する普通法および衡平法上のすべての事件に及ぶ」（連邦憲法第三条第二節。）裁判官の権限―「一つの最高裁判所に付与される……」（三条第一節）―は、立法権（第一条）、行政権（二条）に続く三条において、これらといわば同等のものとして規定されている。このことから、憲法の優位を、立法に対しても保障する裁判の制度的な能力が生じた。このような能力を現実化し、一九世紀のヨーロッパでは採用されなかったとはいえ一つのモデルを生み出したのは、アメリカの最高裁判所であった。イギリスにおいては、議会主権に固執していた。フランスでは、法律ドグマが堅持され、憲法と通常の法律とが区別されなかった。

ドイツにおいてはそれぞれの領邦で、領主の「本来有する支配権」を国民代表により制約する、憲法が制定されるか、協約された。(11)このような憲法体制において、国民代表は自由を保護する機関として機能していた、なぜなら、すべての法律は領主と国民代表の一致した決定を必要としていたからである。憲法は、君主と市民との間の妥協であった。この妥協は、両者の力が均衡している限り永続した、それは若干の危機にもかかわらず、(12)一〇〇年持続した。均衡と主権問題の回避の上に設けられた立憲的制度は、ドイツにおいて、法律をも含む、国家権力の憲法裁判所による統制をまったく取り入れることができなかった。(13)それにもかかわらず、ドイツにおいて、憲法裁判の問題は、アメリカ合衆国を例に議論された。

私がここで取り上げたいのは、非常に興味深いモール（*R. v. Mohl*）の見解である。なぜなら、最初、彼は、所与の状況を追認し、その後、憲法上規定されている権力分立と権利の保障とを確保するため憲法裁判の必然性を承認したからである。モールは、一八二四年に若くして「北アメリカの合衆国の連邦法」という業績を公表した。彼は、国民主権に基づく憲法と、君主制の下で制定あるいは協約された憲法とを非常に厳格に区別した（一三八頁以下の注一）。このような代表制をとる世襲君主制において、君主と国民代表は、成文憲法典の存在にも関わらず、共同して全能であった。フランスや、イギリスにおいてと同様ドイツの諸邦において、人々は、国民代表が法律の合憲性を守るということから出発した。法律に服する裁判官は、法律をその憲法適合性について審査することに不適切とみなされていた。違憲の法律の法的意義に関する後の論文において、(14)モールは憲法の優位に焦点をあわせ彼の以前の見解を変更して次のように主張する。すなわち法律をその合憲性について審査する裁判官の権利は、もっぱら憲法典の規定が通常の法律より高位の種類の規範であるという命題に依拠する。通常の法律は憲法を、明示的にも、黙示的にも変更してはならない。この点に、アメリカの実際に関するモールの知見をみてとることができる。

しかし、ドイツにおいて、他のヨーロッパの諸国同様、政府や議会の行為の合憲性を審査する憲法裁判を創設するための時機はほとんど熟していなかった。一八六〇年からの実証主義の時代に、法律を不確定な憲法規範に基づき審査する傾向はほとんどなく、議会の立法者が憲法の本来の解釈者とされていた。

2　第二次世界大戦後の憲法裁判の状況

第二次世界大戦後――すでにシンポジウムのテーマ設定理由で強調したように――権力分立の概念において決定的な変化がもたらされ、最高の国家機関による憲法の遵守に関する裁判所の監視機能が設けられた。このことは、特別な制度的方法で、一九四九年に、多くの後に公布された憲法に影響を与えた基本法において規定された。[15] 連邦憲法裁判所の監視機能は、とくに、[16]

—固有の権利を備えた最上級の連邦諸機関およびその部分機関間の権限配分、機関訴訟の手続において（基本法九三条一項一号）、

—連邦・州間の争議の手続における連邦・州間の権限配分（基本法九三条一項三号）、

—抽象的規範統制手続（基本法九三条一項二号）、裁判所の移送に基づく具体的規範統制（基本法第一〇〇条一項）および憲法異議（基本法九三条一項四a号四b号）の手続における法律と基本法との一致、を確実にする。

機関争議によって横の、連邦・州争議によって縦の権力分立が保障される。規範統制は、連邦法律または州法律が憲法上の権限配分に違反する、あるいは立法の手続規定が順守されていないと主張されたとき、権力分立の保護にも役立つ。そのほか、規範統制は、主として、立法による基本権および制度的保障の尊重を確保する。

完全に構築された憲法裁判を有していない国も、例えば、フランス憲法のように、萌芽的な形態の機関争議手続を持っている。フランス憲法四一条に基づき、立法（三四条）と命令（三七条）の対象を画定することに関し、

政府と議会との間で見解の相違があるとき、憲法院が決定する。そのほか、一九七一年のフランスの憲法院は、一七八九年の人権宣言および共和国の法律において確認された基本権を基準として、一般的な阻止的規範統制を導入した(17)。

カントンの法律のみに限定した連邦裁判所の規範統制を有しているスイスにおいては、財政均衡および連邦とラントの任務の再構成のための二〇〇一年十一月十四日の連邦政府の告知に基づいて(18)、憲法裁判所の権限の拡張が議論された。これにより、連邦の立法者がカントンの憲法上の権限を侵害したのではないかというカントンの異議を、連邦裁判所は審査することになる。このことに関しミュラー（*J.P. Müller*）は一文をものした(19)。「この中に、連邦レベルでの憲法裁判をめぐる議論の喜ばしい復活が見いだされる。この限りで、提案は歓迎されるべきである。しかしながら、憲法裁判から基本権が排除されていることは、依然理解しがたい。したがって、今後さらに、基本的に、シュトラスブルクに――すなわち、ヨーロッパ全域からそこに派遣されている四〇人の専任の裁判官に――にスイスの法秩序のために基本権を連邦法律に対しても貫徹することが委ねられ続ける。このことは、長期間にわたっては、維持できない。」

この引用は、ヨーロッパにおいて、ヨーロッパ人権裁判所による基本権保護の国際化が、憲法裁判所による規範統制を持たない諸国にそれを設置するよういかに圧力をかけているかを如実に示している。そのようにすることによってのみ、当該国家は法律による人権の侵害を理由としてヨーロッパ人権裁判所によって問責されることを回避されるからである。

オランダにおいて、古いフランスのドグマにしたがって憲法一二〇条により裁判官に法律の憲法適合性を審査することが明確に禁止されている。オランダ憲法の基本権（一条から二三条）は、それにより憲法が有権的に解釈される法律に対する憲法のいかなる優位をも示していない。しかし、オランダの裁判官は、法律がヨーロッパ人権規約と一致するかどうかを審査する。裁判官が一致しないとしたとき、裁判官はその法律を適用しない。こうした中で、オランダにおいても憲法上保障された基本権を基準にする裁判所の規範統制を導入しようという努力は存在する。その結果、すでにそれについての議会の発案が行われ、国務院での審議が行われている。(20)

3　憲法典の合理性の増加

諸国における憲法裁判の実践、および憲法裁判を未だ持っていない国々における憲法裁判導入の主張は、以下のことを教示する。国家実践の法的行為や措置の憲法裁判所による統制は、それぞれの国家機関が独自の見解に基づき、またいかなる理由付けの義務無しに憲法を取り扱い、そして衝突する場合にはより強い者が自己の見解を貫徹することを阻止することができる。より強い者とは州に対する連邦であり、議会少数派もしくは自己の憲法上保障されている権利が問題になっている個々の議員に対する議会多数派である。憲法裁判所はその判決の理由を示さなければならないので、憲法の取り扱いは、それ以上はあり得ない合理性とそれゆえの信頼性を獲得する。(21) 憲法裁判所による制度化された統制は、統制される機関自体についても合理性の要請を生じさせ、さらに、憲法の解釈と適用に際し、統一性を保障する。憲法裁判所は、提起された争訟問題の裁判の際に、他の法問題に関して結論を考慮し、憲法の全体的観点に基づいて判決するので、憲法の統一と堅固性という思考が要請される。

個々の憲法規範の理解の発展と、あらゆる国家において時間の経過とともに必然的に存在する憲法理解一般の発展とは、一つの国家機関のみによって処理されるのではなく、たいていの場合、争訟問題として憲法裁判所にもちこまれる。憲法裁判所の判決の理由づけによる憲法の継続的形成は、立法者に前もって作用するような合理的要素を含んでいる。(22)

4　憲法裁判と憲法学

憲法裁判所による憲法の合理化は、憲法に関する学問（憲法学）の作業とスタイルにも影響を与えた。(23) 憲法裁判は、そこで憲法学の根拠づけられた成果が国家実践への影響を与えることができる、いわば転化場所である。憲法裁判手続は、法学的な考察を加工するのに適している。国家の政治的諸機関は、所与の問題の圧力と決定の圧力および性質を異にする手続のために、通常は、そのようなことができないか、もしくは非常な困難をともなってしかできない。基本権の解釈に関する学術研究は、立法者がもはや政治的裁量に基づき自由に基本権を制限できないときに、はじめて実際的意味を持つ。同様のことは、権力分立を体現している憲法上の権限秩序を学問的取り扱うことについても妥当する。

憲法裁判により基礎をおかれた憲法の合理化は、学問によって強化された。学問は、いかなる空想にもふけらず、概念的な硬直や混乱事細かな区別にもとづくが容易に退けられる限りで、憲法裁判から利益を受ける。憲法裁判所の判決を法解釈学的に取り込み、かつ時として生じる矛盾を指摘することは、重要な任務である。判決が増加するにつれ、何が拘束力ある憲法かということに関する、学術的に根拠づけられた表現の必要性も増大する。このために必要な判決の選別と評価は、立法者の形成自由と政治的責任を考慮に入れなければならない。

連邦憲法裁判所の裁判にとっての法学の意義は、例えば、連邦憲法裁判所法三条四項がドイツの大学の法学教員の職業上の活動を連邦憲法裁判所の裁判官の職務と一致する唯一の職業活動と宣言したことにより、明確にされた。目下のところ、十六名中八名が大学教授で、各法廷に四名ずつ所属しており、そしてその中に長官と副長官がいる。重大な事件において、法学の教授が訴訟代理人として活動することもしばしばある。

このようなことは日本については当てはまらない。二〇〇一年に樋口陽一教授により編集された論文集の「日本社会における立憲主義の五〇年」において、栗城教授は「粘り強い努力と様々な試みにもかかわらず、日本の憲法学の裁判をも含め国家実践への影響は、ドイツの憲法学のそれとの比較において、とても少ない。その原因は、国家実践にも、憲法学にもあると思われる。」と記述している。

三　憲法裁判所による権力分立の危殆

これまでの考察が示したように、権力分立と権利の保障に関する規範が国家行為を審査するための基準であることによって、憲法裁判は憲法の優位を保障するものであり、それどころかこのことによって初めて憲法の優位を実現する。この積極的な評価は一面的である。というのは、憲法裁判所による憲法解釈の態様が権力分立を脅かすという危険が存在するからである。とくに、憲法裁判所による規範統制は、民主的に正当化された議会の多数派と、統制する憲法裁判所との間、[30] すなわち政治的領域と法的領域の困難な緊張関係を生み出す。より正確に表現するとすれば、立法における民主的に正当化された単純多数による政治的形成意思と民主的により高度に正当化された憲法の憲法裁判官による解釈との間に、緊張関係が見受けられる。

1　憲法の枠としての性格

憲法裁判所による憲法の解釈は、憲法の優位を保障する際、および議会の立法者の政治的形成余地を確定する際とに、決定的役割を果たす。[25] 憲法解釈は、とりわけ、規範性を本質的要素として含んでいる憲法概念と結びついた方法論的解釈である。[26] 高次の法としての憲法の規範性は、特定の要素を前提とする。まず、権力分立が保障されなければならない。[27] さらに、規範性は、政治的に責任を有する機関、とくに立法に対する活動の余地を保障する憲法構造を要請する。[28] なぜなら、社会的事態を評価し、それを規制することは、憲法機関の任務である。このために必然的に憲法によって与えられた政治的な形成自由は、憲法裁判所の規範統制の間違った行使により無にされることになってはならない。例えば、（基本権をも含め）様々な憲法原理と国家目的を最大限に実現することと、および、その点で、規制問題にとって前提となるべき憲法の具体化を実現することは、間違っていると思われる。[29] むしろ、憲法裁判所は、政治的憲法機関が憲法の範囲内に止まっているかどうかについてのみ審査することができる。立法者の最大限実現義務に反対するこのような言い回しは、連邦憲法裁判所の多くの判決の中に見受けられる。例えば、ドイツ連邦共和国の領域内における化学兵器の貯蔵に関する一九八七年十月二九日の判決において連邦憲法裁判所は次にように判示した。[30]

「このような保護義務（すなわち、基本法二条二項一文による生命および身体の不可侵のため）の履行にあたって、例えば競合する公益と私益とを考慮する余地をも残す、広範な査定領域、評価領域および形成領域が立法者及び執行権に帰属する。このような広範な形成領域は、裁判所により、問題となっている事実領域の特質に応じ、十分確実な見解を形成する可能性に応じて、危険にさらされている法益の意義に応じて限定された範囲においてのみ審査されることができる（BVerfGE 50, 290［**憲法判例49：栗城壽夫**］）」。

職業の自由の保障（基本法十二条一項）から導き出される保護義務が問題となった別の判決において、連邦憲法裁判所は以下のように詳述した。[31]

「保護の様式と程度についての一定の要請は、憲法から原則的に導出されえない。全体としての基本法の保障が委ねられている国家機関は、保護義務の充足の際に広範な形成の余地を有する。対立する基本権の立場を調整すること、およびそれぞれに適した効力をもたらすことが問題である。このことのために、基本法は、枠組を提供するだけで、特定の解答を提示するのではない。」

日本においては、規範統制の際に最高裁判所の極度の抑制が確認されている。この五〇年間に、わずか五回法律の規定が違憲とされたにすぎなかった。[32] この点について釜田教授は次のように記述している。[33]「最高裁判所は、立法者の判断が極端に不合理な場合を除き、立法裁量の問題に干渉しないよう抑制している。」したがって、日本においては、規範統制により立法の政治的機能を侵害するということは気遣う必要がない。

2　裁判機能による政治的機能の限定

立法者が規定する事実関係は、それが完結しておらず、したがって一般的に承認された証明方法では確定されえないことにより、通常裁判官がそれについて判決を下す事実関係から区別されうる。換言すれば、法律の諸規定は、行政の計画決定同様、評価された事実確定と予測によってのみ把握されうる、錯綜した事実関係を基礎としている。事実確定と予測の不確実性のため、連邦憲法裁判所は、立法者に「知識と経験を収集するための適当な時間」を認め、その間は立法者は規制にあたって「大まかな類型化と一般化とで満足する」ことができるとした。[34] しかし、立法者は引続き、事実に注目し、知識と経験を収集し、そして時として法律を改正しなければならない。[35] 立法者に認められた評価する権限は、規定された事実領域の特質、十分確実な判断をなす可能性および危険にさらされている法益の意義如何によって、段階付けられる。[36] このような段階付けは、とりわけ経済領域における単なる明白性のコントロールから、[37] 期待可能性コントロールを越え、広範な制約が問題となる限りにおいて、人間の生命、[38] 人格の自由、もしくは他の基本権の侵害が問題となるときに適用される、強力な内容的コントロールに達する。コントロールの段階間の確定は、同時に、立法者の形成自由の程度に関する、もしくは憲法が立法者に引く枠の広狭に関する決定でもある。

政治の分野と裁判の分野との間の限界付けにとって不適切なのは、ドイツにおいては、アメリカ合衆国連邦最高裁判所の判例から知られるようになった、それに関して裁判所は判断を下さないとされる政治問題と司法の自己抑制の観点である。「自己抑制」は、裁判所が自らの判断で抑制することを意味する。このことは実践において起こるかも知れないが、しかし憲法学による判決の憲法的評価にとって、何ら役立つ基準ではない。憲法が政治的決定のための枠を前もって定めるとき、政治的問題が存在するという状況は、憲法裁判所に判決が拒まれるということには繋がらない。むしろ、政治的決定が憲法の枠内に止まっているかどうかが審査され、判決されなければならない。(39) 政治問題の理論が、憲法裁判所が自らは政治的問題に判決を下さないで、単に、立法者によって下された政治的問題が憲法の枠内に止まるかどうかについてのみ審査すること、意味するのであれば、この理論はドイツの憲法システムに適合することがあるかも知れない。

日本において、「政治問題」公式がここに示したような方法で把握され、憲法学が自己抑制を援用して、何よりも重要である憲法の枠内に立法者が止まっているかどうかについて、詳しく検討するようになれば、憲法裁判所による規範統制の進歩が達成されるかも知れない。ここで、外国の研究者が、日本における目下の議論のためにコメントすることを許されるならば、違憲の法律を無効と宣言する明確な権限を有する特別の憲法裁判所を設立することは、日本が立法者の形成自由を尊重しない裁判官国家となることなしに、法律に対する憲法の優位を強化できることとなろう。

法律の憲法によるコントロールは、機能的には少しばかり立法と関わり合っている。憲法裁判所が法律を無効と宣言する限りにおいて、このようなコントロールは、消極的立法として作用する。(40) 憲法裁判所が立法者の不作為を違憲と宣言する、(41) あるいは一定の憲法委託を充足するよう立法者にアピールするとき、少しばかり消極的立法以上であるが、しかし、いかなる積極的形成も行われない。(42) このことについての実例は、身体的かつ精神的発達のためおよび社会におけるその地位のために、嫡出子と同様の条件を非嫡出子に作り出すよう立法者に委託した基本法六条五項である。基本法の発効後二〇年経過した一九六九年になって初めて、連邦憲法裁判所は、「基本法六条五項の憲法委託は、立法者がこれを適当な期間内に実現しない限りで、裁判所により直接実現されうるし、またそうしなければならない」と確認した。[43] 基本法第六条五項の非常に具体的に記された憲法委託が真摯に取り上げられるならば[44]――厳格な規範力ある憲法の枠組み内であらゆる点から言ってそれは賛成できよう――、立法者の二〇年にわたる不作為は、裁判官により補塡されなければならない。個々の事件の判決により裁判官が、補助的に憲法上の立法委託を充足することは、権力分立の観点の下でも、問題はないと思われる。立法者はいつでも、その委託を果たしえたし、したがって裁判官による形成の先を越すことができたであろう。

立法者に法益を保護する憲法上の義務が課されており、それにも関わらず立法者はこの義務を十分に果たしていない場合、連邦憲法裁判所はその判決理由において、なぜ保護が十分でなかったかということ、およびどのようにして十分な保護が進められるべきかについて、明示しなければならない。[45] 単なる否定を越えるこの説明は、立法者を拘束するものではない。必要とされる最低基準を満たしてさえいれば、立法者は他の保護構想を選択できる。再度、違憲な行動をとる危険を回避するため、立法者は、たいてい、確実かつ単純な方法を選択し、連邦憲法裁判所の提案に追従する。

立法の機能への憲法裁判所の上述の効果以外に、その判決の一般的な事前効果（Vorwirkung）が確認されるべきである。[46] 例えば、ドイツでは、あらゆる法律が発議段階において、また議会審議の間、連邦憲法裁判所の判例との一致について審査される。この事前効果は、立法の合理性を要請する。なぜなら、憲法によって立法に課せられた枠を考慮して、法学的に議論されなければならないからである。もちろん、連邦憲法裁判所の判例の立法への予防的効果が、まったく新たな観点に基づき素材を取り扱おうとする――このことは憲法の枠内で全く可能なことなのであるが――立法者の政治的な創造力に不利に作用することは見落とされてはならない。

最後に、さらに、とくに具体的事件を取扱う裁判所が権限を有しかつ義務づけられている、法律の合憲解釈というテーマも、立法と憲法裁判の機能を限界付けの問題の一部をなしている。承認されている解釈準則(規準)がそのような解釈を可能とするときにのみ、法律解釈の憲法適合性の要請は実現されることができる。[47] このことが尊重されるときにのみ、憲法適合的解釈が立法者によって予定されていない新たな法政策的な決定へと導き、そのことにより裁判官が法律を超越し自ら立法者として活動することは回避される。

3 憲法解釈

法律解釈自体が法律を合憲であると救済するために恣意的であるべきではないのと同じように、憲法裁判所が憲法を解釈するときもまた、解釈の準則が尊重されなければならない。解釈の恣意性は権力分立への、ここでは政治的機能と裁判的機能との分離への侵害となるであろう。

それゆえ、憲法解釈に関する若干の考察によって私の考察を終えることにしたい。[48] 憲法の優位を確保する任務が課せられている憲法裁判所は、憲法の解釈に重大な責任を負っている。憲法裁判所は、憲法の解釈について最終的決定権を有している。すなわち、憲法裁判所は、憲法が政治的過程に設定した枠を決定する。しかし、憲法の効力の優位は、憲法裁判所の決定の優位を意味するのではない。したがって、憲法裁判所は、法律解釈について承認されてきた準則に従う。このような方法で、憲法裁判は所与の基準に従ったコントロールであることが確保される。[49]

憲法規範の意味は、その文言の意義、文法的構造、規定の関連における規範の体系的地位、歴史的立法者の動機に基づいて、また、上述の基準との関連において客観的・目的論的観点によって解明されなければならない。ただしこの観点が時代精神の機関へと独立させられてはならない。

ドイツにおいてのみならず、憲法における現今の方法論の議論は、憲法の特殊な方法論が存在する、[50] 少なくともプラス・アルファーの解釈方法が存在している、ということを承認する傾向にある。[51] たとえ憲法解釈の特別な観点が利用されるとしても、古典的な規準は断念されえない。なぜなら、古典的な規準は、なによりも、「考えられる意味のバリエーションを、文言によって範囲を確定された余地の範囲内にある考えられる意味のバリエーションを明確化する」ことに役立つからである。[52] 規範的効力を有する法文としての憲法の解釈は、文法や論理をも含めた言葉の意義、体系的な位置付け並びに歴史的な規定意図が考慮されていることを前提としている。[53] 上述した観点に従っていない、問題ある法決定の理由付けは、不十分であろうし、恣意的で、決断主義的と感じられるかもしれない。

「憲法の統一性」、「実際的な整合性」、「機能的適合性」のような、憲法解釈について追加的にあげられている観点は、[54] 体系的解釈方法に属している。それは、個々の憲法規範の他の憲法規範から切離して考察することを禁止し、他の憲法規範の伝統的・立憲主義的な機能を考慮にいれることを要請する。[55] シュナイダー（*H.-P. Schneider*）は、再度、[56] 歴史的解釈が、憲法規範がおかれており、またとりわけその具体的な規範目的を明らかにする意味関連並びに文言の意義をより強く重視させる、放棄できない認識源と決定補助手段であることを指摘した。[57]

憲法解釈の特別の問題は、基本権、構造原理、組織規範、権限規範、手続規範といった憲法の個々の規定素材との関連において生じる。この点に関して、古典的規準の枠内で築きあげられた諸準則は、[58] 基本権の本来的意味の存続を確保する。基本権はこの準則によれば、まさにその直接的拘束性（基本法一条三項）のゆえに、十分な根拠のある例外事例においてのみ給付請求権として解釈されることができるのである。憲法の構造規範としての民主主義原理は、憲法に記述された具体化と他の構造原理（法治国家、社会国家）との常に変わらない考慮において解釈されるべきである。憲法の組織規範・権限規範・手続規範の解釈に関しては、通常、歴史的解釈が先行する憲法から概念を受継いでいるということから見ても重要な役割を果す(59)。

4 結 語

憲法裁判所による権力分立の確保に関する章と憲法裁判所による権力分立の危殆化に関する章とを総合して見ると確保のほうが危殆化を上回っているということが言える。なぜなら、憲法裁判所は、自ら権力分立を危くすることを意識しているからである。憲法裁判所と憲法学は、危殆化を回避するための基準を発達させてきた。それにも関わらず、個々の判決に際して、自由な法律形成の分野において多くの憲法裁判所が境界踰越をおかすことがあるとしても、全体として見れば、それでも憲法の規範性と憲法の優位を認めさせる、憲法裁判の長所のほうがその短所よりも優越している。憲法において規定されている法規範と法規則並びにそこに規定されている憲法原理は、保護に値する法文化の重要な財産である。

（1） *Christian Starck*, Der demokratische Verfassungsstaat, 1995, S. 11 ff.; *Werner Heun*, Das Konzept der Gewaltenteilung in seiner verfassungsgeschichtlichen Entwicklung, in: *Starck*（Hrsg.）, Staat und Individuum im Kultur- und Rechtsvergleich, 1999, S. 95 ff.

（2） 一八世紀には、憲法とは何かということは根本法の概念によって説明された。*Alexander Hamilton*, The Federalist（Nr. 78）, 1788; *Emmanuel Sieyes*, Qu'est-ce que le Tiers Etat?, Ausgabe Zappesi, Genf, 1970, S. 180 f. 参照。

（3） *Thomas Fleiner-Gerster*, Allgemeine Staatslehre, 1980, S. 338 ff.

（4） 例えば、*Raymond Carré de Malberg*, Contribution à la théorie générale de l'Etat, Bd. I, 1920, S. 232; 同様に、*Georges Burdeau*, Traité de science politique, Bd. IV, 3. Aufl. 1984, S. 179 ff.

（5）　*Carl J. Friedrich,* Der Verfassungsstaat der Neuzeit, 1953, S. 258; *Karl Loewenstein,* Verfassungslehre, 3. Aufl. 1975, S. 249 f.

（6）　*Starck*（Anm., 1), S. 41 f. mit weiteren Nachweisen. を参照せよ。

（7）　とくに、一八一九年の McCulloch vs. Maryland et al., 4 Law Ed. U.S. 579, 601 ff.を参照せよ。

（8）　一七九一年憲法第三部第五章第三条参照。

（9）　人および市民の権利宣言（一七八九年）第六条。

（10）　*Paul Bastide,* L'idée de Constitution, 1985, S. 167 ff.

（11）　*Ernst Rudolf Huber,* Deutsche Verfassungsgeschichte seit 1789, Bd. I. 2. Aufl. 1967, S. 318 f.

（12）　例えば、一八三七年のハノーファーの憲法争議、および一八六二年から一八六六年のプロイセンの予算争議。この点については、*E. R. Huber*（Anm. 11),Bd. II, 2. Aufl. 1968, S. 92 ff., Bd. III, 1963. S. 305 ff. を参照せよ。

（13）　*Ernst Rudolf Huber,* Deutsche Verfassungsgeschichte, Bd. 2, 2. Aufl. 1968, S. 910 f.; *Jörn Ipsen,* Rechtsfolgen der Verfassungswidrigkeit von Norm und Einzelakt, 1980, S. 28 ff.; *Franz Josef Peine,* Normenkontrolle und konstitutionelles System, in: Der Staat 22（1983）, S. 521 ff.; *Ernst Wolfgang Böckenförde,* Geschichtliche Entwicklung und Bedeutungswandel der Verfassung, in: Festschrift für Gunür, 1983, S. 7, 10 ff.; *Rudolf Holze,* Verfassungsgerichtsbarkeit in den deutschen Ländern in der Tradition der deutschen Staatsgerichtsbarkeit, in: Starck/Stern（Hrsg.）, Landesverfassungsgerichtsbarkeit, Bd. I, 1983, S. 25, 70 ff.; *Rainer Wahl,* Der Vorrang der Verfassung, in: Der Staat 20（1981）, S. 485, 494 f.

（14）　*Robert v. Mohl,* Staatsrecht, Völkerrecht und Politik, Bd. I, 1860, S. 66, 81 ff.に転載された。

（15）　*Albrecht Weber* の「一般的報告」in: Starck/Weber（Hrsg.）, Verfassungsgerichtsbarkeit in Westeuropa, Bd. I,

1986, S. 41, 62-92; *Christian Starck,* Rechtsvergleichender Generalbericht, in: Starck（Hrsg.）, Grundgesetz und deutsche Verfassungsrechtsprechung im Spiegel ausländischer Verfassungsentwicklung, 1990, S. 13, 22 ff. 参照。

(16) この点については、とくに、記念論文集第1巻（*Badura/Dreier,* Festschrift 50 Jahre Bundesverfassungsgericht, I. Bd., 2001）の中の *Jost Pietzcker, Peter Selmer, Werner Heun, Christoph Gusy* の論文五六三頁以下、五八七頁以下、六一五頁以下、六四一頁以下を参照せよ。

(17) Vgl. *Christian Starck,* Der Schutz der Grundrechte durch den Verfassungsrat in Frankreich, AöR 113（1988）, S. 632 ff.,および、この論文の基礎になっている *François Luchaire* の La protection constitutionnelle des droits et des libertés, 1987; Francis Hamon/Michel Troper/Georges Burdeau, Droit constitutionnel, 27e éd., 2001, S. 734 ff. 参照。

(18) Bundesblatt 2002, S. 2291 ff.

(19) この点については、*Jörg Paul Müller,* Verfassungsgerichtsbarkeit in Bewegung, in: Neue Zürcher Zeitung vom 29. Mai 2002/Nr. 121, S. 27 der internationalen Ausgabe. 参照。

(20) Twede Kamer der Staten—Generaal 2001-2002, Kamerstukken 28331, nr. 3 unter Gliederungsziffer 3; Kamerstukken 28355, nr. 2.

(21) 例えば、すでに、*Christian Starck,* Das Bundesverfassungsgericht im politischen Prozeß der Bundesrepublik, 1976, S. 11 f.

(22) *Christian Starck,* Das Bundesverfassungsgericht in der Verfassungsordnung und im politischen Prozeß, in: *Badura/Dreier*（Anm. 16）, I. Band, 2001, S. 1, 20 ff. BVerfGE 90, 286, 381 ff（平和部隊としての兵力の投入の際の議会の留保）**［最新憲法判例55：山内敏弘］**、BVerfGE 101, 158, 218 ff.（財政均衡のための Masstabe 法律）という

二つの事例とともに。

(23) 多くの証明をともなった，*Thomas Oppermann*, Das Bundesverfassungsgericht und die Staatsrechtslehre, in: *Badura/Dreier* (Anm. 16), I. Bd., 2001, S. 421 ff. *Peter Lerche*, Rechtswissenschaft und Verfassungsgerichtsbarkeit, in: Bayerische Verwaltungsblätter 2002. S. 649 ff. 参照。

(24) *Fritz Ossenbuhl*, Bundesverfassungsgericht und Gesetzgebung, in: *Badura/Dreier* (Hrsg.), Festschrift 50 Jahre Bundesverfassungsgericht, I. Bd., 2001, S. 33, 39 ff.

(25) *Peter Badura*, Die Verfassung im Ganzen der Rechtordnung, HStR Bd. VII, 1992, S. 170 ff.

(26) 国家機関の憲法への拘束を規定した基本法第一条三項および二〇条三項参照。

(27) *Christian Starck*, Die Verfassungsauslegung, HStR Bd. VII, 1992, S. 190 f.

(28) *Christian Starck*, Der demokratische Verfassungsstaat, 1995, S. 53 ff. m.w.N.

(29) この点に批判的なのは，*Peter Lerche*, Die Verfassung als Quelle von Optimierungsgeboten?, in: Festschrift für *K. Stern*, 1997, S. 197 ff; *Karl-Eberhard Hain*, Die Grundsätze des Grundgesetzes, 1999, S. 114 ff.

(30) BVerfGE 77, 170, 214 f.

(31) BVerfGE 92, 26, 46.

(32) 戸松秀典 Judicial Review in Japan: An Overview of Efforts to Introduce U.S. Theories, in: *Y. Higuchi* (ed.), Five Decades of Constitutionalism in Japanese Society, 2001, S. 269. 最初の三つの事例は，正確には深瀬忠一・樋口陽一よって記述された。Le constitutionalisme et les problèmes au Japon, Paris 1984, S. 308 f.

(33) *Percy R. Luney Jr.*/高橋和之（編），Japanese Constitutional Law, 1993, S. 168.

(34) 以前の判例に言及しつつ，BVerfGE 100, 59, 101.

（35）　BVerfGE 74, 297, 339.

（36）　BVerfGE 50, 290, 333.［**憲法判例49：栗城壽夫**］

（37）　BVerfGE 40, 196, 223.

（38）　BVerfGE 39, 1 51 ff.［**憲法判例8：嶋崎健太郎**］; 88, 203, 262 f.［**最新憲法判例5：小山剛**］

（39）　同様に、*Klaus Stern,* Staatsrecht, Bd. II, 1980, S. 961 f.; *Werner Heun,* Funktionell-rechtliche Grenzen der Verfassungsgerichtsbarkeit, 1992, S. 11 f; *Klaus Schlaich,* Das Bundesverfassungsgericht, 4. Aufl. 1997, S. 341 f.

（40）　*Alexander v. Brünneck,* Verfassungsgerichtsbarkeit in den westlichen Demokratien, 1992, S. 152 ff.

（41）　*Klaus Schlaich/Stefan Korioth,* Das Bundesverfassungsgericht, 5. Aufl. 2001, S. 277 ff.

（42）　*Ernst Benda/Eckart Klein,* Verfassungsprozeßrecht. 2. Aufl. 2001, S. 529 ff.

（43）　BVerfGE 25, 167, 188.［**憲法判例37：渡辺中**］

（44）　基本法案六条五項は「嫡出でない子に対しては、立法によって、身体的および精神的成長について、ならびに社会におけるその他の地位について、嫡出子に対すると同様の条件が作られなければならない」と規定する。

（45）　BVerfGE 56, 54, 81［**憲法判例10：松本和彦**］; 77, 170, 214 f.; 77, 381, 405; 79, 174, 202; 88, 203, 252 ff.［**最新憲法判例5：小山剛**］参照。さらにこの問題については、*Christian Starck,* Praxis der Verfassungsauslegung, 1994, S. 46, 68 ff.参照。

（46）　この点については、*Christian Starck,*（Anm. 21）, S. 16 f.

（47）　このことを強調しているのは、BVerfGE 49, 148, 157; 51, 304, 323; 54, 277, 293 ff.; 69, 1, 55［**憲法判例23：山内敏弘**］である。

（48）　詳細は、*Christian Starck,* Die Verfassungsauslegung, HStR Bd. VII, 1992, S. 189 ff.参照。

（49）　*Fritz Ossenbuhl,* in: Verfassungsgerichtsbarkeit und Gesetzgebung. Symposion aus Anlaß des 70. Geburtstags von Peter Lerche, 1998, S. 91; ähnlich *Peter Badura* und *Ernst Gottfried Mahrenholz,* ebda, S. 47.

（50）　例えば，*Friedrich Müller* は「憲法の研究方法」について述べている。*M. Thiel*（Hrsg.），Enzyklopädie der geisteswissenschaftlichen Arbeitsmethoden, 1972 所収の彼の同名の論文参照。

（51）　*Peter Häberle,* Die offene Gesellschaft der Verfassungsinterpreten, JZ 1975, S. 297 ff.

（52）　*Konrad Hesse,* Grundzüge des Verfassungsrechts, 20. Aufl. 1995, S. 26.

（53）　BVerfGE 60, 319, 325; 62, 1, 36 f., 44; 67 **［憲法判例88：吉田栄司］**, 100, 128 ff. **［憲法判例85：岩間昭道］**; 99, 1, 11, 13.

（54）　*Hesse* は，前掲注（44）二四頁，二七頁，二八頁でこのように名付けた。

（55）　この点について，*Martin Kriele,* Theorie der Rechtsgewinnung, 2. Aufl. 1976, S. 338 ff.; *Ernst Wolfgang Böckenförde,* Die Methoden der Verfassungsinterpretation, NJW 1976, S. 2089, 2097 f.

（56）　すでに，BVerfGE 79, 127, 143 ff. **［最新憲法判例57：白藤博行］** 参照せよ。

（57）　*Hans-Peter Schneider,* Der Wille des Verfassungsgebers, in: FS für *Stern,* 1997, S. 903, 922.

（58）　*Starck*（Anm. 48），S. 211-228.

（59）　例えば，BVerfGE 3, 407, 414 f.; 33, 52, 61; 71, 1, 45, 49 ff.

2　憲法裁判の発展と日本の違憲審査制の問題点

戸波江二

一　はじめに

第二次世界大戦後に世界各国に広まった憲法裁判制度（違憲審査制）は、総じて、各国の憲法政治のなかで重要な役割を果してきた。憲法に照らして議会・政府の活動の審査し、そしてまた、人権侵害を受けている国民の人権を保障していくという違憲審査制の任務は、国政のなかでも重要な地位を占めるようになっており、違憲審査権を行使する裁判所の社会的影響力もきわめて大きいものになってきている。

もっとも、裁判所の違憲審査権は、それが政治のあり方を批判し、議会の制定する法律をも否定するという強い力をもつがゆえに、議会・政府との対立もしばしば生じてきた。典型例は、一九三〇年代のアメリカの最高裁判所とローズヴェルト政府との対立である。同様に、ドイツでの一九九〇年代半ばの「兵士は殺人者だ」判決、「キリスト十字架像」判決等を契機とする連邦憲法裁判所への国民的批判もまた、その例である。憲法裁判は、すでに各国政治のなかに根づいており、重要な政治的機能を果しているとはいえ、しかし、なお違憲審査権はどのように行使されるべきか、憲法裁判はどうあるべきかという問題は変わらずに問われ続けてきている。

ひるがえって、日本の違憲審査制は、他国と比較して十分な機能を発揮してきているとはいえない。日本では、一九四七年の日本国憲法の施行とともに、最高裁判例を頂点とする新しい司法制度が発足した。そして、最高裁判所は、上告審裁判所として民刑事・行政事件を管轄するとともに、憲法八一条によって違憲審査権を付与された。しかし、裁判所の違憲審査権の行使は活発ではなく、たとえば、創設以来最高裁判所が下した法令違憲判決は、二〇〇二年九月十一日の郵便法賠償額限定違憲判決が一五年ぶりに登場するまでは、五種六事件にすぎなかった。また、憲法判例の質の点でも、合憲の理由づけが不十分であったり、先例を不適切に援用したり、違憲審査の基準を明確に論理づけることのないまま合憲の結論を導き出しているように、判決の論理は緻密とはいえない。日本の違憲審査制は、残念ながら十分に展開してきているとはいえない。(1)

この報告の目的は、各国の憲法裁判と比較しつつ、日本の違憲審査制の特質と問題点、そして、そのあるべき方向について考察することにある。

二　違憲審査制の目的と機能

(1)　違憲審査のアメリカ型とドイツ型

違憲審査制の目的として、国民の権利の保障、立法権を含む他の権力の憲法的統制、の二点を挙げることができる。日本の学説では、この二つは、違憲審査の型との関係で、①付随的審査制―私権保障型―通常裁判所、②抽象的審査制―憲法保障型―憲法裁判所、という対比の図式で論じられてきている。[2] そこでまず、この分類を手がかりに、違憲審査の意義と機能について検討し、さらに日本的な特質に論及することにしたい。

アメリカでは、憲法上違憲審査制に関する明文の規定がなく、一八〇三年のマーベリー対マディソン事件で合衆国最高裁判所が解釈によって違憲審査権を導出した。そこでは、司法権が及ぶべき「事件または争訟」を列挙する合衆国憲法三条二節に基づいて、司法権は内在的に法律の合憲性の審査権を含むとされた。このような解釈の故に、アメリカでは、違憲審査権の行使は「司法権」の枠内で行使されるべきものとされ、その結果、スタンディング、ムートネス、事件性の要件などの諸条件が、違憲審査権の行使の前提とされることになった。そして、アメリカの違憲審査制は、個人の権利を救済するという本来の司法の枠内で行使され、したがってそれは「私権保障型」であると評されることになった。「司法」の論理のなかで解釈論によって違憲審査権を導出したアメリカの合衆国最高裁判所は、論理必然的に違憲審査権が「司法」の範囲内で行われるべきことを説いたが、しかし同時に、アメリカの憲法判例は「事件性」の要件を拡大してきている。

もっとも、アメリカの違憲審査制は、その判例の発展状況をみるならば、私権保障のみを制度目的としてきたわけではなく、むしろ、連邦議会や州議会の立法を憲法の視点からコントロールすることをも実現してきた。実際に、合衆国裁判所が違憲判決を下す場合に、それが権利保護と同時に議会や政府の行為を憲法的にコントロールすることを意図していたということも多い。アメリカの判例のなかで、違憲審査の民主的正当性が問題とされ、裁判所が議会の決定権限のなかに不当に踏み込みすぎているのではないかが議論された、一九七三年のロー対ウエイド事件をめぐる違憲審査の原意主義論争の過程をみても明らかである。

これに対して、ドイツでは、憲法裁判権は、権利保護の制度というよりも、「自由で民主的な基本秩序」という基本価値を護るという任務を帯び、憲法保障のための制度と位置づけられている。また、「憲法価値の実現」ないし「憲法秩序の保障」の観点から、抽象的規範統制・具体的規範統制という制度を設け、法令ないし国家行為の違憲性を憲法裁判所が審理判断するというシステムを採用している。もちろん、現在のドイツの憲法裁判の実際では、憲法異議が年間五〇〇〇件を超え、基本権保護の任務の拡大という傾向をみてとることができるので、ドイツの違憲審査制を憲法保障の制度とのみいうことは困難である。しかし、総じて、ドイツの憲法裁判制度は、憲法裁判所に憲法の番人としての地位を強く認め、憲法の客観的保障をめざしているということができる。

(2)　日本の違憲審査制

ところで、日本では、日本国憲法七六条は「すべて司法権は、最高裁判所及び法律の定めるところにより設置する下級裁判所に属する」として、司法権がすべて裁判所に属すると規定するほか、日本国憲法八一条は「最高裁判所は、一切の法律、命令、規則または処分が憲法に適合するかしないかを決定する権限を有する終審裁判所である」と規定している。憲法八一条が、憲法七六条とは別に、特別に違憲審査権を最高裁判所に認めている以上、憲法八一条に基づいて、たとえば法律で最高裁判所に抽象的違憲審査権を与えることが憲法上許されると解釈する余地がある。しかし、通説・判例は、警察予備隊違憲訴訟最高裁判決（最大判昭二七（一九五二）・一〇・八民集六巻九号七八三頁）(3)で説かれたように、憲法八一条の違憲審査権は憲法七六条の「司法権」の範囲内で、つまり、権利義務に関する具体的な争いが裁判所に適法に係属して、その事件を解決する前提として行使されるべきものと解釈している。

この解釈は、アメリカ型の違憲審査制の考え方に沿ったものであり、理論的にはむろん可能である。本来、司法権は、民刑事の紛争について法を適用して最終的解決を図るものであったのであり、憲法七六条の「司法」の意義もそのように解釈するのが基本的に妥当である。また、違憲審査権についても、裁判所が政治に対して干渉せず、「司法」の枠のなかで争訟を法的に解決するという本来の土俵に自己限定することには理由がある。しかし、問題は、裁判所の判例がその後、この付随的審査制の論理に忠実に従うあまり、違憲審査権の行使を消極化させてしまっていることである。つまり、裁判所は、司法審査の権限を、個人の権利義務に関する紛争を解決するという本来の「司法」の任務に限定し、その結果、政治部門の決定に対する憲法に基づくコントロールという任務を副次的なものにしてしまっている。その例が、多くの憲法事件判決で展開されている「立法裁量論」であり、それによって裁判所は国会の判断を大幅に追認してきている。

違憲審査の論理が司法権の概念を超えるものであることは、伝統的意味での争訟性の要件をもたない住民訴訟や選挙訴訟などの客観訴訟において違憲審査権がしばしば行使され、一連の議員定数不均衡違憲判決や愛媛玉串料違憲判決（最大判平九・四・二民集五一巻四号一六七三頁）などの重要な違憲判決が下されていることに端的に現れているところである。また、「司法」の観念が「事件性」を要件とするという通説の立場に立ったとしても、憲法七六条は事件性の要件を充たさない法的紛争を裁判所の審査権の範囲外に置いている、と解釈することは妥当ではない。違憲審査権の行使についても、少なくとも法律による根拠づけがあれば、「司法」の枠を超えて行使することは可能であると解される。つまり、憲法裁判は、「司法」＝「争訟の解決」という枠を超えて、客観的な違憲行為の排除と国家行為のコントロールという意味をもつことが自覚されるべきなのである。

(3)　人権保障制度としての違憲審査制

違憲審査が人権保障に重要な貢献をなしていることは、各国の違憲審査の実際をみれば容易に理解される。憲法保障を重要な任務とするドイツ連邦憲法裁判所においてさえ、数多くの憲法異議の提起に応じて人権救済の機能が強化されてきている。アメリカ合衆国最高裁判所は、その積極的な違憲判決によって、人権保障の実をあげている。もっとも、アメリカの違憲審査制では、サーシオレイライの制度によって上訴を選別するので、人権保障の点では完全ではないが、しかし、それは同時に、合衆国最高裁判所を憲法裁判所として機能させることに寄与している。アメリカの違憲審査制では、人権保障は総じて十分に機能している。

憲法裁判権が人権保障機能を果たすうえで看過することができないものは、個人提訴権である。人権を侵害されたと主張する者が、直接裁判所に出訴して人権侵害を争うことができることは、違憲審査が人権保障を有効に機能するための不可欠の前提である。この点で、個人提訴権の制度をもたないフランス憲法院による違憲審査は、人権保障のシステムとしては致命的な欠陥を抱えていることになる。

ところで、日本の違憲審査は、人権保障を重要な制度目的とし、個人提訴権を認めている点で、制度としては人権保障の実現に向けた態勢が調っている。しかし、これまでの判例をみるかぎり、後述するように、違憲審査制が国民の人権を守るものとして機能しているとはいえない。とくに問題なのは、日本の違憲審査制は、法的争訟を解決するために「司法権」を行使するという前提に固執するあまりに、かえって、事件性を欠く訴えを却下し、それによって憲法問題に立ち入ることを回避していることである。「権利保護のための訴訟」は、「権利保護の必要性の欠如の故に訴え却下」という逆説的な結果をもたらしているのである。

三　日本の違憲審査制の前提となる裁判制度の特質

(1)　裁判制度の統一性と下級審の違憲審査権

日本の憲法裁判の特質と問題点を考える前に、日本の裁判制度の独自性について留意する必要がある。とくに重要なことは、日本では、裁判所制度は分化しておらず、統一的・ヒエラルキー的組織として構成されていることである。すなわち、裁判所は、地・家裁、高裁、最高裁という段階構造をとり、それが単一の組織を構成する。連邦制は採用されていないため、州裁判所も存在しない。すべての事件がこの統一的な裁判組織に持ち込まれ、審級にしたがって審理がなされ、最終的にはすべて最高裁判所で事件が決定される。

このような裁判所組織のなかで、下級審もまた違憲審査権を有していることも大きな特徴である。下級審裁判所は、法令または国家行為の違憲性について、判断を最高裁判所に呈示することなく、独自に審理判断することができる。そして、現に、下級審が積極的な違憲判決を下したという例は少なからずみられる。もっとも、下級審が違憲判決ないし人権擁護判決を下しても、上訴審とくに最高裁でくつがえされることが圧倒的に多い。

(2)　裁判官のキャリア・システム

裁判官について、キャリア・システムが採用されている。裁判官に任官した者は将来にわたってキャリアとして裁判官を務めていく。したがって、裁判官組織は一つの大きな人的グループとなり、裁判官はその内部でキャリアを積んでいく。そのため、裁判官の職権の独立は憲法上の原則とされているものの、実際には、最高裁判所による判決の締めつけという事態が生ずる。[(4)] つまり、裁判官として任官したのちは司法組織の一員として裁判に関与し、最高裁判所によって人事・身分上の統制を受けつつ最高裁判例に沿って事件を処理するため、裁判官は事件を担当するにあたって個性を発揮することができず、全体に埋没し、既存の判例の流れに追随する。その結果、憲法判例は固定化され、従来の最高裁判例に抗して新たな憲法判断を示す下級審判決が現れることは困難になる。

(3)　最高裁判所の広汎な権限

合憲性の最終的審査権をもつ最高裁判所のあり方も、他国の最高裁判所、憲法裁判所とは大きく異なっている。最高裁判所には、憲法上および法令上、重要な権限が集中している。民刑事および行政事件の上告審、違憲審査権、司法行政権があり、さらに規則制定権、下級裁判所裁判官指名権をもつ。審査権限の点でも、裁判所組織の組織・運営権の点でも、その権限は広汎かつ強力である。

最高裁判所は、現在、事実上上告審裁判所として機能しており、違憲審査を行う憲法裁判所としての機能が背後に退いていることとが留意されるべきである(5)。最高裁判所は、民刑事の上告審裁判所としては、豊富な経験をもつ裁判官出身の裁判官をもち、多くの民刑事の上告事件については一応妥当な解決を与えてきている。しかし、違憲審査制の最終審という任務の点では、裁判官のほとんどは憲法問題についてこれまで専門的に取り組んできた経験をもたず、憲法事件に習熟していない。ましてや、現在のように憲法訴訟論が緻密化してくると、まったく知識のない憲法問題について判断を下さなければならないという状況に置かれる。その結果、国側の主張を採用した請求棄却判決が増し、簡便で説得力のない理由による合憲・適法判決が下さることになる。違憲判決は、それが議会の制定した法律を違憲とするものである以上、論理的に緻密かつ説得的なものでなければならないが、現在の最高裁判所は、そのような憲法訴訟に適任の裁判官が集まる場にはなっていない。

(4)　憲法事件の過少

憲法関係の事件の特徴として、事件数が極端に少ないことにも注意する必要がある。憲法事件に関しては、法律の合憲性が争われる事件はかなりの数にのぼるが、しかし、その多くは最高裁判所への上告を認めさせるために、憲法違反の主張をしているものである。その意味で、法律ないし国家行為の合憲性、あるいは人権侵害が重要な争点として立ち現れる訴訟事件の数はきわめて少ない(6)。憲法事件が少ないことには多くの理由があるが、とくに決定的な理由は事件で勝訴する見込みがきわめて低いことである。人権侵害を理由に訴訟を提起し、違憲の争点を訴訟で主張しても、裁判所でそれが認められる可能性がほとんどないのであれば、国の行為が不当であるといかに憤りを感じたとしても、出訴をためらうことになる。裁判所による人権保護の姿勢が期待されない以上、訴訟を断念せざるをえず、その結果、憲法裁判は停滞したまま活性化しない。裁判所の違憲審査に消極的な姿勢が憲法事件の提起を思いとどまらせ、また、憲法事件の少なさが違憲審査の消極化を助長するという、悪循環をみてとることができる。

四　最高裁判所の違憲審査権行使の消極性とその問題点

(1)　最高裁判所の違憲審査権の行使の消極性

最高裁判所の違憲審査権の行使の消極性は、違憲判決の数がきわめて少ないこと、憲法判断に立ち入ることを回避しがちなこと（たとえば自衛隊裁判）、他方、議会・政府の行為の合憲性を積極的に認める判決では進んで憲法判断を行っていること、全体に立法・行政の決定を尊重し、それに追随していること、といった点にみることができる。実際にも、人権擁護の憲法判例にはみるべきものは多くはなく、むしろ、全農林警職法事件最高裁判決（最大判昭四八（一九七三）・四・二五刑集二七巻四号五四七頁）、猿払事件最高裁判決（最大判昭四九（一九七四）・一一・六刑集二八巻九号三九三頁）、大阪空港公害訴訟最高裁判決（最大判昭五六（一九八一）・一二・一六民集三五巻一〇号一三六九頁）など、違憲性の強く疑われた法律を合憲と強弁し、権利保護を求めた請求を訴訟上の理由から斥けたりした事件が目立っている。

(2)　最高裁判所の憲法判例の質

また、最高裁判所の憲法判例は、その他にも重大な欠陥を有している。すなわち、①違憲判断の論理、違憲審査の基準が確立しておらず、場当たり的な判断になっていること、②「立法裁量論」が多用されることによって、議会の判断が過度に尊重されていること、③先例に安易に依拠して判断を下し、論理的ではない先例であっても見直すという態度がみられないこと、④判例による法創造の視点を欠いていること、である。総じて、最高裁判所は、憲法判例においては、判例によって人権保障を進展させる法形成的解釈をとらず、むしろ、既存の先例と既定の法律に準拠して違憲審査の展開を狭く押さえているのが実情である。日本の憲法判例は、質の面でも世界レベルに達していない。(7)

五　日本の最高裁判所の違憲審査の消極性に関する特殊な背景事情

なぜ日本の違憲審査制が不活発なのか、とりわけなぜ最高裁判所の違憲審査が消極的なのかという問題はなおのちに検討することとし、ここでは、最高裁判所の消極性の背景にある日本の憲法政治の状況に触れておきたい。

(1)　自衛隊裁判

日本の違憲審査制が消極的であることの原因の一つに、自衛隊裁判がある。自衛隊は、一九五〇年の朝鮮戦争の勃発とともに、アメリカの要請によって警察予備隊として設置され、一九五五年に自衛隊へと組織を強化し、今日に至っている。他方、憲法九条二項は「陸海空軍その他の戦力は、これを保持しない」と定めているため、自衛隊の合憲性は大きな憲法上の論争となった。当初、護憲側は、自衛隊が憲法九条の規定の文言、憲法制定者意思等に照らして、違憲であることは明らかであるとして、裁判所に自衛隊の合憲性を争う訴訟を数多く提起した。しかし、裁判所は、訴えの利益の消滅等の訴訟上の理由を持ち出すことなどによって、自衛隊の合憲性の実体審査に立ち入らず、訴えを斥けた。自衛隊の合憲性については、現在なお最高裁判所は判断を下していない。

自衛隊の合憲性の問題は、日本の戦後政治のなかで大いに議論されてきた重要な政治問題であり、裁判所がその合憲性について審査を回避したいと考えることには相応の理由がある。しかし、そのため、裁判所が憲法事件全般に対する審査を避けるという傾向を助長し、違憲審査権の行使が総じて消極化することにつながった。

(2)　憲法改正問題

自衛隊の合憲性に密接に関連して、戦後日本の政治では、憲法改正が重要な政治対立の基軸となってきたことにも留意する必要がある。日本国憲法は、占領軍総司令部（とくにアメリカ）によって作成された草案に基づいており、民主的な内容をもっていたにもかかわらず、戦前の天皇制への復帰を意図する保守層を中心に、「おしつけ憲法」や「日本国憲法無効論」などの批判を浴びた。また、自衛隊の設置にともない、憲法九条と自衛隊との矛盾のために、一九五〇年代には政府・自民党から憲法改正の議論が高まったが、それに対して、野党を中心として護憲論が強く主張された。ここで、憲法改正をめぐって護憲・改憲の対立構造ができあがった[8]。もっとも、政府・自民党は憲法改正までは踏み込まなかった。それは、政府・自民党が憲法改正による政治対立を回避したからであるが、同時に、自衛隊の合憲性を自衛権の憲法解釈によって説明し、それで自衛隊のが違憲であるとの批判を押し切ったからでもあった。

いずれにせよ、戦後の憲法政治では、憲法改正の是非をめぐって護憲・改憲の主張が対立してきたのであり、憲法をめぐるこのような情勢の下で、政治との関わりを忌避する最高裁判所としては、政争の種である憲法事件への積極的関与を躊躇したのである。

(3)　憲法の位置づけ――抵抗のシンボルか、統合のシンボルか

同様のことは、憲法に対する国民意識との関係についても妥当する。一般に、違憲審査権が有効に行使される前提として、憲法に対する社会的コンセンサスが成立し、憲法が国の基礎法であることが国民意識のなかで広く受容されていることが必要である。たとえば、アメリカにせよドイツにせよ、憲法が国の基本法であることについての確信が国民の意識のなかに広く行き渡っており、そのような土壌の下でこそ、憲法裁判権は有効に機能する。しかし、これまでの日本の政治風土では、憲法に好意的ではない政治勢力が政権に就いてきており、憲法はむしろ統合のシンボルではなく、護憲・改憲の対立の中心に置かれてきた。そこでは、憲法学の主流は、「抵抗の憲法学」として政治権力を批判し、その抵抗のシンボルとして憲法を持ち出してきた。このように、憲法が政治・社会の共通の基礎であることについてのコンセンサスが成立していない政治風土の下では、違憲審査権の積極的な行使を裁判所に期待することは難しいといわなければならない。

(4)　司法改革における違憲審査制改革の論議

日本の司法が国民によって利用されていないという現状を踏まえて、司法制度の改革をめざして一九九九年に内閣の下に司法改革制度審議会が設置され、熱心な議論ののちに、二〇〇一年最終意見書を提出した。そこでは、民刑事裁判の迅速化、国民の裁判へのアクセスの拡充、法曹人口の拡大と法科大学院（ロースクール）の創設など、さまざまな提言がなされた。この提言の多くは、従来の司法のあり方を改革する進歩的な提言とみることができる。現在、その具体化のための方策が政府、裁判所、弁護士会、大学等で議論されている。

しかし、問題は、司法改革制度審議会では、違憲審査制の改革について、ほとんど議論されなかったことである(9)。たしかに違憲審査制の改革は、憲法に直接関わる問題であるために、司法制度改革審議会という政府の審議

会で議論することが妥当であるとはいえない面もある。しかし、司法の一環としての違憲審査がこれだけ行き詰まっている状況では、違憲審査制の硬直化を打開するために、違憲審査を担当する裁判所の機構改革をも含めて、議論すべきであったと思われる。

ただ、最終意見書のなかには、違憲審査制の活性化に資する提言も多くなされていることが注目される。たとえば、裁判官の給源の多様化、裁判官人事の透明化は、裁判官のキャリア・システムによる違憲審査の硬直化を解消する方向に向かうことが予想される。また、法科大学院構想のなかにも、憲法の体系的・訴訟的学習を通じて、憲法訴訟に通じた法曹を養成し、それによって将来の違憲審査制の発展を期待するという意味がこめられている。

(5)　違憲審査制に関する学説と判例の関係

判例が発展していくためには、学説の批判を受け、それに反応し議論し、相互の交流を経ることが不可欠である。しかし、民刑事の判例はさておき、憲法判例に関しては、裁判所と学説との交流はきわめて乏しい。つまり、学説が判例の論理を批評し、諸外国での違憲審査の状況を紹介し、違憲審査基準論を提示し、憲法解釈のあり方について議論を展開しても、判例はそれを十分に顧慮せず、立法裁量論のような国会の判断を尊重する議論を独自に発展させてきている。日本の憲法判例は、閉じられた完結した体系をなしており、学説との交流には積極的でない。

六　憲法裁判に共通する問題

(1)　違憲審査の制度の問題

これまで、違憲審査制をめぐる特殊日本の現状について説明してきた。しかし、違憲審査制については、各国の違憲審査制に共通する違憲審査に固有の問題がある。その典型として、第一に、違憲審査のあり方ないしはその制度の問題、第二に、違憲審査を担当する裁判官の問題、第三に、違憲審査権と政治との関係の問題、第四に、憲法裁判権と他の機関ないし他の裁判所との関係の問題がある。ここでは、とくに日本的特質という観点から簡潔に論ずることにしたい。

第一に、違憲審査のあり方に関しては、ミクロ的には各国ごとに千差万別である。個人提訴権を認めるかどうか、判決に対する憲法異議を認めるかどうか、法律発布前の事前審査を行うかどうか、勧告的意見の制度を取り入れるかどうか、違憲訴訟を当事者主義的に構成するかどうかなど、さまざまなヴァリエーションがある。そのなかでも基本的な特質として、前述のように、通常裁判所による付随的違憲審査というアメリカ型と、独立した憲法裁判所による抽象的規範統制をも含めた審査というドイツ型とが大別され、その制度の比較が議論されてきた。

日本では、とくに一九九〇年代に、これまでの最高裁判所の違憲審査の行き詰まりを克服するために、憲法裁判所制度の導入が有力に主張された。この主張は、韓国において一九八八年の憲法裁判所の創設以来、違憲審査が活性化したことからも刺激を受けている。(10) これに対して、学説の多数は、①具体的事件との関連で違憲審査権を行使することが、人権の実際の妥当性にとって好ましい。②抽象的寄責を認めると司法の政治化がもたらされる、また、③日本の違憲審査の現状からして、憲法裁判所制度を導入すれば、憲法裁判所は政治部門の決定にお墨付きを与える機関となるおそれが強い、などという理由から、憲法裁判所による抽象的審査の導入に反対した。この反対論の背後には、憲法裁判所制度の導入が不可避的に憲法改正をともなうものであるため、それは改憲のための突破口となりうるということを警戒して、護憲論の立場から批判がなされたという事情もある。

たしかに、制度を変えただけで事態が好転するとはかぎらない。しかし、日本の違憲審査制が機能不全を起こしている現状では、それを打開するために制度改革を考えることはあってよい。憲法裁判所による違憲審査という方式によれば憲法に通暁した裁判官が任命される可能性が大きいこと、憲法問題について専門的に審理判断がなされうること、「憲法の番人」となるためには憲法裁判所という特別の地位をもった裁判所による違憲審査こそがふさわしいこと、などを考えれば、十分検討に値するように思われる。(11)

(2)　違憲審査の人の問題

憲法裁判にとって、裁判官をどのように選任するかは、決定的に重要である。それは、一方では、議会の民主的意思決定をも否定する違憲審査制の正当化に関して、違憲審査権を行使する裁判官の選任の手続が問題となるからであり、他方では、実際に違憲審査を担当する裁判官としていかなる専門知識と素養をもった人物が選任されるかが問題であるからである。(12)まず前者について、違憲審査権を行使する裁判官の選出手続は各国でさまざまであるが、概して、議会での選任と、選任にあたっての慎重な適格性審査がなされるのが通常である。しかし、日本では、最高裁判所の裁判官の任命は内閣の権限とされ、しかも、選任にあたって慎重な資格審査や審査手続の透明性は要求されていない。ましてや、候補者が憲法的素養をもつかどうかについて公的に検討する機会は設けられていない。

憲法裁判に携わる裁判官の資質という点では、職業裁判官が憲法裁判に適しているかどうかが問題になる。もちろん個人差はあるが、概して、職業裁判官は法律にしたがって判断を下すために、法律の合憲性を憲法に照らして判断するのに適しているとはいえない。むしろ、理論研究に通じた学者が憲法解釈をリードすると考えるべきである。これは、現在の憲法事件が多岐にわたると同時に複雑化し、その解決には高度の憲法解釈の方法と専門的知識が要求されるからでもある。

この点に関して、日本では、最高裁判所裁判官は内閣によって任命されるが（憲法七九条一項）、その人選は、概して、固定した選出母体のなかから順送りに選ばれている。最高裁判所裁判官一五名のうち、最近では、六名が裁判官、四名が弁護士、五名の学識経験者のうち検察官二、外交官一、行政官一、学者一となっている。このうち、中心的な役割を担うことになる裁判官出身者は概して司法官僚制のなかで経験を積んできており、憲法事件に通じているとはいえず、また消極的に違憲審査権を行使してきた従来の判例に忠実な態度をとりがちである。また、弁護士出身者もまた、人権擁護派となることが期待されるとはいえ、必ずしもそのような人物が選出されるとはかぎらない。学識経験者として選出される裁判官も、総じて憲法問題に通暁しているとはいえない。さらに、学者出身の裁判官は一名にすぎず、しかも専門の憲法学者が選ばれることはまれであり、現在は民法学者が選ばれている。[13] このような裁判所の構成からは、優れた憲法判例が創造される可能性は概ね乏しく、勢い国側の主張に安易に依存することになる。[14]

(3)　違憲審査と「政治」との関係

違憲審査と政治との関係もまた、各国に共通する重大な違憲審査の課題である。裁判所による違憲審査権の行使が議会の判断を覆すとき、違憲審査の民主的正当化の問題が生ずる。また、重要な国際条約の効力について審査をし、国の統治の基本に関する政治問題について裁判所が決定を下すならば、裁判所が過度に政治に干渉したのではないかという批判が生ずる。他方、政治問題の決着が議会ではつかず、裁判所に持ち込まれる場合にも、司法の政治化の問題が生ずる。

しかし、日本の場合には、裁判所は基本的に「司法」と「政治」とを区別し、政治の領域には立ち入ろうとせず、司法の領域にとどまろうとしているという特質が認められる。議会の判断については「立法裁量論」によって議会の判断が尊重される。それ以上に、むしろ積極的に議会の決定が憲法に適合していることを積極的に認定する傾向すらみられる。ここでは，むしろ司法の政治化の危険が強調されるよりも，憲法問題が同時に政治問題であり，違憲審査は多かれ少なかれ政治と関わりをもたざるをえないものであることが強調されるべきである。

(4)　国家機関相互の関係のなかでの違憲審査

裁判所の違憲審査権が，他の国家機関，他の裁判権，あるいは他の国際審判機関とどのように関係するかもまた，現代の違憲審査制の置かれている社会環境を理解するうえできわめて重要になっている。独立した憲法裁判所をもつドイツでは，一般裁判所との関係が重大な問題となる。また，国際化の進展とともに国家を超えた国際組織が誕生し，あるいは人権の国際的保障のための機構が整備されると，裁判権の競合の問題が生ずる。ヨーロッパでは，ヨーロッパ連合およびヨーロッパ裁判所，ヨーロッパ人権裁判所，各国の国内裁判所，とくに憲法裁判所との関係が重大な問題となっている。

これに対して，日本では，アジアの地域的統合や地域的人権保障の機構は成立しておらず，今なお構想もされていないのが現状である。そのようななかで，日本の最高裁判所は，前述の一元的な裁判制度の下で，その頂点に立ち，最終的な判断を下すことになる。その際に，最高裁判所は判決の結論にのみ留意すれば足り，理由づけに配慮するには及ばない。日本の最高裁判例の質が低位にとどまっているのは，このような最高裁判所の国内的地位にも起因しよう(15)。

七　日本の違憲審査制の課題

(1)　日本の憲法裁判における違憲審査制の成果

以上，日本の違憲審査制が十分に機能していないこと，およびその原因について述べてきた。もっとも，日本の違憲審査制がまったく意味をもたなかったというわけではなく、一定の成果を挙げていることも指摘しておかなければならない。

第一は、下級審レベルの判決において、人権救済や憲法保障に資する判決が下されていることである。たとえば、最近では、最近の例としては、従軍慰安婦の損害賠償を認めた関釜事件一審判決（山口地下関支判平一〇（一九九八）・四・二七判時一六四二号三頁、二審判決で破棄）、ハンセン氏病患者の損害賠償を認めたハンセン病国家賠償訴訟一審判決（熊本地判平一三（二〇〇一）・五・一一判事一七四八号三〇頁、確定）がある。社会保障に関しては、夫婦の老齢年金受給制限規定を違憲無効とした牧野訴訟一審判決（東京地判昭四三（一九六七）・七・一五行集一九巻七号一一九六頁、確定）は、当該規定を削除する法律改正をもたらした。また、政治に関わる分野でも、日米安保条約を違憲と判断した砂川事件一審判決（東京地判昭三四（一九五九）・三・三〇下刑集一巻三号七七六頁、いわゆる伊達判決、最高裁で破棄）、自衛隊を違憲と判断した長沼事件一審判決（札幌地判昭四八（一九七三）・九・七判時七一二号二四頁、高裁、最高裁で原告の請求却下）さえ下されている。

第二は、たとえ訴訟で訴えが斥けられるとしても、政府の施策の合憲性を争う訴えが大きな社会的なインパクトをもち、直接・間接に国の施策に影響を及ぼし、国民の意識に訴えかける訴訟がみられることである。たとえば、教科書検定の合憲性を三〇年以上にわたって争った家永教科書裁判（第三次訴訟判決として、最判平九（一九九七）・八・二九民集五一巻七号二九二一頁）があり、生活保護の生活保護基準が低廉であるとして争った朝日訴訟（最大判昭四二（一九六七）・五・二四民集二一巻五号一〇四三頁）がある。内閣総理大臣の靖国参拝が政教分離違反ではないかを争う訴訟もこれに含まれる。これらの事件では、裁判所への訴えの提起自体が社会的なインパクトをもち、違憲の国家行為への警鐘として、また、政府の違憲行為への関与について国民に対して知らせるという効果をもつのである。

(2)　憲法判例の水準の向上

とはいえ、違憲審査の活性化の課題では、いかにして裁判所に積極的で有効な違憲審査させるかということこそが中心的課題となる。そして、最も基本的なことは、憲法判例の水準を高めることである。裁判所が、憲法判例の理論ないし解釈論を精緻に展開し、憲法価値に忠実な決定を行うことが要請される。

その際に確認されるべきことは、違憲審査が憲法価値を政治や社会に実現する重要なプロセスであることである。憲法価値への確信と信頼とが、違憲審査を有効に機能させるための不可欠の前提となることを看過してはならない[16]。

(3)　憲法訴訟に関する法律の整備

日本の憲法裁判では、通常の民刑事・行政訴訟によって訴えが裁判所に係属し、その訴訟の過程で憲法問題が審理されるため、これまで特別の憲法訴訟法は制定されてこなかった。しかし、憲法裁判の活性化のためには、憲法問題の審理・判断のルールを法律で定めることが考慮されてよい。ドイツには連邦憲法裁判所法があり、韓国にも憲法裁判所法がある。日本でも、憲法七六条や八一条の解釈としてではなく、憲法上の訴訟提起の方法、憲法事件の審理・判断の方法、判決の効力等について法律で定めることが考慮されるべきである。具体的には、訴訟の形式として、立法ないし立法不作為の違憲確認訴訟、予防訴訟、憲法上の仮処分の請求、差止請求など多様な類型を法定すること、判決の形式としても違憲確認判決、差止判決などのほかに、将来効判決、適用違憲判決、宣言判決などを法定すること、憲法訴訟の過程への関係人の参加ないし意見聴取の制度を新設すること、請求棄却判決であっても傍論で立法府・行政府に憲法上好ましい施策を指示することを可能にすること（いわゆるアピール判決）、最高裁の違憲判決の効果について立法・行政を直ちに拘束するものとすることなどが考慮されよう。

(4)　憲法事件に関する専門部の創設

憲法の分野での判例の質を高めるためには、事件を担当する裁判官に資質・能力のある人材を求め、憲法事件に関して専門的な審理・判断能力を高めることが必須のことのように思われる。憲法裁判所の創設は憲法改正をともなう以上、早急に実現は望めないとすると、現行憲法の下での可能な改革として、最高裁判所の内部に憲法事件を専門に扱う部を設けることが考えられる。(17) 現状の三つの小法廷のほかに、憲法・行政法事件を担当する第四小法廷を新設することが一つの方法であろう。その専門部には、憲法に通じた裁判官を任用することが考慮されるべきである。また、最高裁判所裁判官の選任にあたっては、内閣・最高裁判所による秘密人事ではなく、また、各組織による単なる順送りポストの選任でもなく、透明で客観的な手続によって実力のある裁判官を任用すべきである。(18) 一九四七年に設置された裁判官任命諮問委員会のような特別の審査委員会を設置し、最高裁判所裁判官に適任であるかどうかを事前に審査することが考えられてよい。

八　おわりに

日本の憲法裁判の問題点とその改革の方向について概観してきた。そこでは、最高裁判所の違憲審査権の行使の消極性が批判の対象とされ、その克服の方法として、違憲審査の権限の整備・拡大、違憲審査を担当する組織・制度の改組・強化について提言をした。しかし、憲法裁判の活性化を図るためには、根本的には、憲法に対する国民の基本的合意を確立し、憲法に基づく政治と人権保障を社会目標として承認することこそが最も重要な前提となるといわなければならない。憲法に対する評価が分かれている社会では、憲法に照らして政治・社会の現状を批判することは、実際にはきわめて困難である。日本の憲法裁判の不活性の根本原因は、憲法（日本国憲法）に対するコンセンサスの欠如にあるといっても過言ではなかろう。

それでは、日本の憲法をめぐる対立は克服可能か、と問われれば、もちろん「Ja」と答えなければならない。日本国憲法の基本価値である人権・民主・平和はすでに世界的に共通の普遍価値であり、それについての合意は日本でも可能であるからである。憲法裁判が人権保障のために不可欠であり、人権保障が普遍的価値であることが広く承認されるのであれば、人権保障としての憲法裁判は活性化しよう。同様に、憲法の定める基本価値の尊重を政治部門に対して要求することができるのであれば、憲法に照らした政治部門の審査は広く可能となろう。このように考えると、日本の憲法裁判の活性化にとっては、憲法をめぐる対立を克服し、憲法価値の普遍性を社会的に承認することこそが最も基本的な要請であることになる。憲法学は、対立の憲法学であるのみでなく、憲法を国民のコンセンサスの基礎にする統合の憲法学をめざさなければならない[19]。

・本稿は、二〇〇二年九月二〇～二三日に早稲田大学／立命館大学で行われた日独共同研究「憲法裁判の国際的発展」での報告である。報告では日本の違憲審査制の特質と問題点を紹介することに力点を置いたため、日本の学説では周知のことがらも論じたが、報告の趣旨を生かして最小限の手入れをするにとどめ、注記も必要最小限にとどめた。本報告の基礎となった論文として、戸波「最高裁判所の憲法判例と違憲審査の活性化」法曹時報五一巻五号（一九九九）一頁以下、同「憲法・行政法分野からみた司法改革の課題」月刊司法改革一九九九年十月号四〇頁以下、同「憲法訴訟論の課題」法学教室二五三号（二〇〇一）一四頁以下があるので参照されたい。

（1）もっとも、違憲審査制が低調であるばかりでなく、そもそも司法の現状が「二割司法」とか、「小さな司法」とかいわれるように、裁判が紛争解決の場として十分機能しておらず、市民から遠い存在になっている。そこで司法改革が論議されている。

（2）　芦部信喜『憲法訴訟の現代的展開』（有斐閣、一九八一年）三頁以下。この二つの系列の審査制度を対置させる思考方法が妥当かどうかについては、両者の違いは相対的なものにすぎないという観点からの批判がある。

（3）　自衛隊の前身である警察予備隊の設置等が憲法九条違反であるとして、社会党委員長Sが最高裁判所を憲法裁判権の一審管轄裁判所として、その無効の宣言を求めた事件で、最高裁は、抽象的な違憲の訴えについて判断する権限をもたない、と判示した。Vgl. Carakter und Grenzen der Befugnisse des OGH, in: Hrsg. v. *Eisenhardt* et. al., Japanische Entscheidungen zum Verfassungsrecht in deutscher Sprache, 1998, S.451 ff.

（4）　裁判官への任官は、司法試験に合格したのち司法研修所での一年半の修習を終えた研修生一〇〇〇人のうち一〇〇人余が判事補として任官する。

（5）　最高裁裁判官の大勢が最高裁判所について通常事件の最終審という感覚をもっていることについて、伊藤正己「憲法学と憲法裁判」公法研究五九号（一九九七）三九頁参照。

（6）　なお、行政事件数も年間一七〇〇件程度にすぎず、諸外国に比べて極端に少ない。

（7）　たとえば、欧米諸国ではすでに判例上克服されている非嫡出子に対する差別に関して、最高裁は、非嫡出子の法定相続分を嫡出子の二分の一と定める民法九〇〇条一項但書を合憲と判示している（最大決平七（一九九五）・七・五民集四九巻七号一七八九頁）。

（8）　政府・自民党は、資本主義と西欧的政治体制を信奉しながらも、西欧立憲主義に立脚した日本国憲法に対して敵対的な態度をとり、党是として憲法改正をうたった。他方、護憲の立場に立ったのは野党勢力であり、とくに社会主義へのシンパシーをもった社会党であった。この点で、日本の戦後の護憲・改憲の対立には、奇妙な「ねじれ」があった。

（9）　これは、審議会が議論すべき事項を選定した一九九九年の段階で、違憲審査制の改革についての各方面からの意見で喫緊の課題とされず、また、審議会が議論するにふさわしい場とはいえないと判断されたためといわれている。鼎談［大野正男・竹下守夫・戸波江二］「司法制度改革審議会意見書をめぐって・意見書の論点②、裁判官制度・法曹一元・最高裁判所」ジュリスト一二〇八号（二〇〇一）八一頁［竹下発言］参照。

(10)　伊藤正己『裁判官と学者の間』（有斐閣、一九九三年）一三六頁参照。

(11)　憲法裁判所の導入論については、ドイツ憲法判例研究会の内部でも意見が分かれるところであり、たとえば栗城教授はネガティブな意見をお持ちである。

(12)　ベッケンフェルデ（岩間昭道訳）「憲法裁判権の構造問題・組織・正当性」初宿編訳『現代国家と憲法・自由・民主制』（風行社、一九九九年）二〇三頁以下参照。

(13)　報告を行った二〇〇二年九月二〇日の段階では、奥田昌道裁判官であった。その後、同年一〇月から行政法学者の藤田宙靖教授が就任している。

(14)　最高裁判所裁判官の選任にあたって、政権政党が思想的に保守的な人選を行っているという見解もある。一九七〇年代の「司法の危機」の時代には、そのような人選がなされたといえないわけではないが、しかし、一般には、選考基準は中立的であり、結果として現在の最高裁判所の実務を是とする人間が任命されていると見るのが妥当であろう。

(15)　この点の例外となりうるのは、国際人権規約である。しかし、国際人権規約の国内適用には、裁判所はなお積極的とはいえない。また、自由権規約第一選択議定書の個人通報制度の採用についても、政府は「司法権の独立」の原則に抵触するとして選択議定書を批准していない。

(16)　日本では、日本国憲法の憲法価値に必ずしも好意的ではない改憲論の側が憲法裁判所の設置を要求している。しかし、これは、憲法価値に信頼を置き、その実現を図るという憲法裁判所および憲法裁判権の本来の意義を誤解するものといってさしつかえない。

(17)　最高裁判所内の憲法専門部に関して、園部逸夫「最高裁判所大法廷と憲法裁判所」宮田古稀記念『国法学の諸問題』（嵯峨野書院、一九九六）一三七頁以下参照。

(18)　司法改革制度審議会最終意見書でも、最高裁判所裁判官の選任過程の透明性・客観性を要求している。

(19)　日本の憲法裁判の前提問題として、憲法価値に対する対立があるとすれば、憲法裁判の比較の対象としては、西欧諸国の憲法裁判ではなく、基本価値に変動のあった東欧諸国での憲法裁判の理念と機能とを分析することが有用であるとも考えられる。

II

憲法裁判の類型

Typen der Verfassungsgerichtsbarkeit

3 憲法裁判の類型

アルプレヒト・ヴェーバー
玉蟲由樹 訳

一 方法論的――比較法的序論

「憲法裁判の類型」に関する研究および分析には、比較法方法論の基準の確定が必要である。(1) それゆえ、私法について展開された法圏論(R・ダヴィド)(*R. David*)や法家族(ツヴァイゲルト/ケッツ)(*K. Zweigert/H. Kötz*)に類するような、北アメリカ、ヨーロッパ、イベロアメリカ、東アジアあるいはアフリカでの独特な法制度に関する発展史的な分類が試みられるが、これは広範に交錯することとなる。すでに私法について疑われつつある、発展史、法源あるいは論証方法という分類基準は、(2) 裁判による憲法審査の比較法理論についても同様に限られた成果しかもたらさない。法の支配のシステムを形成する要素を「完成させるもの」またはその「結実」としての「憲法裁判」は、権限類型や憲法裁判所の判決の拘束力といった領域に特有な基準をもとにした「内部システムでの類型化」を必要とする。

カペレッティとリッターシュパッハ（*M. Capeletti/Th. Ritterspach*）によって特徴づけられた「分散型－集中型憲法統制」という区別を出発点とする、裁判官的憲法統制（*richterliche Verfassungskontrolle*）に関する最近の多くの比較憲法的研究に鑑みれば、グローバルな観点では二元的または平行的コンセプトが徐々に展開しつつあるように見えるとはいえ、この原理的区別を類型づけの出発点として有益なものととらえることは依然として意味がある。

本稿で「憲法裁判」とは、法的紛争を憲法を基準として裁判形式で審査すること、というように広義で理解する。このことは、法律や法律行為に対する優位性（*primacy, primaute*）をもつ形式的な憲法（必ずしも一個の憲法典である必要ではない）の存在を前提とする。現在の欧州安保協力機構（OSZE）の五二の加盟国のうち三カ国（サンマリノ、ヴァチカンおよびイギリス）だけは成文憲法を持たないが、ほぼすべての国が裁判官的憲法統制の何らかの形態を有している。分散型憲法裁判制と集中型憲法裁判制との間の区別は、前者においてはあらゆる裁判所が係属中の法的紛争のなかで憲法の優位を顧慮すべきだけでなく、違憲の規範を適用しないことでそれを保障しなければならない（審査権限および無効とする権限）のに対して、後者においては制度的に独立した裁判所あるいは最上級裁判所の中の制度的に独立した部門（たとえば憲法法廷）が最終的に拘束力のある審査を行う（審査権限および無効とする権限の独占）という点にある。このことからすると、裁判官的憲法統制の類型という言葉を使うのは用語法的に正しいように思われる。このことは、――イングランドでのかつての裁判官的規範審査をもとにして――アメリカ連邦最高裁がマーベリー対マディソン事件で一八〇三年に下した著名な判決のなかでマーシャル（*J. Marshall*）長官によってその起源を見出し、それから今日までラテンアメリカ、東アジア、さらには部分的にはヨーロッパにも強い影響を及ぼしてきた「司法審査（*judicial review*）」の原型をも含んでいる。この歴史的事例においては、連邦の秩序、つまり連邦と構成国家の間の立法権限の境界づけが本質的な役割を果たしたため、その結果ケルゼン（*H. Kelsen*）は後に適切にも、連邦制の政治理念は憲法裁判所の制度をもってはじめて実現したと断言することができたのである。(9) 憲法裁判のこのような起源から、裁判官的憲法統制は構成国家相互間の、あるいは連邦と構成国家との間の仲裁機関としてのみその起源をもつ、あるいは本来的にそうであるというような逆の推論は、これがたとえアメリカ、カナダ、オーストラリア、インド、ドイツ、スイス、ベルギー、メキシコ、アルゼンチンあるいはブラジルといった連邦国家にあてはまるとしても、もちろんできない。これは司法的憲法統制の事象を十分には説明していない。なぜなら、裁判官的憲法統制の核心を形成する、以下のような他の典型的な権限の付与が存在するからである。すなわち、

1　憲法を基準とする規範審査（北アメリカモデル、一九二〇／二九年のオーストリアにおけるケルゼンモデルおよびその後継）、

2　平行的（および垂直的）な権限の衝突、

3　個人的権利保護または基本権異議。

類型によっては以下のようなさらなる権限の付与が規定されるが、ここでは紙幅の関係から詳しくは論じない。すなわち、

(4)　憲法保護手続、

(5)　選挙審査および議員資格審査、

(6)　非典型的な権限。

二　分散型憲法統制

すでに述べたように、マーシャル長官はマーベリー対マディソン事件において、一七八七年のアメリカ合衆国憲法六条二項に基礎づけられる憲法の優位を理由として裁判所の審査権限を導き出したが、それによればあらゆる裁判官は具体的規範統制を行い、裁判官によって違憲とみなされた法律を不適用とすることが可能である。(10)

訴訟を提起された裁判所は審査権限および無効とする権限を行使することができるが、憲法判断の統一性の保持が最上級裁判所（Supreme Court）にのみ認められるというこの憲法統制のモデルは、とりわけかつてのコモンウェルスの法圏において世界的な影響力をもつ。このことはたとえばカナダに妥当する。カナダの最高裁判所は一九八二年にカナダ権利章典が公布される以前は抑制的な裁判官的統制のみを行っていたが、「基本的権利および自由に関する憲章」（CFRF）の発効とともに、古い連邦憲法に編入された基本権を基準とする裁判官的憲法統制の注目すべき強化が始まった。(11)北アメリカ大陸の二つの国においては最高裁判所を機能的に憲法裁判所として見ることが可能である。というのも、これらの裁判所は根本的な意義を持つ憲法解釈の問題の場合に厳しく限定された裁量的上告（アメリカ *writ of certiorari* カナダ *leave of appeal*）のもとで、主として憲法問題について判断を下すからである。(12)

あらゆる民事訴訟、刑事訴訟あるいは行政訴訟のなかで下級裁判所裁判官に対して基本権の侵害が主張されうるこの分散型憲法統制は、世界の多くの国々で直接的ないし間接的な影響を示している。このことはとりわけ――コモンウェルス国家のアングロサクソン法圏における先例法によって条件付けられ、かつ促進されて――オーストラリア(13)およびインド(14)にあてはまる。東アジア領域では、分散型司法統制はとりわけアメリカの占領軍の影響下で裁判所に限定された裁判官的審査権限を与え、違憲性に関する最終的に拘束力のある判断を最上級裁判所（最高裁判所）に委ねた日本にあてはまるが、日本の最高裁判所の著しい自制は明らかに付随的審査ないし付加的審査のシステムと同質のものである。[15] ただし、韓国は一九八七年の改正憲法によって西ヨーロッパ的な集中的憲法裁判制のモデルにならっている。[16]

すでに少し述べたように、司法審査モデルの影響力は決してコモン・ロー法圏やアジアの例に限定されるものではなく、同様の展開を――それが直接的に影響を持つのか、それとも独自のかたちで平行的にであるのかはともかくとして――ヨーロッパにおいても生み出している。このことは、基本的にアイルランドにあてはまる。アイルランドは一九三七年憲法においてすでに具体的規範統制、すなわち司法的審査権限を第一審である高等裁判所ならびに最上級の上訴裁判所として設けられた最高裁判所に集中させ（アイルランド憲法三四条三・二項）、同時にそれらに予防的規範統制に関する権限を委ねた（アイルランド憲法二六条）。アイルランド最高裁判所への上告が許容されるのは、適用された法律の違憲性が主張されたときと憲法自体が規定している（アイルランド憲法三四条四・四項）。[17] それゆえよく見てみれば、アイルランドで問題となるのは司法審査の純粋モデルではなく、分散型憲法統制と最高裁判所に集中される予防的規範統制の要素とが混じり合った混合モデルなのである。[18]

分散型の司法的憲法統制は、すでに長きにわたってノルウェー、デンマークおよびアイスランドで行われてきており、ノルウェーではそのヨーロッパで最古の憲法（一八一四年）が明らかにアメリカからの本質的影響を受け継いでいて、最上級裁判所が他のヨーロッパの裁判所に劣らない規範統制を行っている。[19] しかし、裁判官的審査権限を伝統的に否定してきたスカンジナビアの二国――スウェーデンとフィンランド――でも、裁判官的審査権限がスウェーデン憲法においては一九七五年から（明白な誤りに限定されてはいるが）認められ、フィンランドでは一九九九年の憲法改正で明示的に承認された（フィンランド憲法一〇六条）。[20] これに関して、スウェーデンとフィンランドはこれまでも、個人の権利保護にとりわけ有益な、制度的に独立した行政裁判制度を有していることが特別な意味をもつ[21]。

審査権限および否認権限という意味での裁判官的審査権限は、伝統的にスイス、ポルトガル、ギリシャおよびエストニアでも重要であったが、これらの国の裁判官的審査権限は制度上――組織上の規定や訴訟法上の規定の様々な改正によって今日ではむしろ集中型憲法裁判制モデルに分類される[22]。この関連でとりわけ興味をひくのは、やはり伝統的に裁判官的憲法統制のシステムにならい、連邦裁判所だけが憲法裁判に関する最終審級機関であるスイスである。ただし憲法は具体的規範統制の対象をカントン憲法についての審査だけとしており、スイス連邦憲法を対象としてはいない[23]。この点に関しては、連邦議会（Bundesversammlung）がカントン憲法の抽象的規範統制と連邦官庁間の権限争訟に関する判決について権限を有していることがまた注目されるべきである（スイス連邦憲法八五条七項、八五条一三項）。

古くから裁判官的憲法統制の伝統は、フランス的伝統を持つ国々においては国民主権を理由に拒否されてきたが、このなかでベルギーでは一九八〇年以降、限定された集中型憲法統制を行うよう制度化された憲法裁判が定着してきている[24]。オランダにおいてのみ、裁判官的憲法統制は、それが分散型統制の形態であろうと集中型統制の形態であろうと、依然として拒否されている。

このことは、議会主権原則に基づいて、そして統一的な憲法典がないために、個々の憲法規範を基準とした司法的統制を拒否している議会制の母国イギリスにも伝統的にあてはまる。しかし、一九九八年の人権法（Human Rights Act）を通じてヨーロッパ人権条約が国内法に編入されると、分散型の裁判官的統制へと至る道の第一歩が踏み出され、それに基づいて上級裁判所は二〇〇〇年十月以降はそこで適用される法律をヨーロッパ人権条約を基準として審査し、不一致の宣言（*Declaration of Incompatibility*）によって法律とヨーロッパ人権宣言との不一致を確定することが可能である。たとえこれが裁判所の否認権限を意図するものにはほど遠いとしても、議会が条約違反の法律を緊急立法手続において遡及的に改正することは可能である。(25)

司法審査モデルは、たとえラテンアメリカの多くの国で集中型憲法裁判制であるオーストリア／ドイツ－スペインモデルの影響が徐々に目につくようになっているとしても、これらの国々にやはり強い影響を及ぼしている。異質な法的勢力を持つこの広範な地域においては、ヨーロッパ、北アメリカの影響とその国固有の法制度とがときには奇妙な、しかし完全に独特な方法で結びつくということが示される。(26)ラテンアメリカにおいては、一七九一年／一七九九年のフランス憲法および一八一二年の自由主義スペイン憲法にならって、まずは政治的憲法統制のシステムが設けられた。(27)北アメリカからの司法審査の影響はラテンアメリカのいくつかの国に表れた。一八四一年のユカタン憲法は、はじめて個人の異議申立（アンパーロ訴訟）という方法での裁判官的規範統制を規定した。最近の憲法の発展は、特別の憲法裁判所または少なくとも独立した憲法法廷を導入する傾向を示している。たとえばブラジルやメキシコの最上級裁判所は、――たとえそれらが分類的には分散型の司法的統制のモデルに基づくものでも――実際上は憲法裁判所へと発展している。司法審査の排他的な、あるいは主たる特徴を語ることができるのは、せいぜいのところアルゼンチン、ウルグアイ、プエルトリコおよびホンジュラスくらいのものである。(28)とりわけラテンアメリカでは、北アメリカの司法審査の要素と集中的ないし専門的憲法統制の要素とを併せ持つ、混合的ないし平行機能的な憲法裁判制が有力であるように思われる。いくつかの国が分類上は集中モデルに分類される一方で（たとえば、ペルー、チリあるいはコスタリカ）、多くの国は二元的モデルに固執している。それゆえ、これらはむしろ「第三のモデル」に分類されるべきであるが、ここでもやはり集中型憲法統制が優勢であると言ってよいであろう。(29)ペルーの憲法学者によって述べられた「ラテンアメリカにおいては憲法に関する書物よりも多くの憲法が存在する」(30)という言葉を、ラテンアメリカでの憲法統制の様々な改変にも転用することができるように思われる。

三　集中型ないし専門的憲法統制

前述したように、集中型憲法裁判制（あるいは少なくとも最上級裁判所の専門的憲法法廷）および独占的憲法統制のモデルは、世界中でより多く模倣されている。このことは、ラテンアメリカやとりわけ共産体制崩壊後の中央、南および東ヨーロッパの新しい国々での最近の発展に特によくあてはまる。

ケルゼンの考えに強く影響を受けて最初にオーストリア（一九二〇年／一九二九年）で設立された憲法裁判所は、とりわけ大戦間におけるチェコスロバキア（一九二一年）、リヒテンシュタイン（一九二六年）、第二スペイン共和国（一九三三―三六年）での憲法裁判所の設立や、国事裁判所に範囲が限定されてはいるがヴァイマル共和国のライヒと諸ラントにおける憲法裁判所の設立に影響を及ぼした(31)。第二次世界大戦後、集中型憲法統制のモデルは引き続いてヨーロッパにおける憲法裁判所の設立に影響を及ぼした。とりわけ一九五一年に設立されたドイツ連邦憲法裁判所は、すでにそれ以前にいくつかのラントで憲法裁判所が作られていたが(32)、その広範な権限、自己理解および積極的な任務のゆえに国際的なモデルとしての機能を果たした。ドイツ再統一の後には、すべての新たなラントが同じく憲法裁判制を導入し(33)、その結果今日では、憲法紛争についての判断を連邦憲法裁判所に委ねてきたシュレースヴッヒ・ホルシュタインを除くすべてのドイツのラントが固有の憲法裁判所をもっている。オーストリア・ドイツモデルは、とりわけ独裁政権崩壊後の南ヨーロッパの国々において模倣されている。このことがあてはまるのは、――長きにわたる議論を経て――イタリア（一九五七年）、さらにはスペイン（一九八〇年）およびポルトガル（一九八三年）であるが、さらにキプロス（一九六〇年）、トルコ（一九六二年）ならびにマルタ

（一九六四年）の憲法裁判所も挙げられる[34]。

中央・東ヨーロッパでは、すでに一九六四年にユーゴスラビアで設立されていた（権限の限定された[35]）憲法裁判所を除いて、スペインやイタリアのモデルにも影響を受けたオーストリア・ドイツモデルに基づく集中型憲法統制の勝利の行進が続いている。さしあたり今日のところ欧州安保協力機構のうちの三四カ国が制度的に独立した憲法裁判所を持っている。

とりわけ強調すべきは、ハンガリー（一九九〇年）、ポーランド（一九八六年）、チェコ（一九九三年）ならびにロシア（一九九一／九三年、一九九五年）での包括的な権限を持つ憲法裁判所の設立である。ロシアの憲法裁判所は、連邦レベルでも多くの連邦構成国のレベルでも、抽象的および具体的規範統制の権限、権限争訟、基本権保護ならびにその他の争訟に関する判断の権限を有している[36]。権限類型に基づく体系化は、ここでは紙幅の関係上不可能であるし、権限の完全なリストを示すこともできないであろう。しかし、集中型憲法統制をもつ西ヨーロッパの諸国家でも中央・東ヨーロッパの国々でも、通常は抽象的・具体的憲法統制、水平的・垂直的主体の権限争訟（機関争訟および連邦争訟）、大統領訴追および――様々な形態ではあるが――個人の基本権保護が存在しているという簡単な分類はできる。さらにこれらの国では通常、選挙審査および一部では政党禁止の審査が行われる。たとえ問題があるにしてもとりわけ興味をひくのは、一九九五年のデイトン和平合意によって設立された、ないしは再編成されたボスニア＝ヘルツェゴビナの憲法裁判所である。その権限は国際法に基づいて設立された人権に関する法廷と部分的に重なり合っている[37]。一定の留保付きで、一九八〇年に設立されたベルギーの仲裁裁判所（*Cour d'Arbitrage*）を権限紛争の仲裁および限定的な基本権異議について専門的な権限を有する憲法裁判所に含めることもできるし[38]、また、一般的効力（*erga omnes-Wirkung*）を持った分散型規範統制のシステムの中の三つの最上級裁判所間での判決の相違を除去するために活動する、仲裁裁判所としてのギリシャの最上級特別

裁判所（一九七五年）も限定的に憲法裁判所に含めることができる。(39)

四　集中型憲法統制の変則的形態

1　フランス憲法院（Conseil Constitutionnel）

集中的憲法統制のなかで変則的な役割を担っているのが、一九五八年十月四日憲法の新たな機関として一九五八年に設立されたフランスの憲法院（*Conseil Constitutionnel*）である。もともとの目的は議会の権限濫用を防ぐことであり、議会が可決した法律に対して国民の自由を守ることではなかった。憲法制定者は前文（*Préambule de la Constitution 1958*）に憲法的価値を認めておらず、一九七一年七月十六日の憲法院判決――フランスのマーベリ対マディソン判決ともいうべきもの――によってはじめて憲法院が前文の憲法上の地位を一九四六年憲法前文および一七八九年人権宣言と結びつけることで承認したのである。(40)フランスの憲法裁判所の任務は主として憲法ないし「憲法ブロック」（*bloc de constitutionnalite*）に属する規範を基準とする予防的抽象的規範統制にある。憲法院の権限は、法律、憲法補充的法律および議会の議事規則を含む法規範の統制にかかわっている。憲法院が一九七八年七月二七日判決で確認したように、違憲の異議（*exception de constitutionnalite*）は許されていない。(41)さらに機関争訟や地域団体間の紛争は憲法院によっては判断されない。直接の個人の権利保護は憲法院を通じては不可能である。(42)これについては伝統的に最上級行政裁判所（Conseil d'État）までの行政裁判所が重要な役割を果たしている。たとえ憲法院が憲法裁判所の重要な核心的要素を欠いているとしても、他方で議員議席審査、大統領選挙審査およびレファレンダムの審査ならびに国際条約の審査の権限が与えられている。法律と命令（loi-règlement）の境界づけも軽視されるべきでない意味を有している。この意味で憲法院は公権力の規範的活動についてのある種の仲裁裁判官でもある。[43] 司法権の機能についてフランス法学で発展した法適用、紛争の仲裁および判決の法的効力（“autorité de chose jugée”）[44]という基準を憲法院は疑いなく満たしている。個々の判決に対して時折厳しい批判があり、あるいは裁判所の政治的役割が強調されるとしても、「憲法裁判所（“*Cour constitutionnelle*”）」としての憲法院の（自己）理解は広く認められている。[45] しかし、たとえ憲法院がその四〇年以上にわたる活動の中で、まさに前文を通じて編入された一七八九年人権宣言の基本権を基準として注目すべき憲法統制を達成してきたとしても、「フランスモデル」がほとんど模倣されていないことを見落とすべきではない。唯一、カザフスタンで一九九二年から包括的な権限をもって活動してきた憲法裁判所が一九九五年に廃止され、それに代わって権限が限定された憲法院が導入されたにすぎない。[46] フランスのモデルにならった予防的統制、および具体的規範統制の権限を持つルーマニアの憲法裁判所（一九九二年）ですら、個々人に違憲の抗議を行う機会を認めているのである（ルーマニア憲法一四〇－一四五条）。[47]

2　他の事例

変則的な憲法裁判には、前述した、憲法事項に関する特別の審査機関を含む最上級通常裁判所を持つエストニアの裁判所（一九九三年）、ギリシャの最上級裁判所である仲裁裁判所（一九七五年）、そして憲法裁判に関する特別な権限（付随的規範統制、連邦権限争訟、選挙審査および基本権保護）をもった最上級上告裁判所として設立されたスイスの連邦裁判所も含まれうる。しかし、少なくとも連邦法令およびカントン法に対する規範統制について顕著な権限を持ち、個人の権利保護を行うスイスの連邦裁判所だけは、むしろ集中型憲法統制のモデルに分類するのがより適切であろう。[48]

一九九三年の暫定憲法によって憲法裁判所として設立され、憲法問題に特化された裁判所のモデルを志向する南アフリカの憲法裁判所も特殊例である。包括的な審査権限を持つドイツ、スペインおよびハンガリーモデルによって影響されてはいるが、司法審査や予防的規範統制といった異なる要素を持っている。[49] 一九九六年の裁判所規則の改正の後にも、すべての争訟が最高上訴裁判所（*Supreme Court of Appeal*）によってあらゆる観点のもとで判断されている（一六九条三項）。ただし、最終審としての憲法裁判所は憲法上の問題についてのみ権限をもつ（一六七条三a項）。この憲法裁判所の独占的管轄権が及ぶのは、一九九六年憲法により抽象的規範統制手続（一六七条四b、c、dおよびf項）、ならびに機関争訟手続（一六七条四aおよびe項）である。暫定憲法に存在した予防的規範統制は、一九九六年の憲法改正により改正され、実際には大統領および地方首相の包括的審査権へと変更された。[50] それゆえ、法律に対する裁判官的憲法統制については、全国レベルでも地方レベルでも憲法裁判所のみが権限をもっている。

具体的規範統制の分野では、審級裁判所の権限が一部で拡大しているが、一部では縮減されてもいる。暫定憲法によって議会の法律の審査が憲法裁判所に委ねられていたが、いまや審級裁判所も国法規範を憲法を基準として審査することが可能であるし、必要とあらば無効を宣言することができる（審査権限および否認権限、一七二条一a項）。他方で、議会の法律ないし地方法令の違憲性に関する審級裁判所の判決は、憲法裁判所によってその有効性を確認されなければならない（一六七条五項、一七二条二a項）。一九九六年憲法は、法律および国家機関の決定の無効宣言を規定しているが、その際、国家権力の違憲行為に対する無効宣言を遡及させるかそれともその行為を期限付きで適用可能とするかの判断は裁判所の裁量に委ねられている（一七二条一b項）。最後に注目すべきことは、個人の異議という方法で基本権侵害を確定することも裁量的上告（*leave of appeal*）を通じて憲法裁判所が行うことができ、その際には広範な訴権が承認されているということである。[51]

五　二元的または平行的モデル

とりわけ、ラテンアメリカには多数の憲法統制に関する二元的ないし平行的モデルが存在している。法律の違憲宣言およびその執行は、ここでは排他的に最上級裁判所（*Corte Suprema de Justicia*）によって行われるか、混合的ないし融合的なシステムのなかで最上級裁判所または憲法裁判所（*Tribunal Constitucional*）によって行われている。

集中型の裁判官的憲法統制は、ラテンアメリカにおいては、たとえそこでは裁判官がもっぱら憲法裁判官として行動するという例がないとしても、（大法廷または専門的憲法法廷での）最上級裁判所の独占的権限として発展した。[52] ウルグアイ、パナマおよびホンジュラスといったいくつかの国では、憲法が最上級裁判所に法律の違憲性の審査に関する独占的権限を付与しているが、他の国家（パラグアイ、コスタリカおよびエルサルバドル）では、この権限は最上級裁判所の専門的憲法法廷に委ねられている。

分類上、混合的モデルは分散型の司法的憲法統制をも、そして集中型憲法統制をも含むものである。このことは、ベネズエラ、ブラジルおよびメキシコにおけるような、法律の憲法統制が最上級裁判所に委ねられている国にあてはまる。ここで問題となるのは、そもそもは司法審査のシステムをとっているが、同時に最上級裁判所に法律の違憲性に関する最終的に拘束力のある判断を委ねている国々である。法律の憲法統制を憲法裁判所に委ねている国々（コロンビア、グアテマラ、ボリビア、ペルーおよびエクアドル）も、この「混合的モデル」ないし「融合的モデル」（*sistema mixto o integrál de control*）に属する。前述の例での最上級裁判所と同様に、ここでは憲法裁判所が法律の違憲性に関して一般的効力（Wirkung erga omnes）をもって判断を下す。[53]

最後に、このモデルには（たとえばチリにおけるように）法律の憲法統制が排他的および平行的形態で、最上級裁判所によっても、また憲法裁判所によっても行使される第三類型（*dritte Variante*）が含まれる。そこでは最上級裁判所（*Corte Suprema de Justicia*）が付随的規範統制の方法で判決を下す一方で、憲法裁判所には直接的な訴えを通じて訴訟が提起されうる。(54)なかでもチリの憲法裁判所は、とりわけ憲法改正や国際条約に際しての予防的規範統制の権限、法令の予防的統制の権限、権限争訟に関する権限およびその他のいくつかの手続を有している。(55)

この混合形態はとりわけ法律の違憲宣言の効力の点で特別な関心をひくが、これはここでの先例拘束力（stare decisis）および無効宣言の原則的一般効というコモン・ローで確立した原理の観点から集中型憲法裁判制のシステムの中では詳細には説明できない。(56)

六　結　び

以上の概観は、分散型憲法統制と普及しつつある集中型憲法統制を例に多様な憲法裁判での統制を描き出したものである。したがって、頻繁に引用される「憲法裁判の勝利の行進」とは、典型的な形態にとどまるものではなく、様々な混合形態を持っている。とりわけ目を引くのは、南アフリカにおいては専門的法廷ないし憲法裁判所による強力な憲法統制の傾向が強まっているが、同時に（たとえばメキシコのアンパーロ訴訟やその他の国々におけるような）個人の異議に関する古い形態が維持されていることである。(57)それゆえ比較法的には、集中型憲法裁判制の傾向が見受けられるが、それらは多くの濃淡やニュアンスの違いを有している。このことは個人の異議に関しても証明されうる。個人の異議は、ブルンナー（*G. Brunner*）が最近示したように、純粋な基本権異議や申立に基づく具体的規範統制（たとえば違憲の抗弁、「不真正の」基本権異議、ロシアの個人の異議ないしウクライナの憲法請願など）という形態でも、また中立に基づく抽象的規範統制（民衆訴訟、準民衆訴訟および個人の中立）という形態でも存在するのである。最終的には憲法裁判所に集中する、個々人の裁判官的憲法統制を求める権利の後者の形態は特に注目される。[58] 同時に裁判官的憲法統制に関する比較的考察は、限られた分類しかできない非常に多様な形態を示す。ただし、それらに共通するのは、通常、憲法を基準とした法律の審査と基本権侵害に際しての個々人の保護である。

（1）　比較法の方法論一般につき、*K. Zweigert/H. Kötz,* Einführung in die Rechtsvergleichung auf dem Gebiet des Privatrecht, Tübingen, 3. Aufl. 1996; *L.J. Constantinesco,* Rechtsvergleichung, Bd. III: Die rechtsvergleichende Wissenschaft, 1983, insbes. S. 74 ff.; *P. Arminjou/B. Nolde/M. Wolff,* Traité de Droit Comparé, Bd. 1（1950）; *Jüngst R. Grote,* Rechtskreise im öffentlichen Recht, AöR 126（2001）, 10 ff.

（2）　詳しくは、R. Grote, 19 ff.

（3）　基本的なものとして、*Cappeletti/Ritterspach,* Die gerichtliche Kontrolle der Verfassungsmäßigkeit der Gesetze in rechtsvergleichender Sicht, JöR 1971（NF 20）, 65 ff.

（4）　*Ch. Starck/A. Weber*（Hrsg.）, Verfassungsgerichtsbarkeit in Westeuropa, Baden-Baden, 1986（Bd. I, II）, 2. Aufl. in Vorbereitung（Baden-Baden, 2003）; *N. Losing,* Die Verfassungsgerichtsbarkeit in Lateinamerika, Baden-Baden, 2001; *G. Belaunde/F. Fernández Segado*（Hrsg.）, La Jurisdicción constitucional en Iberoamerica, 1997; *R. Lhotta,* Imperiale Verfassungsgerichtsbarkeit, Baden-Baden, 1995; *G. Brunner,* Der Zugang des einzelnen zur Verfassungsgerichtsbarkeit, JöR 50（2002）, 191 ff.; *E. McWhinney,* Supreme Court and Judicial Law Making:

Constitutional Tribunals and Constitutional Review, 1986; *L. Favoreu,* Les Cours constitutionnelles, Paris, 1986, 3. Aufl. 1996; *Ch. Landfried* (Hrsg.), Constitutional Review and Legislation, Baden-Baden, 1988; *J.A. Frowein/Th. Marauhn* (Hrsg.), Grundfragen der Verfassungsgerichtsbarkeit in Mittel- und Osteuropa, Berlin u. a., 1988; *J. Luther,* Die italienische Verfassungsgerichtsbarkeit, 1990.

(5) これはラテンアメリカでとりわけ明かである。*N. Losing* (ob. Anm. 4); コモン・ローのアングロサクソン法圏については *R. Lhotta* (ob. Anm. 4) および *G. Brunner* für die MOE-Staaten (ob. Anm. 4) を参照。

(6) *A. Weber,* in: *Ch. Starck/A. Weber* (ob. Anm. 4) を参照。最近の同旨のものとして *G. Brunner* (ob. Anm. 4), S. 192.

(7) *Brunner* (ob. Anm. 4), S. 193.

(8) エドワード・コーク裁判官のいわゆるボンハム事件（1610年）*E. Corwin,* The "Higher Law", Background of American Constitutional Law, in: Harvard Law Review 42 (1928), S. 367 ff.; *N. Losing* (ob. Anm. 4), S. 23.

(9) *H. Kelsen,* in: VVdStRL 5 (1929), S. 31; *Ch. Starck,* Das Bundesverfassungsgericht im politischen Prozeß der BRD, 1976, S. 8 f.

(10) その展開につき、*Ch. Starck,* in: *Ch. Starck/A. Weber* (ob. Anm. 4), S. 21, 30 f.; *F. Fernández Segado,* in: *G. Belaunde/F. Fernández Segado* (ob. Anm. 4), S. 52 f. 他参照。マーベリー対マディソン事件「憲法がそれに矛盾する立法行為を抑制するのか、それとも立法議会が通常法律によって憲法を変更できるのかということは明白である」。

(11) *A. Weber,* Fundamental Rights and Judicial Review in Canada, JöR 37 (1988), S. 597 f.; *M. Thunert,* Eine Institution wird erwachsen: Zum Funktionswandel der Verfassungsgerichtsbarkeit in Kanada, Zeitschrift für Parlamentsfragen (ZParl) 1990, S. 241 f. を参照；また、*E. McWhinney* (ob. Anm. 4), S. 140 f.; 枢密院司法委員

会の歴史的発展について、R. Lhotta (ob. Anm. 4), insbes. S. 597 f. も見よ。

(12) *G. Brunner* (ob. Anm. 4), S. 196; *D. Kommers*, Die Verfassungsgerichtsbarkeit in den Gliedstaaten der Vereinigten Staaten von Amerika, in: *Ch. Starck/K. Stern* (Hrsg.), Landesverfassungsgerichtsbarkeit, 1983, Teilband 1, S. 461 f. 参照。

(13) *Murphy/Tanenhaus* (Hrsg.), Comparative Constitutional Law, Cases and Commentaries, New York, 1977, S. 67 f.; s. a. *M. Detmold/G. Scoffoni*, Justice Constitutionnelle et protection des droits fondamentaux en Australie, in: Revue Française de Droit Constitutionnel (RFDC) 29 (1997), 3 ff. 法律の憲法統制は、かつてはイングランドの枢密院で行われ、現在ではオーストラリアの高等法院で行われている。

(14) *V.A. Schukla/D.K. Singh*, Constitution of India, Delhi, 1982, S. 307 f.

(15) たとえば、*H. Kuriki*, Die japanische Gesellschaft für Verfassungsrecht, JöR 50 (2002), S. 604 を参照。日本における司法的憲法統制につき、基本的なものとして *M. Nakamura*, Quarante ans de contrôle judiciaire de la constitutionnalité des lois (Japon), Annuaire Internationale de Justice Constitutionnelle (AIJC) III (1989), S. 691; *J. Taniguchi*, Le cas du Japon, in: *L. Favoreu/J.A. Jolowicz* (Hrsg.), Le controle juridictionnelle des lois, 1986, S. 175 f.、さらに *S. Kiyomiya*, Verfassungsgerichtsbarkeit in Japan, in: *H. Mosler* (Hrsg.), Verfassungsgerichtsbarkeit in der Gegenwart, 1962, S. 326 f. を参照。

(16) 詳しくは、*Huh*, Sechs Jahre Verfassungsgericht in der Republik Korea, in: JöR 45 (1997), S. 35 ff. を参照。

(17) アイルランド最高裁判所の憲法統制につき、*J. Rass*, Grundrechtsschutz und Verfassungsgerichtsbarkeit in Irland unter besonderer Berücksichtigung der Einwirkungen des Europarechts, Osnabrück, 2000 を参照。

(18) これを、主として申立に基づく法律の予防的規範統制によって特徴づけられる一九五八年フランス憲法のモデルに由来するものとすることはほとんど不可能である。

(19) とりわけ *E. Smith,* Pays scandinaves, in: *L. Favoreu/J.A. Jolowicz* (ob. Anm. 15), S. 225 f. を参照。ノルウェーについては、*R. Slagstad,* The Breakthrough of Judicial Review in the Norwegian System, in: *E. Smits* (Hrsg.), Constitutional Justice under Old Constitutions, 1995, S. 51 ff. を参照。

(20) *G. Brunner* (ob. Anm. 4), S. 196（スウェーデンおよびフィンランド）を参照。フィンランドについては、*M. Scheinin,* Landesbericht Finnland, in: *A. Weber* (Hrsg.), Fundamental Rights in Europe and North America, Teil A, FIN, S. 1 ff., Den Haag, 2001 も参照。

(21) スカンディナビアの裁判制度の概略について *G. Ring/L. Olsen-Ring,* Einführung in das skandinavische Recht, 1999, S. 47 f. 参照。

(22) これに当たるものとして、*G. Brunner* (ob. Anm. 4), S. 197; こうした理由から、筆者がシュタルクと編集した西ヨーロッパの憲法裁判制に関する著書(ob. Anm. 4) においては、スイスの連邦裁判所が憲法裁判所に（*W. Haller*）、そしてポルトガルの憲法裁判所およびギリシャの仲裁裁判所も憲法裁判所に位置づけられている。それぞれにつき、S. 179 f., 279 f., 363 f. を参照。

(23) *W. Haller,* in: *Ch. Starck/A. Weber* (ob. Anm. 4), S. 187 f.; *A. Auer,* Die schweizerische Verfassungsgerichtsbarkeit, 1984, S. 100. 参照。

(24) *F. Delpérée,* in: *Ch. Starck/A. Weber* (ob. Anm. 4), S. 309 f.

(25) 一九九八年の人権法四二章参照。これにつき、*R. Grote,* Die Inkorporierung der Europäischen Menschenrechtskonvention ins britische Recht durch den Human Rights Act 1998, ZaöRV 58 (1998), 309 f.; また、*K. Strotmann,* Die Souveränität des britischen Parlaments unter der Einwirkung des Gemeinschaftsrechts und der Europäischen

Menschenrechtskonvention, Osnabrück, 1999も参照。

(26)　最近の詳細なドイツ語文献として、*N. Lösing* (ob. Anm. 4), S. 422 f. および *H. Fix-Zamudio*, in: *R. Horn/A. Weber* (Hrsg.), Richterliche Verfassungskontrolle in Lateinamerika, Spanien und Portugal, Baden-Baden, 1989, S. 134 f.; *A. Brewer-Carias*, La jurisdiccion constitucional en America latina, in: *G. Belaunde/F. Fernández Segado* (ob. Anm. 4), S. 121 f.

(27)　*Garcia Belaunde*, La jurisdicción constitucional y el modelo dual o paralelo, in: La Ley 16. Oktober 1998, Buenos Aires 1998, S. 1 f.を参照。

(28)　*N. Lösing* (ob. Anm. 4), S. 422を参照。また、*J.C. Hitters*, La jurisdiccion constitucional en Argentina, in: *Garcia Belaunde/F. Fernández Segado* (ob. Anm. 4), S. 287 f.も参照

(29)　このことにつき、*N. Lösing* (ob. Anm. 4), S. 55 f.

(30)　*Borea Odria*, Tradición e reformas constitucionales en America latina, in: Contribuciones 3/93 (1993), 7 f.

(31)　*P. Cruz Villalón*, La Formación del sistema europeo de control de constitucionalidad (1918-1939), Madrid, 1987. ヴァイマル共和国の国事裁判所には、主として連邦紛争の仲裁の権限と国事公訴 (Staatsanklage) および連邦間争訟についての管轄権が与えられたが、機関争訟については管轄権が与えられなかった (Art. 59; 19 WRV)。それでもヴァイマル憲法一三条は、ライヒ法とラント法との両立に疑義がある場合の抽象的規範統制をライヒ裁判所で行えるようにしていた。

(32)　たとえばバイエルン（一九四七）、ヘッセン（一九四七）、ブレーメン（一九四九）、ラインラント・プファルツ（一九四九）ならびにバーデン（一九四八）およびビュルテンベルク・ホーエンツォレルン（一九四九）ないしバーデン・ビュルテンベルク（一九五三）において。これらに続いて後に、ノルトライン・ヴェストファーレン（一九五二）、

ハンブルク（一九五三）、ニーダーザクセン（一九五五）、ザールラント（一九五九）。*J. Luther*（ob. Anm. 4）とりわけ S. 50 ff. を参照。

(33) ベルリン（一九九二）、ブランデンブルク（一九九三）、ザクセン（一九九三）、ザクセン・アンハルト（一九九三）、テューリンゲン（一九九五）、メクレンブルク・フォアポンメルン（一九九五）。

(34) キプロスでは最高裁判所がギリシャ系住民とトルコ系住民との紛争で結局破壊され、その結果、業務が最上級裁判所に委ねられたが、トルコ系住民が占拠する北部では同様に憲法裁判所の機能およびその他の機能を有する最上級裁判所が設立された。トルコは重要な権限を有する集中型の憲法裁判所を持っていたが、その活動は一九七一－七三年と一九八〇－八三年の軍部独裁時代に中断された。両国の憲法裁判制につき、まもなく刊行される *A. Loizou,* in: *O. Luchterhand/Ch. Starck/A. Weber,* Verfassungsgerichtsbarkeit in Mittel- und Osteuropa, Baden-Baden（in Vorbereitung für 2003）および *Ü. Azrak,* in: dies., ebda.を参照。

(35) 六つの共和国部分にわかれる連邦のレベルと、セルビア人自治州（コソボおよびボイボジナ）とに全部で九つの憲法裁判所があったが、一九九〇年にセルビアによって廃止された。

(36) *G. Brunner*（ob. Anm. 4）, Anlage 1, S. 236 f.での概観がとりわけ有益である。

(37) この点につき、*D. Rauschning,* Die Menschenrechtskammer für Bosnien und Herzegowina, EuGRZ 1988, 11 ff.

(38) 詳しくは *F. Delpérée*（ob. Anm. 24）, S. 343 f. 参照。

(39) *G. Brunner*（ob. Anm. 4）, S. 201 および *P. Dagtoglou,* in: *Ch. Starck/A. Weber*（ob. Anm. 4）, S. 363 f. 参照。

(40) *Fromont,* in: *Ch. Starck/A. Weber*（ob. Anm. 4）, S. 313 f.; *L. Favoreu*（ob. Anm. 4）; ders., in : *Ch. Landfried*（ob. Anm. 4）. 参照。

(41) 78-96 DC v. 27.07.1978. それによれば、「一九七二年および一九七四年の正式に公布された法律の違憲性は、憲法六一条により発効前の法律の審査に権限が限定された憲法院では抗議の方法をもってしても問題とされ得ない」。

(42)　憲法院の判決の展開につき，*Bauer*, Verfassungsgerichtlicher Grundrechtsschutz in Frankreich, 1998. とりわけ S. 147 ff. を参照。*F. Luchaire*, Conseil constitutionnel français, in: *L. Favoreu* (Hrsg.), Cours Constitutionnelles Européennes et Droit Fondamentaux, Actes du Colloque d'Aix-en-Provence, 1981, S. 53 ff.

(43)　*L. Favoreu*, Le Conseil Constitutionnel Regulateur de l'Activité normative des Pouvoirs Publics, in: Revue de Droit Public de la Science Politique, 1967, 5 f.; *G. Knaup*, Le Conseil Constitutionnel et la Régulation des Rapports entre les Organes de l'État, in: Revue de Droit Public et de la Science Politique, Nr. 5 (1983), 1149 f. を参照

(44)　*M. Waline*, in GD, s. XI ff. を参照。

(45)　*F. Luchaire*, Le Conseil Constitutionnel est-il une jurisdiction?, in : RDP 1979, 27; *R. Badinter*, in: Le Monde v. 03.03.1989; また，*L. Favoreu*, in: *G. Belaunde/F. Femández Segado* (Hrsg.), Los Tribunales Constitucionales, S. 105 ff. も参照

(46)　*G. Brunner* (ob. Anm. 4), S. 201 を参照。

(47)　*G. Brunner* (ob. Anm. 4), Anlage Nr. 3, S. 242 を参照。

(48)　*G. Brunner* (ob. Anm. 4), Anlage Nr. 3, S. 246.

(49)　暫定憲法に基づく憲法裁判所の権限につき，*L. Holle*, Das Verfassungsgericht der Republik Südafrika, 1997.とりわけ S. 110 f. を参照。

(50)　*J. Fedtke*, Die Rezeption von Verfassungsrecht. Südafrika 1993-96, 2000, S. 413. 参照。

(51)　*Fedtke* (ob. Anm. 50), S. 417.

(52)　*Brewer-Carias* (ob. Anm. 26), S. 137 を参照。

(53) *Brewer-Carias* (ob. Anm. 26), S. 140 f. を参照。

(54) チリの事例につき詳しくは，*H. Nogueira Alcalá,* La jurisdicción constitucional in Chile, in: G. Belaunde/F. Fernández Segado (ob. Anm. 4), S. 539 f.; さらに N. Lösing (ob. Anm. 4), S. 274 f.

(55) 批判的なものとして，*N. Lösing,* ebda., S. 290 および *H. Nogueira Alcalá,* El tribunal constitucinal chileno, in: Una mirada a los tribunales constitucionales, Lima, 1995, S. 128.

(56) 詳しくは，*Brewer-Carias* (ob. Anm. 26), S. 130 f. を参照。

(57) *H. Fix-Zamudio,* in: *H.R. Horn/A. Weber* (Hrsg.), Richterliche Verfassungskontrolle in Lateinamerika, Spanien und Portugal, Baden-Baden, 1989, S. 129 ff. (bes. 144 ff.); *N. Lösing* (ob. Anm. 4), insbes. Mexiko, S. 58 ff. を参照。

(58) とりわけ *G. Brunner* (ob. Anm. 4), S. 202 f. およびそこに付された表を参照。

4 日本から見た憲法裁判のドイツ・モデルとアメリカ・モデルの比較

井上典之

一 はじめに——日本国憲法八一条の解釈のための二つのモデル

日本国憲法八一条は「最高裁判所は、一切の法律、命令、規則又は処分が憲法に適合するかしないかを決定する権限を持つ終審裁判所である」と規定する。しかし、ここに規定される違憲審査権がいかなる性格のものであるかについて、実務上は具体的な訴訟事件の解決のために必要とされる範囲内での付随的審査制として定着・展開されているものの、日本の憲法学説は、憲法制定当初から現在に至るまで、具体的な事件の解決を目的にそれに付随して違憲審査権が行使される付随的審査制であるとの理解を通説としながら、他方で具体的事件の存在を前提としない国家行為の抽象的審査が可能であるか否かについて議論を展開している。そこでは、裁判所による違憲審査の類型としてアメリカ型の付随的違憲審査制とドイツをはじめとするヨーロッパ大陸型の憲法裁判所制

度という二つのモデルが念頭に置かれている。(1)

　このような日本の違憲審査・憲法裁判に関する学説の議論の背景には、まず、すでに違憲審査権の規定を持たない明治憲法の下で、第二次大戦前からそ「の解釈論として少なからざる論者が（違憲審査権＝井上）肯定説を主張し」ており、「アメリカ合衆国における違憲審査制やヨーロッパ大陸における憲法裁判制度や議論について比較法的観点からの考察も一部に精力的に試みられて」いて、「何らかの形で違憲審査制成立の契機さえ与えられれば、それを受け入れ消化するためのそれ相当の基盤は明治憲法時代にすでにできて」おり、「その基盤は、アメリカ合衆国流の違憲審査制もヨーロッパ流の憲法裁判制度をも包摂するようなものであった」という歴史的な違憲審査・憲法裁判についての研究状況(2)が指摘できる。ただ、最高裁判所に違憲審査権を付与する日本国憲法制定過程での審議内容を見れば、憲法問題の最終判断権が最高裁判所に付与されたこと、最高裁判所は憲法規定に関わるすべての問題についての判断権を有すること、憲法保障は原則として最高裁判所の違憲審査権を中心に行われるという原理が憲法上確立されたことなどが、国権の最高機関たる国会と最高裁判所の違憲審査権との関係に関する議論から窺い知ることができるが、憲法の枠内で裁判所が行使し得る違憲審査権の態様を決定する要因としては裁判所の権能や司法権の性質、違憲審査権と国会の権限とのバランスが主に考慮され、違憲審査権の性格や機能が自覚的に議論されておらず、違憲審査権を最高裁判所に集中させるのか否か、最高裁判所の違憲判決の効力はどのようなものか、一般的・抽象的審査は憲法上可能か否かという点に関しては未決定とされていたとの指摘(3)がある。そのために、憲法裁判所型なのか付随的審査型なのかについて「憲法制定過程の議をもっていずれに与するものであると速断することはできない」との評価(4)や、憲法制定過程「における議論をみると、司法審査制の基本的性格についての理解は、まだ不明確な状態となっていたとみた方がよいかもしれない」との見解(5)が主張される。そして、前述の研究状況は、そのような政治的な憲法制定過程における議論としてよりもむしろ、憲法施行直後から始まる実務上の法的議論の中で展開されることになる。

最高裁判所は、その設立直後の早い時期から違憲審査権を行使している。例えば、一九四八年（昭和二三年）三月十二日の大法廷判決(6)では、違憲審査権の性格については何ら言及することなく、「死刑そのものをもって残虐な刑罰と解し、刑法死刑の規定を憲法違反とする弁護人の論旨は、理由なきものといわねばならぬ」としていた。ただ、その中でも特に一九四八年（昭和二三年）七月八日の大法廷判決(7)は、「憲法八一条は、米国憲法の解釈として樹立せられた違憲審査権を、明文をもって規定した」ものと解し、「立法行為も行政行為も司法行為（裁判）も、皆共に裁判の過程においてはピラミッド型において終審として最高裁判所の違憲審査権に服するのであって、「かく解してこそ、最高裁判所は、初めて憲法裁判所としての性格を完全に発揮することができる」として、違憲審査権の性格に言及した上でアメリカ型と述べながら、最高裁判所を「憲法裁判所」としての性格を発揮するものととらえていた。もちろん、この判決は、日本国憲法施行・最高裁判所設置直後の違憲審査権に関する理解が固まっていない時期の、そして、やがてアメリカ型と対比されるドイツ型はまだその基本法すら制定されていない時期のものであることから（但し、戦前にも既に存在していたオーストリアの憲法裁判所制度が念頭に置かれていることは否定できない）、そこでいわれた「憲法裁判所」というものも「明治憲法の時代には否定されていた違憲審査権を持つ裁判所」という程度のニュアンスにすぎないとの理解も可能である(8)。しかし、やがて一九五二年（昭和二七年）十月八日のいわゆる警察予備隊訴訟(9)で、最高裁判所は、「諸外国の制度を見るに、……特別の機関を設け、具体的争訟事件と関係なく法律命令等の合憲性に関しての一般的抽象的な宣言をなし、それ等を破棄し以てその効力を失はしめる権限を行わしめるものがないではない」として特別の憲法裁判所制度の存在を認識した上で、「しかしながらわが裁判所が現行の制度上与えられているのは司法権を行う権限であり、そして司法権が発動するためには具体的な争訟事件が提起されることを必要」とし、「我が裁判所は具体的な争訟事件が提起されないのに将来を予想して憲法及びその他の法律命令等の解釈に対し存在する疑義論争に関し抽象的な判断を下すがごとき権限を行い得るものではな」く、「要するにわが現行の制度の下においては、特定の者の具体的な法律関係につき紛争の存在する場合においてのみ裁判所にその判断を求めることができるのであり、裁判所がかような具体的事件を離れて抽象的に法律命令等の合憲性を判断する権限を有するとの見解には、憲法上及び法令上何等の根拠も存しない」との判断を下した。そして、この判断は、一九五三年（昭和二八年）四月十五日の大法廷判決(10)においても、「わが現行法制の下にあっては、ただ純然たる司法裁判所だけが設置されているのであって、いわゆる違憲審査権も、下級審たると上級審たるとを問わず、司法裁判所が当事者間に存する具体的な法律上の争訟について審判をなすため必要な範囲において行使せられるに過ぎ」ず、「憲法八一条は単に違憲審査を固有の権限とする始審にして終審である憲法裁判所たる性格をも併有すべきことを規定したものと解すべきではない」として確認されているのであった。

以上のような最高裁判所の判断から、憲法学説は、日本国憲法の司法権はアメリカ型のものであって、憲法八一条は司法権を規定する第六章の中にあることから、違憲審査権もアメリカ型の付随的審査制であるとの見解が一般的通説となっていった。さらに、通説がそう解する根拠として、ドイツ基本法との比較によって、日本国憲法の中に憲法問題に関する抽象的な判断を最高裁判所に求める提訴権者や最高裁判所による違憲判決の効力についての規定がないことが挙げられる。他方、最高裁判所の見解にも関わらず、最高裁判所の判決が明示的に拒否するのは下級審裁判官の違憲審査権を否定し、憲法判断を専ら憲法裁判所に集中させるオーストリア型の憲法裁判所制度であって、必ずしもドイツ型の憲法裁判所制度が否定されたわけではないというドイツ型導入への根強い主張も存在し続けている。(11)そこには、「ヨーロッパ大陸法的影響の下に形成された明治憲法下の憲法学の特質」から、「日本国憲法上の違憲審査制は結局のところアメリカ流の『付随的審査制』であるということになるが、多かれ少なかれ違憲審査を特殊視し、憲法保障的側面が考慮され、これを『憲法裁判』と捉える観点が当初から存在していた(12)」という事情がある。その結果、日本の違憲審査制の運用実態は、日本の裁判所だけでなく、アメリカの連邦最高裁判所やドイツの連邦憲法裁判所との比較の中で評価されることになり、それがおよそ半世紀あまり続いている。結局、日本では、違憲審査制の性格論として二つの対照的な制度であるアメリカ・モデルとドイツ・モデルが提唱され、その両者の比較が日本国憲法八一条の解釈論のためのモデルとして利用されることになる。そこで、以下では、日本における二つのモデルの内容理解と日本の現実の違憲審査権の運用を簡単に検討してみることにする。

二　二つのモデルの内容把握と比較

1　アメリカ・モデルの内容把握

通常、日本の憲法学説は、アメリカ合衆国の違憲審査制を付随的審査制と呼び、そこでは「違憲の法律などをそのまま適用することによって……訴訟当事者の個別的な権利を侵害することのないようにすることに、主眼が置かれている」から「私権保障型」の制度としている(13)。この点についての教科書的説明では、「アメリカ型の付随的違憲審査制は、通常の司法裁判所が、具体的な訴訟事件を前提として、その手続の中で、原則としてその訴訟の解決に必要な限りにおいて違憲審査権を行使する制度(14)」とされ、このアメリカ・モデルは、アメリカ「合衆国最高裁判所は、司法権行使に付随して、事件に適用されるべき法が何であるかは当然裁判所が決定すべきであり、事件に適用されるべき法律と憲法が矛盾する場合には、裁判所は当然高位の法である憲法を適用しなければならないとして、憲法に反する法律を覆すことを正当化(15)」する一八〇三年のマーベリー対マディソン事件のマーシャル（J. *Marshall*）裁判官の意見を初めに、それ以降の判例によって確立されてきたものととらえられている。[16]

日本国憲法とは異なり、合衆国連邦憲法上明文の根拠規定がないアメリカの違憲審査権については、当然のことながら、その違憲審査権の正当性が論じられることになる。これについての日本での説明は、高次法（硬性憲法）の思想、権力分立原理、具体的事件解決を通じての人権保障といったアメリカ判例において示された理論的根拠と共に、マーベリー判決が示した合衆国連邦憲法三条の司法権の付与規定、六条二項の最高法規の規定、六条三項の裁判官の憲法尊重義務の規定が条文的にも正当性を付与することを指摘する。この点は、日本の違憲審査権の性格について初めて言及した前記の最高裁判所の昭和二三年大法廷判決が、日本の違憲審査権についても、「現今通常一般には、最高裁判所の違憲審査権は、憲法第八一条によって定められていると説かれるが、いっそう根本的な考え方からすれば、よしやかかる規定がなくとも、第九八条の最高法規の規定又は第七六条若しくは第九九条の裁判官の憲法遵守義務の規定から、違憲審査権は十分に抽出され得る」と述べ、アメリカ・モデルにおける正当性を例にして憲法条文上の根拠を列挙している。ただ、アメリカでは、「既に今日では司法審査権の正当性は確立しており、もはやそれを疑う声はほとんどな」く、「むしろ問題は、個々の司法審査権の行使のあり方がはたして正当かどうかであり、制度自体の正当性ではない」[17]として、違憲審査権の行使の枠組みを取り上げて説明が行われることになる。

まず、アメリカ・モデルの違憲審査権の性格は裁判所の司法権行使に付随したものであることから、裁判所は、司法権発動の要件、具体的には合衆国連邦憲法三条二項に定められる「事件・争訟性」の要件が充足されていない限り、違憲審査権を行使し得ない。ただ、逆に「司法権行使の要件さえ満たされていれば、いかなる連邦の裁判所も司法審査権を行使でき」、その結果、最高裁判所だけではなく「当然下級裁判所も司法審査権を行使しうる」ことになる。このモデルで憲法訴訟とされる典型的なものは、法違反を理由に刑事訴追された当事者が自己に適用される刑罰法規が憲法上の権利を侵害するとして、刑事訴訟の手続の中で適用法律の違憲性を争うものである。また、同様に、民事訴訟であっても、事件解決のために適用される法律が憲法上の権利を侵害するとしてその違憲性が争われることもある。したがって、このアメリカ・モデルでは、あくまでも具体的な訴訟事件が提起され、当該事件が裁判所で係争されていなければ、違憲審査権は行使されず、その意味で、違憲審査権行使の前提として具体的な訴訟事件の存在が必要とされる。

裁判所は、具体的な訴訟事件が提起された場合には違憲審査権を行使し得るが、その場合でも具体的事件の手続において憲法問題が提起される必要がある。アメリカ・モデルでは、当事者主義的な訴訟手続を前提に、憲法問題は当事者が提起しなければならない。そして、この点、権利を侵害された個人のみが当該権利侵害を主張するか否かについての決定権を有すること、他人が本人に代わってその権利侵害を主張しても本人の利益が十分に代表されているか否かは疑問であることなどの理由で、一般原則として、訴訟当事者は自己の権利侵害の違憲性のみを主張でき、第三者の権利侵害の違憲性を主張することはできないとされている。その上で、適切に憲法問題が提起されても、裁判所は、必ず憲法判断をしなければならないというわけではなく、具体的な訴訟事件の処理に必要でなければ、憲法判断をする必要はないと考えられている。そこには、アメリカ・モデルは原則として具体的な訴訟事件に適用された限りで法律等の国家行為の憲法適合性が審査されるものであることから、違憲審査権行使の範囲は、具体的事件解決に必要とされる範囲で行使されるものと考えられている。そして、この違憲審査権行使の範囲は審査の方法にも影響を及ぼし、その審査方法は、具体的事件の事案に適用される法令等の国家行為の憲法適合性審査としての審査基準論を中心に展開される。そこでは、規制についての政府利益の存在の有無と目的達成のための手段の正当性の審査が違憲審査権行使の枠組みとして用いられると共に、どの程度まで政治部門の判断を尊重するのかに応じた審査の密度としての厳格さに違いを設けたいわゆる厳格審査基準、中間審査基準、緩やかな審査基準という大まかに区別された三段階審査基準が展開される。

最後に、当事者が自己の権利侵害の違憲性についての主張を行い、裁判所が違憲審査権を行使して憲法判断をした場合には、その結論が示されなければならない。この点について、アメリカ・モデルは、具体的な訴訟事件の範囲で違憲審査権が行使されることとの関係で、憲法問題に決着をつけることが主たる目的ではなく、あくまでも具体的な訴訟事件の解決を目的として違憲審査権が行使されることの結果、裁判所の憲法判断は判決主文で示されるのではなく、判決理由の中で適用法律の憲法適合性についての裁判所の判断が示されるにすぎない。主文で示されるのは、刑事事件の場合には被告人の有罪・無罪および有罪に際しての量刑であり、民事事件の場合には原告の請求の認否になる。そのために、このアメリカ・モデルでは、たとえ最高裁判所によって法律が違憲と判断されたとしても、その違憲判断は原則として具体的な訴訟事件に適用された限りでの違憲であって、その効力は訴訟当事者にのみ及ぶにすぎず、違憲と判断された法律が自動的に法令集から削除されることにはならない。それ故に、将来的には判例変更によって違憲判断が覆される可能性も残されていると同時に、議会において法律が改廃されない限り、違憲と判断された法律であってもその効力は存続し続けることになる。(18)

2　ドイツ・モデルの内容把握

日本の違憲審査権の性格を考える際にアメリカ・モデルと比較対照されるものは、ドイツ基本法の下で採用された憲法裁判所制度である。このドイツ・モデルとして説明される憲法裁判所制度は、「法的問題の中でも憲法問題を多かれ少なかれ特別視し、かつ、憲法秩序の維持そのもの（客観的な憲法保障）に力点をおくもの」(19)とされ、「個別の権利・利益の救済ということよりも、違憲の法律の排除ということに主眼が置かれている」(20)という点で、アメリカ・モデルの「私権保障型」に対して「憲法保障型」の制度と呼ばれている。そして、ドイツ・モデルについての教科書的説明によると、憲法裁判所制度は、「通常の裁判所とは区別された特別の憲法裁判所を設け、具体的な訴訟事件を離れて抽象的に法令その他の国家行為の違憲審査を行う権限をこれにあたえているところに特色がある」[21]と説明される。そこでは、具体的な訴訟事件とかかわりなく、憲法裁判所が一般的・抽象的に法律等の国家行為が憲法に適合するか否かについての審査を行う点を特に強調して、そこでの審査は抽象的違憲審査制と呼ばれる。そして、憲法裁判所は、客観的な憲法保障に力点を置き、強大な権限が付与されることになるので、「違憲審査権発動の方法や形式、違憲判決の効果、裁判官の任命等に特別の配慮」が払われることになるという点も、ドイツ・モデルの特徴の一つとして指摘される[22]。

このドイツ・モデルでは、違憲審査権を行使する主体が特別の憲法裁判所にあるということがアメリカ・モデルとの違いとして強調される。すなわち、ドイツの「連邦憲法裁判所は、他の権力からもまた通常の裁判所からも分離され独立している裁判所[23]」として存在する点が指摘される。そこでは、確かにRechtsprechungという共通の観念の下にすべての裁判権が包含されるのではあるが、「その共通の枠のなかで通常裁判権と憲法裁判権とははっきり区別され、通常裁判所には（アメリカ・モデルのような＝井上）付随的違憲審査権も認められていない[24]」との指摘がなされる。そこには、個人の権利保護を直接的な目的にする通常裁判権とは違い、憲法裁判所という特別の裁判所制度の本来の制度趣旨が客観的な憲法秩序の維持にあるということを背景に、連邦憲法裁判所を日本で「通常用いるような意味での『司法』の観念をはるかに超えていると思われる権限を基本法上明確に与えられ」た憲法審査機関としての位置づけを行おうとする日本のドイツ・モデルに関しての内容把握の実態が現れてくる。そして、そのような特別の憲法機関としての憲法裁判所制度やそこでの手続は、「つねに憲法の解釈・適用が問題であり、この点で、それは、民法・刑法・行政法といった実体法の実現に仕える他の訴訟と区別せられ……、実定憲法規範の特質により、……他の諸々の訴訟手続とは異なる取扱いをなすこともまた許されうる」との説明がなされることになる。(25)

そこで、このドイツ・モデルについては、アメリカ・モデルの付随的審査制との対比の関係で、抽象的違憲審査制として、憲法裁判の前提としての具体的な訴訟事件の存在を必要としないという点が強調される。そして特に、基本法九三条一項二号の抽象的規範統制を念頭において、ドイツの連邦憲法裁判所は、通常裁判権に服する具体的な訴訟事件が提起されていなくても、連邦政府・州政府または連邦議会議員の三分の一の申立てに基づいて、連邦法律や州の法律が憲法に合致するか否かを審査することが指摘される。その上で、連邦「憲法裁判所といえども、法律案の段階でそれが基本法と結合しうるか否かについて前以てそれを確認することは決して許されない」が、その他の場合において、憲法裁判の範囲は、憲法裁判所に申立てられたあらゆる国家行為との関係で問題とされる憲法問題とされる。ただ、そのような抽象的規範統制であっても、憲法裁判権は裁判作用であり、連邦憲法裁判所が職権に基づき自ら積極的に憲法問題に介入するようなことはなく、あくまでもそのすべての手続について「申立原理（Antragsprinzip）」が妥当することはいうまでもない。裁判所の作用は、相争う当事者間の法的紛争について決定を下すことであり、この点で憲法裁判所もまた他の裁判所と異なるものではないが、憲法裁判が他の裁判と区別されるのは、その目的が「憲法の客観的保障に仕える」という点にあるだけであるということが、憲法裁判権の特質として説明される。(26)

以上のようなドイツ・モデルとしての憲法裁判所制度は、「憲法をめぐる具体的な紛争を訴訟のルートに乗せ、憲法裁判所がその解決をはかるとともに、そこで争われている憲法の意味内容を明らかにすることにより、憲法秩序の客観的保障に仕え」ようとする制度として日本ではとらえられている。(27)そうだとすると、アメリカ・モデルとの違いは、ドイツ・モデルにおける憲法裁判の目的にあり、それは違憲審査の方法と違憲判断の効力において決定的な相違を示すことになる。すなわち、ドイツ・モデルでの憲法裁判所に提起される「具体的な紛争」は専ら憲法をめぐる紛争であり、単純な法的紛争ではない。通常の具体的な訴訟事件として提起される法的紛争の場合には、その範囲で違憲審査権が行使されるとすると、まさに適用法令の憲法適合性だけが事件解決に必要な範囲内で問題として取り上げられるにすぎない。しかし、裁判所によって取り上げられる紛争の対象が憲法問題そのものである場合には、その憲法問題についての判断を下すこと、すなわち憲法規範の意味内容を明らかにすること自体が裁判の目的となる。憲法をめぐる紛争の解決＝憲法規範の意味内容の確定、という図式がドイツ・モデルでは展開される。そこでは、客観的に法令等の国家行為の憲法適合性が審査され、たとえ法令等の国家行為による基本権侵害が問題とされる場合であっても、その審査の方法にかわりはない[28]。要するに、ドイツ・モデルでの憲法裁判の目的は客観的な憲法秩序の保障にあり、そのために裁判の目的たる紛争の解決が憲法判断の提示そのものになるということである。

そのような特徴が指摘される結果、ドイツ・モデルにおける憲法裁判所の違憲判断の効力も、アメリカ・モデルとは対照的なものとして示される。ドイツ・モデルにおける憲法裁判所の違憲判断は、憲法裁判所で取り上げられる紛争そのものが憲法問題であり、その紛争の解決が憲法規範の意味内容の確定であって、裁判における審査対象それ自体が法律等の憲法適合性であることから、判決主文において示され、違憲・無効の判断には原則として法律的効力、すなわち一般的効力が認められる。この一般的効力は違憲判断にだけ妥当するわけではなく、連邦憲法裁判所の「合憲判決も当該規範の合憲性を公式に法的に確認することによって規範の『正当性』に仕える[29]」という機能を果たす。さらに、憲法裁判の目的が憲法規範の意味内容の確定による客観的な憲法秩序の維持にあることから、確かに判決主文には法律的効力が認められるが、それだけにとどまらず、連邦「憲法裁判所のあらゆる判決につき、その主文、判決理由の双方が、『将来のすべての事例において、諸々の裁判所や官庁の憲法解釈に関する原則とみなされなくてはならない限り』……、連邦およびラントの憲法諸機関を拘束する効力……を有する」ことも紹介される。そして、このような効力から、連邦「憲法裁判所により違憲無効と宣告された法律と同一内容の法律案が再び議会にかけられて議決されたり、大統領により公布されることが禁じられ……、同様に違憲と判断された執行行為が繰り返されることもまた禁止される」[30]点も指摘される。但し、違憲・無効判決の基礎には問題とされた国家行為についての違憲性の確認が前提として存在することから、違憲であるにも関わらず、それを直ちに無効として破棄するのではなく、むしろ立法府による治癒に待つ方がより好ましい結果を生ずる余地があると判断されたならば、単に国家行為の違憲性を確認するにとどめることもまた法理論的に正当化され得るので、連邦憲法裁判所の判決形式としては違憲性確認にとどめるものもあることが紹介されている。

3　両モデルの接近傾向の指摘

以上のように、アメリカおよびドイツの両モデルについての教科書的説明によると、アメリカ・モデルは、憲法上の権利救済が主眼となり、憲法秩序の客観的保障はその副次的・二次的機能として示され、逆に、ドイツ・モデルは、憲法秩序の客観的保障が主眼となり、個人の基本権保護はその副次的・二次的機能とされることになる。そして、このように確かに両モデルの制度趣旨の違いを強調すれば、アメリカ・モデルとドイツ・モデルとは、違憲審査権のあり方として互いに異なった機能を果たすことになる。しかし、この両モデルは、「違憲審査の方式という点でも、また、その基本的な機能の点でも、違いはあるが、しかし、実際上の問題としていうと、この違いは、いわば相対的なもの」[31]であって、モデルとしては互いに異なったものとしてとらえられる二つの違憲審査権も、「今日これらの制度は必ずしもそのような対照的な機能を営んでいるわけではなく、むしろ相互に接近し合い、実際にはかなり同じような機能を営むようになってきている」[32]ことも指摘される。すなわち、違憲審査制の説明において、「『私権保障型』のアメリカでも実際上『憲法保障』の要素が重視され、あるいは、『憲法保障型』のドイツでも『私権保障』の側面が実際には重要性をもつにいたっている[33]」ことが日本では確認されているのである。ドイツ・モデルについては、この接近傾向の指摘以前の問題として、日本の憲法学説による連邦憲法裁判所の抽象的規範統制を念頭においた内容把握について、それに対する異議が提起されていた。例えば、ドイツ連邦憲法裁判所の具体的規範統制手続は「一般の裁判所の審査権を前提として」おり、これがオーストリア憲法裁判所とドイツ連邦憲法裁判所を峻別する本質的なものであるにも関わらず、「ドイツの連邦憲法裁判所の具体的規範統制手続についてのこのような性格がわが国においては十分に理解されて」おらず、抽象的違憲審査制および憲法裁判所への審査権集中型のオーストリア憲法裁判所とドイツ連邦憲法裁判所が「同じ憲法裁判所ということで両者の差異が全く認識されないまま両者が同列に取り扱われ」ていたことの問題性[34]が指摘されている。また、アメリカ・モデルとドイツ・モデルの対比は「具体的違憲審査権と抽象的違憲審査権の対照とは必ずしもパラレルではない」として、「ドイツの憲法裁判制度は広く憲法上の争議や疑義を解決するために設けられた制度であり、抽象的違憲審査権はたしかにその中核をなす最重要な権限であるが、他に重要な権限も多くあり、それらが一体となって今日の西ドイツ憲法裁判制度の特徴を形づくっている[35]」との指摘もなされている。このようなドイツ・モデルの内容把握に対する異論には十分な理由が展開されているが、それらは、あくまでもドイツ・モデルの内容把握に対する日本の学説の問題点あるいは誤りを指摘するだけで、必ずしもアメリカ・モデルとドイツ・モデルの機能や性格についての類似性を指摘するわけではない。そこで、ここでは、二つの対照的とされてきたモデルがいかなる点で接近していると指摘されるのかを簡単に確認しておくことにする。

まず、ドイツ・モデルについて、ここでは抽象的規範統制だけでなく、先に挙げた異論においても主張されていた通り、通常裁判権の下での具体的な訴訟事件を契機にする具体的規範統制手続（基本法一〇〇条一項）や、自己の基本権侵害に対する連邦憲法裁判所への申立てとしての憲法異議（基本法九三条一項四a号）を審査する権限の存在についての確認からの憲法裁判権の機能の相対化が指摘される。すなわち、ドイツ連邦憲法裁判所は、「抽象的規範統制のほか、通常の裁判所が具体的事件に適用される法律を違憲であると考えるときに手続を中止して憲法裁判所の判断を求め、それに関して憲法裁判所が合憲性を審査するという具体的規範統制の権限を持ち、……また、基本権を侵害されたとする個人の申し立てに基づいて当該国家行為の合憲・違憲（基本権侵害の有無）を審査・決定すること（憲法訴願・憲法異議＝井上）も行う」権限を有しており、特に後者の憲法異議は「『私権保障』としての意味を持」ち、「実際に連邦憲法裁判所が取り扱う事件の大部分がこの憲法訴願（憲法異議＝井上）であり、ドイツの制度は、『憲法保障型』を基本としながら、しかし、実際上、『私権保障』に大きな比重がおかれているといえる(36)」との指摘がなされているのである。そこでは、ドイツ連邦憲法裁判所が「個人の具体的権利救済に仕えている(37)」点の確認と共に、連邦「憲法裁判所の個別的権利救済機能の増大(38)」が指摘されることになる。

これに対して、アメリカ・モデルにおけるドイツ・モデルへの接近傾向の指摘も同じように展開される。そこでは、例えば、「アメリカ合衆国にあっては、個人の基本的人権の具体的保護を第一義としながらも、憲法保障面に重心をおいて違憲審査のあり方を捉えようとする傾向も見られる(39)」という見解が紹介される。そして、そのような傾向について、「アメリカにおいては、基本的に『私権保障型』のシステムのもとで、しかし、インジャンクションなどの衡平法上の救済や宣言的判決、あるいは、クラス・アクションなどの形での原告適格要件の緩和、といった手法を通じて、狭い個別的権利保障の枠にとらわれないで、むしろ客観的な違憲法令等の排除を主眼とした形での審査・決定も行われている」点が確認され、その上で、「アメリカの場合には、『私権保障型』の枠のなかで同時に『憲法保障』機能も重視されているといえる(40)」との指摘がなされる。このアメリカ・モデルでの接近傾向の指摘の中で最も強く主張されるのは、違憲審査権行使の前提となる司法権発動のための要件、すなわち事件性の要件が「法的利益の侵害」だけでなく「事実上の損害」の原告による主張へと緩和されていったことによる司法権の入り口の拡大と、「憲法裁判の実体に関し、判決が政府の他部門の行為について違憲無効か否かを判断するという内容にとどまらず、他部門に対して『積極的行為』を命ずることを内容とするに至っていること」(41)による通常の司法裁判所による違憲審査権の行使の結果としての客観的憲法保障機能の増大である。そこでは、事件性の要件があるからといって司法権発動の機会が狭められ、その結果として違憲審査権の行使を求める入り口が狭いわけではなく、衡平法上の救済や宣言的判決の存在から法律が制定されれば大抵は誰かがその法律の違憲性確認あるいは執行差止めを求める訴訟を提起していること(42)、また、合衆国連邦最高裁判所の違憲判断も単純に個別的効力とは考えられておらず、むしろ、それは政府の他部門に対する権威と拘束力を持っているとの指摘(43)により、客観的な憲法秩序の維持の機能が重視されていることが確認されている。

結局、このようなアメリカおよびドイツにおける憲法訴訟・憲法裁判の実際上の運用を確認することによって、日本の憲法学説は、アメリカ・モデルおよびドイツ・モデルの「それぞれの制度は弾力的に運用されることによって、両方の機能を相互に営むことができる(44)」とか、「付随的違憲審査制と抽象的違憲審査制との違いをあまりにも強調するのは、正当でないというべきであろう(45)」という見解が主張されるに至っている。

4　両モデルの原理的・実際的相違

以上のような両モデルの接近傾向が指摘される反面、しかし、やはり両モデルの間に存在する異なる特徴も日本では意識的に示される。まず、アメリカ・モデルの最高裁判所は、必ずしも憲法事件だけを取り上げるわけではなく、司法制度における上告審裁判所として位置づけられることからジェネラリストとしての性格を持つのに対し、ドイツ・モデルの憲法裁判所は、専ら憲法事件のみを取り扱う特別の裁判所としてスペシャリストとしての性格を持つ。また、アメリカ・モデルでの最高裁判所の違憲判断に個別的効力以上の拘束力が認められるのは英米法に特有の先例拘束性の原理からであるが、ドイツ・モデルの憲法裁判所の違憲判決の一般的効力・法律的効力は基本法・連邦憲法裁判所法によってそれが規定されていることによる。さらに、アメリカ・モデルに比べドイツ・モデルでは、具体的な訴訟事件において取り上げられるある狭い特定の事実に基づく判断よりも、憲法と法律の論理的整合性を純粋に抽象的な形で判断する制度としての憲法裁判所という特性から、憲法裁判所の裁判官がある種の消極的立法者としての役割を担うことになる。そして、このような両モデルの異なる特徴[46]から、たとえ両者が接近傾向を示しているとしても見逃すことのできない両モデルの間の原理的な相違も指摘されている。

この両モデルの下での違憲審査権における原理的相違は、権力分立原理、立法権の優位、法の支配（法治国家）という憲法上の三つの原理との関係で示される。まず、権力分立原理との関係では、アメリカ・モデルの裁判所の違憲審査権は、立法権・行政権という政治部門に対する司法からの監視制度ととらえられ、権力分立原理における抑制・均衡の要請から導かれる一つの政治部門に対する司法権による制約のための手段と考えられる[47]。すなわち、そこでは、立法権・行政権と並立する司法権による違憲審査権とのとらえ方が指摘される。それに対して、ドイツ・モデルでは、憲法裁判所が国家の三権を超えた国家行為の監視機関ととらえられる。もちろんそこでも、憲法裁判権は国家権力における裁判権の一つと考えられるが、憲法裁判所は、立法・行政・司法という国家の三作用が憲法の枠内で行使されているか否かを監視する制度と考えられることになる。次に、この権力分立原理と関連して、立法権の優位の原理に関しては、アメリカでは議会も高次法たる憲法に拘束される（人民の決定対人民の代表者の決定での前者の優位）とする高次法の観念が多数者による専制の防止という要請を生み出し、司法裁判所による違憲審査権を根拠づけているが、ヨーロッパ大陸法の伝統というべき議会を国政の中心にすえるという立法権の優位の思想が第二次大戦以前でのアメリカ・モデルの違憲審査権のヨーロッパ大陸への導入の失敗の原因となっていたことが指摘される(48)。そこには、単純な司法裁判所が国政の中心たるべき立法権の活動を審査することに対する抵抗感が存し、その結果、戦後の違憲審査権導入に際しても通常の裁判機関ではなく、議会の制定した法律を違憲と判断する権限をもつ特別の憲法裁判所が設置されることになったと考えられる。この点は、英米法に特有の「法の支配（the rule of law）」の原理におけるアメリカ・モデルの違憲審査権にも影響を及ぼす点が最後に指摘される。すなわち、法の支配とはすなわちコモン・ローの支配（正しい法のみが妥当する）であり、コモン・ローの執行機関は裁判所であること、アメリカではこのコモン・ローの実体となる正しい法とは人民の決定による最高法規としての憲法であり、したがって、裁判所がそれを執行する機関となること、ということである。もちろんこの最高法規としての憲法という観念は現在のドイツにおいても妥当しているが、戦前のドイツにおける法治国家原理の中にその観念は当然の内容として含まれてはいなかった(49)。それ故に、法の支配の原理から引き出される「すべての訴訟は裁判所に提起された上で、裁判所が必要な場合には違憲審査権を行使するという理解(50)」は、必ずしもドイツの法治国家原理の内容となっていたわけではないことが指摘されることになる。

以上のような原理的相違にとどまらず、実際上の運用実態においても、さらに、実際の憲法判断の手法においても、両モデルにはある種の相違が認められる。まず、制度の運用実態については、アメリカ・モデルは、多くの場合、連邦制の中での連邦最高裁判所による州法の合衆国連邦憲法違反の有無の審査が行われる。この場合、連邦法の解釈を任務とする連邦裁判所への州法事件についての訴えは、連邦憲法違反を主張するしかなく、その結果として連邦最高裁判所は違憲審査権を行使することになるにすぎない。そして、この点は、特に「州と人民との間に、連邦上の権利の保護者として連邦裁判所を置く」ことを立法目的とし、州の公務員の違憲行為に対する連邦司法部の救済を定めた連邦公民権法§1983に基づく訴訟[51]がしばしば提起され、その訴訟において違憲審査権が行使されることからも窺い知ることができる。これに対して、ドイツ連邦憲法裁判所は、連邦と州との間の権限争議についての判断権を持つことは別にして、規範統制手続や憲法異議の権限行使に際して、州法事件と連邦法事件という区別はなく、一般的に基本法問題についての判断権を有する。もちろん、州憲法違反の州法の問題は州の憲法裁判所が審査するという連邦国家原理に基づく連邦憲法裁判所の権限の制約は存在するが、連邦国家原理の結果として連邦憲法裁判所が憲法問題についての判断を行うわけではない。連邦憲法裁判所には、連邦国家原理とは無関係に、規範統制や憲法異議の権限が基本法上付与されているのである。

憲法判断の手法についても、アメリカ・モデルとドイツ・モデルとの間で異なった特徴が見られる。まず、アメリカ・モデルでは、違憲審査権行使に際して、裁判所は、権力分立原理に依拠した対等の三権の存在を前提に、統治機構内部での権限配分を中心にした憲法解釈と審査基準論を展開する。とりわけ、憲法上の権利侵害が争われている場合には、当該権利の実現について統治組織のどの部門が権限を持つのかを中心にした三段階審査基準論が展開されている。そこでは、「国民の権利の侵害が争われた場合にも、裁判所の果たすべき役割に違いがあること」[52]が示され、憲法上の権利についての裁判所による保障という司法権を行使する司法裁判所の役割が憲法判断の手法にも影響を及ぼす。これに対して、ドイツ・モデルでは、「立法者の形成の余地」という概念を用いた憲法裁判所と立法権限との調整問題は存在するが、そこでの憲法判断の手法は、むしろ憲法上規定されている実体的な憲法価値の内容の探求とその侵害の有無に関する判断が中心になる。もちろん、ドイツ・モデルにおいても違憲・合憲を判定するための審査密度の違いは主張されるが、それは統治組織における裁判所の役割から導き出されているのではなく、むしろ憲法上規定されている実体的価値の内容に応じてその実現に一定の幅を持たせることから、まさに実体的な憲法価値の内容から展開されるものと考えられる。そこには、やはりドイツ・モデルの場合、通常の裁判所による権利保護とは異なり、憲法裁判所による憲法上保障されている基本権保護という観点から、「主観的な権利の侵害が問題となるときでも、単なる個人の権利救済にとどまらず、憲法秩序の維持・形成という客観的目的が同時に追求せられる(53)」という憲法裁判の目的が大きく影響することになる。

三　二つのモデルと日本型違憲審査制の議論

1　アメリカ・モデルとされた日本型違憲審査制の運用実態

以上のような二つのモデルの内容把握を基に、日本では裁判所の違憲審査権の性格と、その運用実態が論じられることになる。まず、既に述べた通り、裁判所の実務においては、日本の違憲審査権をアメリカ・モデルに従った付随的違憲審査制であると規定する。日本の憲法学説も、その通説的見解によると、日本の違憲審査権はアメリカ・モデルのそれであり、ドイツ・モデルのような憲法裁判所制度を憲法は規定していないと解する。その結果、最高裁判所自身も認めるように、「憲法は国の最高法規であってその条規に反する法律命令等はその効力を有せず、裁判官は憲法及び法律に拘束せられ、また憲法を尊重し擁護する義務を負うことは憲法の明定するところ」であり、「従って、裁判官が、具体的訴訟事件に法令を適用して裁判するに当り、その法令が憲法に適合するか否かを判断することは、憲法によって裁判官に課せられた職務と職権であって、このことは最高裁判所の裁判官であると下級裁判所の裁判官であるとを問わ」ず、日本国「憲法八一条は、最高裁判所が違憲審査権を有する終審裁判所であることを明らかにした規定であって、下級裁判所が違憲審査権を有することを否定する趣旨をもっているものではない(54)」とされ、最高裁判所だけでなく下級裁判所にも違憲審査権が認められることになった。そして、下級裁判所にも違憲審査権が認められ、後述するような最高裁裁判所の違憲判断を下すことに対する非常に消極的な姿勢の結果として、下級裁判所の違憲判断が重要な意味を持つことがあり、下級裁判所の違憲審査権の意義を高く評価することができるとの指摘[55]が日本ではなされることになる。

日本の違憲審査権の性格についての理解としての付随的審査制の下では、違憲審査権が行使され得る具体的な訴訟事件は、下級裁判所からはじまり、当事者が争う限りで最高裁判所まで持ち込まれ、最終的にその最高裁判所で決着がつくことになる。そのような具体的な訴訟事件の流れの中で裁判所が違憲審査権を行使すれば、そこに憲法判例が生み出されることになる。[56]この訴訟の流れの中での違憲審査権の行使の仕組みは、下級裁判所での具体的事件の事実審理を尽くした上での裁判所の違憲審査権の行使を前提として想定されるから、最終的には最高裁判所の憲法判断といえども決して仮定的で抽象的なものではなく、現実に発生している具体的な事実関係の下での憲法問題に対する裁判所の判断というものを担保することになる。その意味で、日本の憲法判例は、単純に裁判所による抽象的なレベルでの憲法規範の意味内容の提示という側面は持たず、具体的な訴訟事件の事実関係の下での憲法判断というアメリカ・モデルに従った付随的違憲審査制における前提が維持されている。その結果、最高裁判所の憲法判例といえども決して一度きりの変更が認められない不変のものとしてではなく、下級裁判所による先例としての最高裁判所の憲法判例を覆すための事実認定に、理由が粗雑な最高裁判所の「判例の硬直性を打破する原動力[57]」としての期待が寄せられることになる。

しかし、日本では、違憲審査権の運用実態について、例外なく司法消極主義という認識が指摘される。そこでは、一般に日本の裁判所、特に最高裁判所での違憲判断は非常に数が少なく、裁判所では憲法問題に正面から取り組む態度に欠けるきらいがあり、政治部門の権力を批判する姿勢に欠け、むしろ政治部門の措置を追認しようとする態度が見られるという点が強調される。[58]ただ、そのような日本の違憲審査権の運用実態に対する消極的な認識の中にも、前述した下級裁判所での違憲審査権の行使に関するある種の積極的評価と共に、アメリカ・モデルに従った付随的審査制の日本における定着や、具体的な訴訟で裁判所による違憲判断が下されなくても、訴訟という形で問題提起をすることによって法制度や法の運用が市民にとって望ましい方向に手直しされることがあるといったこれまでの憲法訴訟の実績も指摘されることになる。そして、確かに一定の実績は認識されるものの、日本の違憲審査権の実態における特徴は、アメリカ・モデル「であるという性格規定」がドイツ・モデルの「抽象的違憲審査を排除するという消極的な形においてのみ機能し」、裁判所の権限行使を活発化させようとする議論に対しては、「それが実質的に（ドイツ・モデルの＝井上）抽象的違憲審査を認めることにつながるなどとして否定する傾向が強い」という点に現れる。さらにそこでは、アメリカ・モデルとドイツ・モデルの接近「傾向とは逆に、日本の場合には、『憲法保障』を排して厳格に『私権保障』に限定しようとする傾向にある」との指摘もなされる。

このような日本の違憲審査権の運用実態にはいくつもの要因が考えられるが、その中でも特に重視すべきものは、付随的審査制についての日本的理解の内容である。まず、日本の違憲審査権の性格が付随的審査制であるということから、民事訴訟、刑事訴訟、行政事件訴訟という実定訴訟法が規定する手続とは別個の特別の憲法訴訟というものが存在しない、ということが当然のことと考えられる。裁判所による違憲審査権の行使としての日本の司法審査制は、「実定訴訟法の規定する訴訟要件を、すでにパスした訴訟においてはじめてなされるところの、実体法規と実体的憲法規定との適合性審査に他ならないもの」と解され、日本の通説的見解は、「実定訴訟法の規定する訴訟に付随して司法審査がなされることが付随的審査制に他ならないと考えられているように思われる」、という点が指摘される。すなわち、アメリカ・モデルであるといいながら、アメリカでは問題なく認められているような訴訟が、日本では実定訴訟法に規定されていないが故に不適法であるとして却下されてしまう、というのが「日本の実情」であって、そこには、戦前のドイツ流訴訟法観にアメリカ・モデルという別のものを取り入れた、純粋にアメリカ・モデルではない日本型違憲審査制ができあがっている、ということである。アメリカ・モデルにいう「付随的審査制とは、具体的事件に付随して違憲審査がなされる制度をいうが、日本においては、実定訴訟法の規定する訴訟に付随して違憲審査がなされる制度を意味するものとして理解され、運用されてきて」おり、アメリカ流の訴訟法体系をとらず、また、アメリカのような衡平法の伝統がなく、原告適格は実定訴訟法上厳格に限定されていて、宣言的判決のようなものも法律等の違憲の宣言的判決という形では認められることがない日本の実定訴訟制度の下での日本の付随的審査制がアメリカ・モデルに従ったものにならないのは、当然といえば当然のこととされる。(63) その結果、「現在の日本の裁判官が、国会の制定した法律である訴訟法に規定がないから何もできないのだと勝手に思い込んでい」て、日本の裁判所ではなかなか憲法問題は取り上げてもらえないという実態(64)がそこには出てくることになる。

2　ドイツ・モデルを参考にした憲法裁判所導入論とそれに対する反応

日本型違憲審査制の運用実態は、必ずしもバラ色のような発展をとげているわけではなく、むしろ逆に、最高裁判所の違憲判断に対する消極的姿勢から、その閉塞状態の打破が議論されることになる。そこでは、アメリカ・モデルであるとされながらアメリカ・モデルに徹しきれず、しかし他方でそれとは対極に位置づけられたドイツ・モデルではないとされた現在の日本の違憲審査制の位置づけから、(65) アメリカ・モデルに徹しきれないのであればその対極のドイツ・モデルを参考にした憲法裁判所制度を導入することができないか、という視点からの声が近年特に高まってきている。

ドイツ・モデルを参考にした最近の憲法裁判所導入論は、なによりもアメリカ・モデルにおける手続的・技術的側面の偏重という問題点を指摘する。この点は特に、一九七〇年代後半から一九八〇年代にかけて日本の違憲審査制のあり方についての議論を積極的に展開した憲法訴訟論が、日本の違憲審査制をアメリカ・モデルと規定してアメリカ憲法判例や理論を参考に、裁判所が憲法問題を取り扱う際のルールを理論化することにより実体的な価値を議論するための土俵を設定しようとする技術・手続論を展開したことに対して向けられた「実体論抜きの技術論」という批判に端を発する。実体的な価値を裁判上実現するための手続に関する議論は、それ自体として価値中立的で、技術中心的な理論にならざるを得ないことは否定できず、その結果として、そのような技術・手続が緻密に理論化されればそれだけ、議論そのものが実体的な価値の内容からは遠ざかってしまい、どのような内容のものであっても実現し得る技術・手続と化してしまう。(66) ここには、統治機構内部での権限配分を中心にした憲法解釈と審査基準論の展開というアメリカ・モデルの特徴が顕著に示されることになるが、そのモデルにおいてははたして実効的に実体的な憲法価値の実現を取り入れることが可能かという疑問が提起されることになる。日本では、既に述べたように、実体的な請求権の存在を前提にしたドイツ流の訴訟法観が存在しており、さらに、アメリカ的な結果の具体的妥当性よりも、判決の論理の組み立てにおいてドイツ流の明確な概念構成、緻密な論理構造が好まれる傾向がある。(67) そうであるならば、そして、憲法テクストそのものが一般的・抽象的な表現で示されていることに鑑みれば、統治機構の権限配分の観点からの審査基準論ではなく、実体的な憲法価値についての内容を探求し、それを緻密に論理構成した上で憲法問題に回答を与えようとする実体的憲法解釈論が必要になってくる。そこに、アメリカ・モデルではなくドイツ・モデルを参考にした違憲審査制のあり方を検討すべきだと考える一つの理由が提示され得る。

そこで、ドイツ・モデルを参考に憲法裁判所の導入を提唱する学説は、確かにドイツ・モデルでは「政治の法化・裁判の政治化」というマイナス面を指摘するが、憲法問題解決の迅速性、違憲判断の実効性、違憲主張の機会の増大、職業裁判官と学者の協働作業の可能性といったプラスの側面を強調し、憲法保障の方法としては憲法裁判所制度の採用が世界の趨勢であることを指摘する。(68) その上で、アメリカ・モデルの付随的審査制が定着した現在、憲法改正を前提に憲法裁判所の導入を主張する説、憲法改正の必要性をも含めてドイツ・モデルにおける具体的規範統制手続の導入を提唱する説、さらに、法律によって最高裁判所に抽象的違憲審査権を与えることは立法政策の問題とする憲法解釈を前提にした最高裁判所内部に憲法部を設置するよう主張する説などの提案(69)がなされることになる。そして、これらの提案はドイツ・モデルの憲法裁判所制度をそのまま日本に持ち込もうとするのではなく、「日本の状況を踏まえて一工夫なされているものが多」く、「日本の違憲審査制の活性化を図るとすれば、そのことは必要なことのように思われる」(70)という評価がなされると共に、憲法改正をも視野に入れた議論を展開しながら、必ずしも憲法改正論議にありがちの政治的主張としてではなく、従来から違憲審査権について展開されてきたドイツ・モデルという理論モデルとしての議論の展開となっているところに一つの特徴が示される。

このようなドイツ・モデルを参考にする議論に対して、はたして日本の最高裁判所の司法消極主義はアメリカ・モデルであることが問題の原因であるのか、という観点からの反論もなされる。そこでは、日本型違憲審査制の問題は、アメリカ・モデルに従った付随的審査制であるという理解にあるのではなく、「司法権行使の要件の問題を憲法問題ととらえず司法権行使の範囲を不当に狭く限定してしまったことと、憲法が裁判所によって適用されるべき裁判規範としての実定法だということを見失ってしまったこと、そして裁判所には民主主義的な統治原理を定める憲法のもとにおいてもふさわしい役割があることを自覚しなかった点にある」との指摘がなされる。その上で、アメリカ・モデルに従った付随的審査制とは「司法審査は両当事者が自己の権利利益を争い対立し、それぞれが十分な論点を提示する中でこそ適切に行使される」という考え方に立脚しており、「これは十分意味のある考え方」であって、したがって、この考え方を担保する「事件性の要件抜きで裁判所に憲法判断をさせるのはどうか」として、日本の違憲審査制をドイツ・モデルの憲法裁判所制度に変更することに反対の見解を主張する学説も存在する。そして、この説は、前述の実定訴訟法の下での具体的な訴訟事件に付随するという現在の日本型違憲審査制度に対して、「裁判所の権限は憲法上与えられて」おり、「民事訴訟法や刑事訴訟法の規定があるかどうかとか、行政事件訴訟法の規定があるかどうかというのは二次的なことであって、憲法七六条が最高の訴訟法なのだから、七六条で与えられている権限は法律の根拠がなくても、裁判所は行使していい[71]」という司法権についてのとらえ方を提示することになる。

結局、最近のドイツ・モデルを参考にした憲法裁判所導入論もそれに対するアメリカ・モデルを前提にした反論も、現在の日本型違憲審査制に問題があることを認識した上での、その改善を模索するための議論になっている。そこでは、「憲法裁判所導入論を考える際には、そのような制度的工夫が現在の制度よりも、違憲審査制の目的を実現する上で、より適切といえるか否かが明らかにされる必要がある[72]」といわれているように、従来日本の違憲審査権の性格を規定するための憲法解釈の参考材料であったアメリカ・モデルとドイツ・モデルが、日本型違憲審査制の活性化のための改革の議論においても利用されており、もはやその両モデルは単純に日本の憲法解釈の参考素材としてだけではなく、日本におけるその実践可能性の問題を提起するものにまでなっていると考えてもよいような状況が、現実には出現している。

四　ま と め――違憲審査権の議論に見る日本の憲法文化

これまで見てきたように、日本では違憲審査権の性格をめぐる議論の一つとして、アメリカ・モデルとドイツ・モデルの二つを提示し、それを一つの目安として日本の違憲審査権の性格およびそのあり方に関する解釈論を展開してきた。そして最近では、単なる憲法解釈のための参考素材としてだけでなく、司法制度改革における違憲審査権行使の活性化のための議論においても二つのモデルが利用され、それぞれの論者のコミットするモデルに併せた議論が展開されるようになっている。そのような日本の状況において、アメリカ・モデルとドイツ・モデルは、確かにそれぞれの運用実態からの接近傾向の指摘もなされてはいるものの、制度それ自体についてはどちらも多分に理念化されるという傾向を持つ。日本の学説が両モデルを理念化して対立図式を創り出した背景には、その理念化されたモデルとの変位を指摘することで日本の違憲審査制の状況把握を模索しようとする憲法学説の姿勢が見られることになるが、このような学説の展開は、必ずしも違憲審査権をめぐる議論に限られるわけではない。

日本では、違憲審査制を含めた立憲主義の観念それ自体がヨーロッパ大陸やアングロサクソン的法文化からの輸入品であって、日本が独自に生成し、展開した法文化の内容を成すものではない。その意味で、それは外来文化であって、それを丸ごとそのまま受け入れるのではなく、日本の風土に併せてアレンジしながら受容するためには母国となるヨーロッパ諸国や英米の法文化についての内容をモデル化することが必要とされた。このような手法は、外来文化を受容する際の日本文化の一つの一般的な特徴を示すものとなる。結局、違憲審査権の性格を検討するための理念化されたアメリカ・モデルやドイツ・モデルも、憲法裁判・違憲審査制の日本への受容と日本的アレンジのプロセスの中で必要とされた、日本の憲法文化の一態様ということができる。その意味で、違憲審査制を生み出したアメリカ・モデルと第二次大戦後それとは異なる制度を創設したドイツ・モデルを取り上げて、その両モデルを理念化して形成し、両モデルを対立図式の中で展開した上で、日本型違憲審査制を構築していった日本の憲法裁判・違憲審査制の研究も、一つの典型的な日本の憲法文化の現れとなっていると考えることができるのではないだろうか。

（1）　この点については多くの議論において取り上げられているところではあるが、佐々木雅寿『現代における違憲審査権の性格』一頁（有斐閣、一九九五）は、「日本国憲法八一条が規定する違憲審査権の性格をめぐる従来の学説は、いわゆる抽象的違憲審査を導入することは憲法上可能であるか否かの点で鋭く対立してきた」が、「これには、違憲審査制度の類型としてアメリカ型の付随的違憲審査制度と大陸型の憲法裁判所制度というある意味で古典的な二つの形態のみを念頭においてきたことが影響している」と、それを明示的に指摘している。

（2）　この明治憲法時代の研究状況については、樋口陽一・佐藤幸治・中村睦男・浦部法穂『注釈日本国憲法・下巻』一二一二頁（青林書院、一九八八）（佐藤幸治執筆）参照。

（3）　佐々木・前掲注(1)一四八～一四九頁参照。そこでは、当時の政府は、その内部の意見において統一しておらず、むしろ、柔軟な態度をとっていた、と指摘する。

（4）　畑尻剛『憲法裁判研究序説』二五九頁（尚学社、一九八八）参照。

（5）　戸松秀典『司法審査制』三五頁（勁草書房、一九八九）参照。しかし、戸松教授は、最近の『憲法訴訟』五〇頁（有斐閣、二〇〇〇）において、総司令部の構想していた制度や帝国議会での憲法草案の修正を指摘した上で、「日本国憲法制定の議会において、憲法八一条の司法審査制は、付随的審査制であると理解されていた」との見解を主張している。

（6）　最大判昭二三（一九四八）・三・一二刑集二巻三号一九一頁。

（7）　最大判昭二三（一九四八）・七・八刑集二巻八号八〇一頁。

（8）　中島徹「違憲審査の対象」芦部信喜・高橋和之・長谷部恭男編『憲法判例百選II［第四版］』四二〇頁（二〇〇〇

○）四二一頁参照。
（9）最大判昭二七（一九五二）・十・八民集六巻九号七八三頁。
（10）最大判昭二八（一九五三）・四・一五民集七巻四号三〇五頁。
（11）例えば、畑尻・前掲注(4)二六八頁では、最高裁判所の判決ではなく、訴訟当事者である「原告の主張は、一般の裁判官の審査権と最高裁判所の審査権の併存」を前提に「その具体的制度として抽象的規範統制類似の手続を示している」が、「被告の主張では、オーストリア憲法裁判所も西ドイツの連邦憲法裁判所も憲法裁判所として同列に取り扱われ、その特徴の第一として、一般の裁判官の審査権の否定が挙げられているが、これが不適切である点は多言を要しない」と指摘している。
（12）樋口他・前掲注(2)一二二〇頁（佐藤執筆）参照。
（13）このようなアメリカ・モデルのとらえ方については日本の憲法学説において一般的な合意がある。なお、本文引用は、浦部法穂『全訂・憲法学教室』（日本評論社、二〇〇〇）三五四～三五五頁参照。
（14）この説明については、野中俊彦・中村睦男・高橋和之・高見勝利『憲法II〔第三版〕』（有斐閣、二〇〇一）二五二頁（野中俊彦執筆）参照。
（15）この説明については、松井茂記『日本国憲法』（有斐閣、一九九九）八二頁参照。
（16）この点については、「米国憲法においては、……八一条に該当すべき規定は全然存在しないのであるが、最高法規の規定と裁判官の憲法順守義務から、一八〇三年のマーベリー対マディソン事件の判決以降幾多の判例をもって違憲審査権は解釈上確立された」と前記の最高裁判所の昭和二三年大法廷判決（注7）が指摘している。
（17）松井茂記『アメリカ憲法入門〔第四版〕』七九頁（有斐閣、二〇〇〇）参照。
（18）なお、本文中の違憲審査権行使の枠組みについての叙述は、松井・前掲注(15)一〇四～一一四頁、松井・前掲注

(17)七九～八七頁の内容を参考にしている。
(19)　樋口他・前掲注(2)一二一四頁（佐藤執筆）参照。
(20)　浦部・前掲注(13)三五五頁参照。
(21)　野中他・前掲注(14)二五三頁（野中執筆）参照。
(22)　樋口他・前掲注(2)一二一四頁（佐藤執筆）参照。また、野中他・前掲注(14)二五三頁（野中執筆）でも、ドイツの連邦憲法裁判所「の制度趣旨は客観的な憲法秩序の保障ということにあり、そのための強大な権限を有する裁判所であるため、それを構成する裁判官はとくに連邦議会と連邦参議院によって党派比例的な選出方法に基づいて選任され、裁判所の構成が政治的に偏らないような配慮が憲法上なされている」と指摘する。
(23)　野中他・前掲注(14)二五三頁（野中執筆）参照。
(24)　野中俊彦『憲法訴訟の原理と技術』（有斐閣、一九九五）一九頁参照。
(25)　高見勝利「西ドイツの憲法裁判―憲法訴訟手続を中心に―」芦部信喜編『講座憲法訴訟・第一巻』九七頁（有斐閣、一九八七）一〇四～一〇五頁参照。
(26)　本文中の説明は、高見・前掲注(25)一〇九～一一〇頁の内容を要約して用いたものである。
(27)　これに関して、高見・前掲注(25)一一八頁は、本文引用文を連邦憲法裁判所に関する手続規定の総称としての「憲法訴訟法」を説明するものとして述べている。
(28)　野中・前掲注(24)三五頁では、これに関連して、「憲法訴願（異議＝井上）の場合も含めて、規範統制は客観的規範統制手続であ」り、具体的規範統制や憲法異議手続における場合であっても「審査は客観的に行われ、決してその事件の解決のみに限定されない」という指摘がなされている。
(29)　野中・前掲注(24)三五頁参照。

(30)　高見・前掲注(25)一一四頁参照。
(31)　浦部・前掲注(13)三五五頁参照。
(32)　野中他・前掲注(14)二五四頁（野中執筆）参照。
(33)　浦部法穂「違憲審査制の構造と機能」樋口陽一編『講座憲法学6権力の分立【2】』（日本評論社、一九九五）六七頁七二頁参照。
(34)　畑尻・前掲注(4)二九三〜二九五頁参照。
(35)　野中・前掲注(24)一三〜一四頁参照。
(36)　浦部・前掲注(33)七二頁（佐藤執筆）参照。
(37)　樋口他・前掲注(2)一二一四頁参照。
(38)　野中他・前掲注(14)二五四頁（野中執筆）参照。
(39)　樋口他・前掲注(2)一二一五頁（佐藤執筆）参照。
(40)　浦部・前掲注(33)七二〜七三頁参照。この点について、野中他・前掲注(14)二五四頁（野中執筆）では、「アメリカ型では、具体的に訴訟となるための要件や違憲を争う適格を緩和することなどにより、個別的権利保障を超えた客観的憲法保障に近いものを期待できる」と指摘している。
(41)　樋口他・前掲注(2)一二一五頁（佐藤執筆）参照。
(42)　松井茂記・井上典之「憲法訴訟と民主主義」法学セミナー五七三号四三頁（二〇〇二）五〇頁（松井発言）参照。
(43)　合衆国連邦最高裁判所の違憲判断の拘束力や権威性については、松井・前掲注(17)八七〜八九頁参照。
(44)　野中他・前掲注(14)二五四頁（野中執筆）参照。
(45)　浦部・前掲注(33)七三頁参照。

(46)　この点の指摘については、大沢秀介「違憲審査制の改革の在り方を考えてみよう―憲法訴訟と憲法裁判所―」法学教室二六二号二四頁（二〇〇二）二八頁参照。

(47)　芦部信喜『憲法〔新版・補訂版〕』（岩波書店、一九九九）三三九頁では、「通常裁判所に違憲審査権を認める制度は、憲法の下に三権が平等に併存すると考えるアメリカ的な権力分立の思想をも大きな理論的根拠としている」と指摘する。

(48)　この点、例えば、辻村みよ子『憲法』（日本評論社、二〇〇〇）五〇一頁では、アメリカでの違憲審査「制度は、本来、議会が制定した法律を違憲無効としうる点で、議会が最高機関であるとする考えや議会主権の原則等に抵触し、「議会中心主義が支配的であった一九世紀のヨーロッパ諸国では違憲立法審査制についての関心は低くならざるをえない」と指摘するし、芦部・前掲注(47)二五六頁では、ヨーロッパ大陸諸国では「三権は同格ではなく立法権が中心的地位にあると考えられ」、そのために「権力分立原理が、大陸諸国では裁判所の違憲審査権を否認する最も大きな理論的根拠であった」とする。

(49)　この法の支配と法治国家原理との違いについては、浦部法穂「人が支配するのではなく法が支配する―法の支配」浦部法穂編『憲法キーワード』一四頁（有斐閣、一九九一）一四～一五頁参照。

(50)　大沢・前掲注(46)二九頁参照。なお、この三つの憲法原理との関係での原理的相違の内容は、同じく主にこの大沢論文を参照している。

(51)　連邦公民権法§1983に基づく訴訟の特徴については、井上典之『司法的人権救済論』（信山社、一九九二）二六五頁参照。

(52)　松井・前掲注(15)一一二～一一三頁参照。

(53)　高見・前掲注(25)一〇四頁参照。

(54)　最大判昭二五（一九五〇）・二・一刑集四巻二号七三頁。

(55)　例えば、この点の指摘として、阿部泰隆「下級裁判所の違憲立法審査権」芦部信喜・高橋和之・長谷部恭男『憲法判例百選II〔第四版〕』（二〇〇〇）四一六頁四一六～四一七頁参照。

(56)　このような日本の憲法判例生成の流れについては、樋口陽一・山内敏弘・辻村みよ子『憲法判例を読みなおす〔改訂版〕』（日本評論社、一九九九）五頁（樋口陽一執筆）参照。

(57)　阿部・前掲注(55)四一七頁参照。

(58)　この日本の違憲審査権の運用実態についての認識に関する分析として、中谷実「最近の憲法裁判所導入議論について――一つの整理―」南山法学二五巻三号（二〇〇一）三一頁三四～三五頁、五四～五五頁参照。

(59)　違憲審査権の運用実態の認識について、「付随的違憲審査制はそれなりに定着している」こと、「憲法訴訟の現実における役割は大」であること、「下級審の活発な違憲審査」を積極的に解する見解の紹介としては、中谷・前掲注(58)五六頁参照。

(60)　浦部・前掲注(33)七七頁参照。

(61)　日本の違憲審査権の運用実態を生み出す諸要因については様々なものが列挙され得るが、本稿は違憲審査制のアメリカ・モデルとドイツ・モデルの日本における比較という観点からの議論を取り上げる関係で、それらの諸要因一般については触れないでおく。その諸要因の詳細については、中谷・前掲注(58)三六～四二頁、五七～六一頁参照。

(62)　棟居快行『人権論の新構成』（信山社、一九九二）二八六、二八九～二九〇頁参照。

(63)　浦部・前掲注(33)七六～七八頁参照。

(64)　松井・井上・前掲注(42)五〇頁（松井発言）参照。

(65)　この点に関連して、樋口他・前掲注(56)一〇頁（樋口執筆）では、日本の違憲審査制を「アメリカ型とヨーロッパ大陸型の谷間」と位置づけている。
(66) この憲法訴訟論に対する当時の批判については、井上・前掲注文献(51)二一〜二三頁参照。
(67) 日本の裁判官のこのような傾向の指摘としては、伊藤正己『裁判官と学者の間』(有斐閣、一九九四) 一二八頁参照。
(68) この憲法裁判所導入論のドイツ・モデルについての評価に関しては、中谷・前掲注(58)四四〜四七頁参照。
(69) この提唱については、中谷・前掲注(58)四九〜五二頁参照。
(70) 大沢・前掲注(46)二七頁参照。
(71) 松井・井上・前掲注(42)五〇〜五一頁 (松井発言) 参照。
(72) 大沢・前掲注(46)二七頁参照。

III

憲法の諸段階と憲法裁判

Stufen des Verfassungsgerichts

5　憲法の諸段階と憲法裁判

カール・E・ハイン
渡辺　洋　訳

一　はじめに

法秩序の段階構造の観念、すなわち特定の確定可能な法体系を位階的に構成する観念は、今日法律家の思考において広く信じられている。(1) なお問題とされるのは、今日的にはむしろ、例えばヨーロッパ共同体法秩序やその加盟国の国内法秩序といった、妥当根拠を異にする種々の法秩序の機能的相互連関の保障である。法技術的には、その時々の実定法秩序内の段階づけは、次のような拘束力をもつ条項によってもたらされる。すなわち、憲法によって構成された国家権力の各部はその条項を介して上位の規範内容に拘束され、この規範内容を生み出す権限は国家権力各部にはない、というものである。(2) したがって例えば、(単純) 法律の立法者を憲法に拘束する指示

(基本法二〇条三項)は、憲法を(単純)法律の立法者の諸決定に優位させることを帰結する。

こうした段階モデルを総体的に考察する者にとって、一見すると憲法は、その個々の規範もまた同様に(国内)法体系の最高段階に位置づけられる実定法に見える。少なくとも、特定法秩序の憲法の法典としての完結性において、また憲法の全作品は法秩序の他の諸規範とは位階を異にするという観方のもとで、憲法の諸規範の下にも位階的相違を見出すことは、即座には難しい。たしかに憲法内部には、その憲法に服する法共同体が、それぞれ異なる理由から、事柄に即してより高い意義ないしより低い意義を認める諸規範が存在することは疑いないが、しかしそれに法位階上の順位の相違まで必然的に伴うわけではない。

しかしながら、実際私のテーマが提起する問いは、憲法の種々の規範間の法位階的相違に焦点を当てる。そしてこの種の問いを発せしめるのが、実質的修正禁止条項という形態の憲法改正規定である。憲法改正に関する特別要件は、伝統的には主として形式的・手続的要請として定められたが、[3] これに加えて実質的修正禁止条項は、所与の憲法の特定内容を憲法改正から遠ざけることで、改憲者を実質的観点から制約に服せしめる。すなわち、改憲者は修正を免れた諸規定に拘束されており、実質的修正禁止条項が設定した枠内の改正のみ行いうるのである。これにより、この種の条項の諸前提を遵守することが、憲法改正法律の妥当条件となる。ここに——とりわけ、憲法裁判が規範統制の方途で実質的修正禁止条項の維持をも監視する場合——憲法の規範性の最尖端が存する一方、実質的修正禁止条項を具えた各憲法内に位階的諸段階を想定させる誘引が存するのである。以上に係る諸々の問いに詳しく立ち入る前に、ひとまず憲法史の展開を瞥見し、その後でヨーロッパ連合加盟各国の憲法の実質的修正禁止条項を概観することとしたい。[4]

二　ヨーロッパ連合加盟各国の憲法における実質的修正禁止条項の憲法史的展開と現況

西欧立憲主義初期――一七八七、九一年のアメリカ連邦憲法および一七九一年、九三年、九五年のフランス憲法の成立期――にはすでに、憲法改正を認める必要性は意識されつつあった。その根拠には、より理論的なものとより実践的なものが出された。理論的には、個人の自由と平等に基づいて、特定の世代が制憲者として自身の決断に後代を縛る権利をもつことはない(5)、すなわち、憲法が撤回しえないと制憲者が後世の者に不平等な影響力を及ぼすことになる、と議論された。実践的観点では、憲法の安定は総じて、ある程度柔軟な適応を可能にする(6)諸機構なくして確保しえないと見られた(7)。したがって、一七八七、九一年アメリカ連邦憲法においても、先に挙げたフランスの諸憲法においても、特別な憲法改正手続が予定されており、それは単純法律の公布手続に比し憲法改正法律の成立に（著しく）加重された諸条件を定めたものだった(8)。これに対し、憲法のアイデンティティを成す根本内容を防護する形で憲法秩序の硬性をいっそう高める憲法改正の実質的拘束は、ここに挙げた諸憲法には何ら含まれていない(9)。

この種の規定を含むのは――一見する限り――まず一八一四年ノルウェー憲法一一二条である(10)。この規定によれば、憲法改正は既存の憲法の諸原理に反してはならず、一定の個別的規定のみを修正するのであり、しかしその場合でも既存の憲法の精神を変更してはならない、とされた(11)。この規定は後の実質的修正禁止条項のほぼ原型(12)と言え、その定式を手がかりにすればこうした規定の内的 *ratio* も明確になる。すなわち、憲法という作品は特定の精神――モンテスキュー（*Montesquieu*）を言い換えてよいなら、「憲法の精神（*esprit de la constituion*）」――に息づくのであり、それは細目規定を貫きアイデンティティをもたらす特定の諸原理によって特徴づけられるものである。憲法改正が――そしてそれが諸原理に適合しない細目規定の構築によるものであっても――こうした諸原理に触れるようであれば、元々の憲法のアイデンティティは変更されようし、その帰結は「原理的に」異なる憲法秩序であろう。そして、本質的に異なる憲法秩序の創設は、改憲者に対し禁じられるべきである。

つまり、上述した実質的修正禁止条項の法技術的特殊性はともかく、この種の規定は通常内容的な点でも考察に値する。すなわちそれは、通常制憲者の自己理解を、その者が創設した憲法秩序の本質部分で代弁するのである。(13) このアイデンティティは――とりわけドイツ基本法の実質的修正禁止条項を手がかりにして示されうるように――しばしばかつての（憲法）状況に対する反動で形成されてきたものであろう。そして、その時々で憲法改正の限界を実定化する度合は、その憲法の一定の獲得成果に関する公共体の基本的コンセンサスに対し、制憲者がより強く信を置くか否かの指標をも形成するものとなる。(14)

その際時として、制憲者のアイデンティティ的パトスはただ一つの概念上にもたらされる。例えば、一八八四年八月一四日憲法改正法律によって一八七五年フランス憲法に挿入された、「共和的国家形態」を憲法改正から守る禁止条項に関する事例がそうである。これに関連する実質的修正禁止条項は、今日でもなお一九五八年第五共和制憲法八九条四項にも、一九四七年イタリア憲法一三九条にも含まれる。(15)

ドイツについては、一九世紀ドイツの諸憲法は憲法改正の内容的限界を明文で制定することを知らず、大方は学問論争上憲法改正の内容的非拘束性から出発していた。(16) ヴァイマル憲法においても実質的修正禁止条項は欠けており、このことからアンシュツ（*G. Anschütz*）――当時の通説を代表した――は、憲法改正は「その内容と政治的射程の如何を問わず」許され、憲法改正権力は「対象上無限界」であると結論づけた。(17) かかる見解を根拠に、ヴァイマル憲法は、同法七六条所定の方途で成立した憲法改正法律によって、形式上合憲的にその正反対へと転化しえた。(18) 一九三三年三月二四日の民族および国家の危難を除去するための法律(19)（授権法）は、ライヒ政府にライヒの立法を行う可能性を開き（同法一条）、ライヒ政府公布の法律には立法手続に関する憲法の諸規定は効力を有しないと定め（同法三条三文）、ならびに広範にわたりライヒ憲法からの逸脱を明文で容認したものだが（同法二条一文）[20]、中にはこれを、ヴァイマル憲法七六条を遵守してなされた憲法改正であるがゆえに許容される憲法改正であるとする文献さえ存在した[21]。ヴァイマル共和国の終焉に関わる歴史的経験への反応として、第二次大戦終結後に公布されたボン基本法に先立つ州憲法には、すでに改憲者の実質的拘束を制定したものもあった[22]。そして、実質的修正禁止条項はたしかに革命を阻止しえないという事実を意識しつつも、基本法が一見「合法的な」方途で自身を全面排除ないし否定する可能性を与えることを阻止しようとする意志に基づいて[23]、基本法にもかかる条項が七九条三項という形で採用された[24]。つまりそのねらいは――シュミット（*C. Schmid*）議員が的確に定式化したように――「革命から合法性の仮面を取り上げること」にある[25]。基本法七九条三項は、憲法改正からの保障をフランス憲法やイタリア憲法の禁止条項よりも広範に及ぼす。禁じられるのは、連邦の諸ラントへの編成、連邦の立法に際しての諸ラントの原則的協力、ならびに同法一条および二〇条にうたわれている基本原則に触れることである。最後の原則は、人間の尊厳（同法一条一項）[26]、社会国家、民主制、連邦国家性（同法二〇条一、二項）[27]ならびに水平的権力分立（同法二〇条二項二文）、および立法の憲法的秩序への拘束、執行権と司法権の法律および法への拘束（同法二〇条三項）の各保障を包含する。なお通説によれば、基本法二〇条一項が含む構成要素、「ドイツ連邦共和国」という国名の「～共和国」は共和制原理を内容とする[28]。それは、今日の理解によればもっぱら国家元首のレヴェルで作動し[29]、君主制原理とは反対に君主を国家主席に置くことを排除し[30]、基本法七九条三項の保障下にあるとされる[31]。

相対的に広範な改正禁止を含むのが、一九七五年ギリシア憲法一一〇条一項である。規定技術上、修正禁止が及ぶ事項の範囲は、ドイツ連邦共和国のように、禁止条項の中で挙げられた他の憲法規範の指示によってほとんど特定される。もっともギリシア憲法一一〇条一項においては、部分的に基本法七九条三項よりも具体的な規範が指示される。基本法の場合、とりわけ文言上一条および二〇条の基本原則（のみ）が防護され、このことが原理的に、これらの規範のいかなる内容が「基本原則的」性格を有するのか特定するという、解釈上の問題を惹起するのである。［ギリシア憲法で］憲法改正に対し護られるのは、まず国家の基礎——国民主権原理（一条二項）である。加えて、特定の国家機関に関する憲法の定めが防護される。すなわち、議会制共和政体としての国家形態（一条一項も見よ）、ならびに立法機能を議会と大統領に配し、執行機能を大統領と政府に配し、裁判機能を裁判所に配した水平的権力分立（二六条）がそれである。個人の国家に対する地位に関する諸規範の中で憲法改正から守られるのは、国家が人間の尊厳を保障し尊重する義務（二条一項）、ギリシア人の法の前の平等（四条一項）、（通例保障される）ギリシア市民があらゆる公務に就任する機会（四条四項）、ギリシア市民には爵位ないし身分の称号は付与されずまた認められないとする規定（四条七項）、他人の権利、憲法および良俗の限りで人格を自由に発展する権利および国の社会、経済、政治生活に参加する権利（五条一項）、法律の予定する場合と形式を除き人身の自由（五条三項）、宗教的良心の自由（一三条一項）である。

ヨーロッパ連合加盟国のその他の諸憲法に比し最も広範な抗改正規定のカタログを提示するのが、一九七六年ポルトガル憲法二八八条である。本条項は技術上他の憲法規範への参照指示を用いず、内容に即して挙示する。国家機関に関し護られるのは、国家の民族的独立性と統一性、共和的統治形態、教会と国家の分離、政党および民主的反対派を形成する権利を組み入れた政治秩序の多元性、普通・直接・秘密および定期選挙の基本原則ならびに比例代表制システム、権力の分立と交差、行為または法規範化の不作為の合憲性の監視、裁判所の独立、地方自治、アソーレスおよびマディラ群島の政治的・行政的独自性である。加えて——文言からしてまさしく包括的に——市民の諸権利、自由および諸々の保障が憲法改正から護られる。最後に、禁止条項による保障は、社会的秩序にとって重要な諸領域、すなわち労働者（委員会）および労働組合の権利、混合経済の枠内での経済計画の存在および生産手段に関する公的、私的および協同組合的所有の共存にまで及ぶ。

ポルトガル型の禁止条項は「文言上過積載」ゆえに批判されている。[32] 事実、今や禁止条項の及ぶ事項の範囲が広がって、憲法秩序の柔軟性を犠牲にしている。ある程度の柔軟性が、その時々の憲法秩序の安定性という意味で望ましいのである。他方、規範的にヨリ濃密な禁止条項は、解釈者により高度の確実性を媒介しうる。ポルトガル憲法二八八条については、にもかかわらず、抗改正の定めの多数が規範上相対的に開かれて定式化されており、そしてそれゆえに、公開性の度合に応じた柔軟度が認められるということが、注記されるべきである。加えて、例えば政党および民主的反対派を形成する権利を組み入れた政治秩序の多元性、[33] 普通・平等・自由・秘密といった選挙法の基本原則、[34] また独立した裁判所の存在の各保障（同法二八八条h、i、m号）は、基本法七九条三項の解釈方途でも――ポルトガル憲法では明文列挙されていないにもかかわらず――抗改正的なものと分かるだろう。その限りで、ポルトガルの禁止条項と条文の確定によって制約するドイツのそれとの差異は縮まる。しかし、（世界）経済システムの動態に鑑みると、相対的に具体的な社会・経済秩序の定めに関する改正禁止（ポルトガル憲法二八八条e、f、g号）は問題であることが分かるだろう。この点、耐改正的な社会国家の定め（基本法二〇条一項、七九条一項）は明らかにより広い余地を残す。[35] もちろん、禁止条項の対象が――フランスやイタリアのように――ある概念（「共和的国家形態」）に濃縮し、またこの概念に対し相対的に具体的な内容が伝統的に与えられ（君主制の禁止）、その結果それ自体に改憲者に対する広範な余地が存する場合でも、こうした、「共和的国家形態」のような高度に抽象的な概念は、所与の機会により広範な内容を規範的に盛り込む試みに曝されることは排除されない。そうした傾向は、最近のフランスやイタリアの文献でも証明されうる。[36]

三　実質的修正禁止条項の憲法理論的基礎

ヨーロッパ連合加盟国の諸憲法において実定化された実質的修正禁止条項につきこのように整理すれば、この種の規定の憲法理論的基礎に目が向けられるべきである。その限りで主に重要なのは、(国民の)憲法制定権力とその憲法によって構成された国家権力との関係に関する説である。モンテスキューの権力分立理論[37]が、いかなる最高権力からこうした分立が法的拘束力を伴って由来しえ、誰がこの権力の担い手として機能するのかという問いを提起し、他方ルソー(*J.-J. Rousseau*)が、常に自身の法律を改正する権限を有するとされる国民の主権を呼び覚ましたのに対し[38]、フランス革命を直接面前にしたシエイエス(A. Sieyes)[39]は、「憲法制定権力(*pouvoir constituant*)」[40]と「憲法によって構成された権力(*pouvoirs constitués*)」の区別を強調することでこれらの理論の統合を果たした[41]。彼は、それ自体はあらゆる憲法形態から独立した[42]国民――すべての根源[43]、またあらゆる合法性の根源――のみが根本憲法を制定する権利をもつと説いた[44]。したがって憲法は、憲法によって構成された権力ではなく、憲法を制定する権力の作品とされる。そして憲法によって構成された権力については、委任された力はいかなるものも、その委任の条件に関し何も変更することはできないという[45]。シエイエスがその時々の実定憲法から独立した憲法制定権力に対し、憲法によって初めて構成されたがゆえに憲法に服する、憲法に基づく権力をカテゴリーの上で区別することを導入するからには、憲法改正権力はいかに整理されうるか、そしてこの整理がいかなる帰結をもたらすのか、という問いが提起される。考えうる視角の対極を際立たせるために、その限りでフランスの観方と今日のドイツの観方を対置できる。

憲法改正権はもっぱら国民に帰属し[46]、また国民は常に自身の根本憲法を変革する主であるとシエイエスが説く[47]

とき、ここでは憲法改正がカテゴリーの上で憲法制定と区別されていないことが明らかとなる。憲法制定も憲法改正も、憲法上の主権者をつくり出すというまさにその点においても、国民の役割である。この点では一定の特別な憲法改正手続の導入も何ら変わらない。これに相応して、フランスの伝統的な学説にとって、制憲者としての「始原的制憲権（*pouvoir constituant originaire*）」と改憲者としての「派生的制憲権（*pouvoir constituant dérivé*）」の区別は単に概念上の意義を有するのみで、何らカテゴリー上の意義は有しない。(48) そしてこの関連で、フランスの伝統的な教説によれば国民に帰属する重みが国民の主権に認められるとき、実質的な改正限界を実定化した定めの方が変更可能と想定しても、それは首尾一貫しているように見える。(49) またこうした想定に鑑みれば、耐改正的な憲法改正の実質的限界を、実定化された修正禁止条項とは異なる基礎の上に構成する傾向が場合によっては伝染しても、もとより驚くに値しない。かかる機会を提供したのが、殊にマーストリヒト条約である。本条約に接し、一部の学説は「超立憲性（*supraconstitutionalité*）」の観念を主張した。この視念は、憲法の実質的核心が侵されると憲法は崩壊に至るであろうから、とりわけ国家主権も包含する。憲法の文言の基礎をなす実質的な憲法の核心を保障しようとするものである。(50) しかし、「憲法院（*Conseil Constitutionnel*）」のマーストリヒトII決定が含んでいた所見、すなわち、憲法改正の時間的限界とフランス憲法八九条五項の拘束（共和的国家形態の保障）を除き、憲法制定権力は主権的であるとした所見は、この理論の確証と見なすことはできない。(51)

さて、このことに対する現在のドイツの観方の展開について。今しがた述べた、憲法の文言の基礎をなす実質的な憲法の核心という想定は、実質的修正禁止条項を欠いたヴァイマル憲法が妥当していた当時のドイツで展開されたシュミット（*C. Schmitt*）の理論に類似している。それによれば、制憲者が政治的統一性の総体につきその特有の存在形式に着目して下した実存的決断としての憲法に対し、かかる基礎に基づく実定憲法法律は区別されなければならないとされる。(52) しかしながらシュミット(53)は、制憲者と改憲者を峻別する。たしかに彼は、後者をシエイエスの「憲法制定権力」―「憲法によって構成された権力」[54]二分法と結びつけつつも、その他の点では先述したフランスの学説に反し憲法によって構成された権力と見なし、その権限は専ら憲法法律に関わるが、自身が依拠しそれゆえに改正する資格を有しない憲法には関わらないとする。[55]つまり、ヴァイマル憲法における実定化された実質的修正禁止条項の欠缺に鑑み、憲法と憲法法律、ならびに憲法の作者としての制憲者と憲法に服する改憲（法律）者は相違するとの構成によって、実存的な根本決断としての憲法を実定憲法法律の改正の基準として用いる可能性が開かれるのである。

憲法と憲法法律の区別は基本法妥当下では貫徹しえなかったが、[56]制憲者と憲法によって構成された権力の一部としての改憲者の区別には――そしてここにフランスの支配的教説との本質的相違が存するのだが――反対のことが言える。[57]そしてそれにはもっともな理由がある。すなわち、基本法は――もとより法的には設権的ではないが――憲法を制定した国民の主権を引く前文と一四六条において、また憲法改正規定としての七九条において制憲者と改憲者を区別し、[58]後者を――七九条の規定を憲法によって構成された立法に関する章に位置づけるところから分かるように――憲法によって構成された権力に配属するからである。[59]このような区別は、七九条三項の実質的修正禁止条項を、制憲者による憲法改正権力の他律的拘束として再構成することを可能にする。[60]このことは、憲法制定と憲法改正を区別しないことから生じる帰結とは明らかに異なる、特殊な帰結をもたらす。つまり、制憲者と改憲者にカテゴリー上違いがないなら、実質的修正禁止条項は制憲者の自己拘束としてしか理解できない。この拘束は制憲者の意思に左右され、その意思が変更されると消失する。[61]このことは一貫すれば禁止条項の改正可能性に思い至り、これによって禁止条項は、それが保障する実質的内容の改正を手続上加重するにすぎないものへと格下げされる。だが、制憲者と改憲者のカテゴリー上の違いを基礎に、実質的修正禁止条項を制憲者による改憲者の他律的拘束として再構成すれば、改憲者は禁止条項を任意にはできない。またこうした考え方をつきつめると、憲法改正の方途による改正禁止の改正可能性は認めないことになる。(62) こうした考え方だけが、七九条三項につき、この規定が含む保護法益の改正を単に手続上加重するものとして語るのではなく、本来の意味での実質的修正禁止条項について語ることを正当化する。

実質的修正禁止条項を、憲法によって構成された権力の一部を成す改憲者に他律的拘束としてもっぱら宛てた、制憲者の実定的命令と解すれば、この種の条項に関し議論される問題のいくつかが解決へと導かれうる。

まずそれは、超実定的法、(63) 実体的まとまりとしての憲法、(64) あるいは憲法の全体的連関から看取されうるその憲法のアイデンティティ(65)を援用して、追加の改正限界や禁止条項が制定するものとは別異の改正限界を想定しうるか、という問いに妥当する。これは否定すべきである。(66) 制憲者自身が根本的決断を憲法秩序の枠内で破棄しえないと宣した場合、その限りで他律的に拘束された憲法上の権力にとって、また憲法裁判所にとっても、かかる決断を無視し、前掲（ないし別）の諸基準によって改正限界を制憲者とは別様に引き出すことはその本分ではありえない。

さらに、憲法に照らして実質的改正限界を制定することは、憲法制定権力の限界を踏み越えるものであると主張されている。すでに革命からして、改正不能条項が不可能であることの最も決定的な証左であるとされる。(67) 実定法上の改正不能宣言を永久に遵守することは、法的規範化では確保できない。(68) したがって、法的な修正禁止条項は事実上不可能であると想定される。［だがしかし］憲法制定権力と憲法によって構成された権力の一部としての憲法改正権力を区別し、禁止条項はもっぱら改憲者に向けられていると考える場合、それは説得的とはなりえない。こうした背景において明らかになるのは、憲法の特定内容を改正不能とすることは、現行憲法秩序の枠内でのみ制定されるのであって、「永遠に」制定されるのではないということである。(69) 憲法制定権力の新たな行動を禁止条項は実際阻止できないが、そこに禁止条項の役割が存するのではない。したがって、憲法によって構成された改憲者を制憲者の根本的決断に他律的に拘束することは、何か不可能なことを目指すわけではない。先述の理由から、修正禁止条項の制定には制憲者の法的形成権能の踰越も何ら存しない。[70] かかる条項が改憲者のみを拘束することに注意を払えば、そこに、ある世代が将来の全世代に対し自身の一回限りの歴史的意思を義務づける試みを見ることはできない。

四　実質的修正禁止条項によって保障された憲法内価値の高位性？

憲法秩序内で修正禁止条項によって保障された諸価値に制憲者の側が根本的意義を与え、この価値の改正不能性が制定されているのであれば、この価値の際立った位置づけを支持しうるだろう。とりわけ、実質的修正禁止条項が存在する場合、憲法規範内に二段階の上下構造が存在し、その頂点に改正不能な規範と場合によっては禁止条項自体があり、他方それ以外の憲法上の諸規定は下位の憲法となるのか、という問いが提起される。[71]

しかしながら、特定の規範が法位階において形式上高位にあるということは、その規範の内容的根源性のみをもって基礎づけることはできない。法秩序の段階構造中、その時々で高位にあたる段階は、その時々で直接下位にあたる段階の創生に対する授権ならびに形式的・手続的諸前提、そして通常は内容的諸前提も含むのであり、そこでは、その時々で下位にあたる法規の作者はこうした諸条件に拘束される。[72] かかる拘束により、下位法は上位規範に抵触してはならない。然るべき拘束条項によって、実定法領域内の位階が構成される。すなわち、相異なる規範（のグループ）同士の上下関係を問うにつき決定的に重要なのは、その限りで拘束条項が存在するか否か、そしていかなる条項がいかなる範囲で諸々の拘束を制定するかである。こうした考察を基に、憲法秩序の枠内で改正不能な諸規定の順位という問いも検討されるべきである。[73]

その際まず確認すべきは、実質的修正禁止条項は制憲者に宛てられていない、ということである。拘束条項としての禁止条項の名宛人はもっぱら改憲者である。このことは、禁止条項が保障する内容がその時々の憲法を根源的に表現したその他の諸規範に対し優位するとの想定に不利となる。なお、もしそのような位階が存するなら、すでに憲法の最初の表現の中に改正不能規定に抵触する「違憲の憲法」が含まれていたともなりえよう。だがこれに対しては、憲法制定権力の本質に存するのはそれ自身の基本原則的規範の例外を制定しうることである、ということを顧慮せねばならない(74)。したがって、改正不能ではない具体的な憲法規定には、制憲者がこれらの規定を改正不能な基本原則に合致すると考えているということか――これはともかく推測に基づくが(75)――、あるいはこれらの規定が基本原則から逸脱しているのを承知で例外として許容していた、ということが明らかになる(76)。もちろん後者の場合でも、禁止条項は制憲者自身を拘束しないから、この例外は有効な憲法と見なしうる。いずれにせよ、まさしく上述によれば、修正禁止条項が際立たせる憲法の根源的表現内における順位の相違は、何ら存在しない。

授権規範や形式的・手続的条件、場合によっては内容的諸条件は、改憲者についてのみ修正規定を含む。その限りで、修正禁止条項が保障する規範の改憲者に対する高位性は、憲法の原理的に改正可能な部分を改正する法律については、存在する。だが、規範内容が修正禁止規定に置かれた諸条件を維持して初めて憲法にとり込まれるなら、その規定を守る目的は満たされる。このことは、修正規定を維持してその時々の憲法となった規範内容に対し改正不能な諸規定の高位性を保つ想定には、不利となる。つまり、以上によれば、修正禁止条項が持ち出す諸規定の一般的高位性から出発することはできない。

五　憲法裁判による憲法改正法律の統制基準としての憲法改正不能規定

実質的修正禁止条項には、特別多数決をもって行動する改憲者と憲法裁判の関係という、重大な問題が結びついている。[77] したがって正統性の観点では、制憲者の根本的決断が有する特別な威厳に依拠した憲法裁判による裁判の正統性が、手続的に生じる議会の正統性と緊張関係に陥り、機能的・法的視点では、憲法裁判と憲法改正権を有する立法府の関係という点で権力分立の問題が生ずる。

件のアクターに「法‐政治」ないし「法定立－法適用」という対立項を立てる試みや企ては、きわめて限定的でしか問題解決に役立たないものであることが分かる。それはむしろ問題の解決というよりは問題の記述を提供する。そして憲法裁判の司法の自己抑制に依拠しても、それは統制密度についてその時々の裁判官のエトスから独立した基準を何ら媒介しない。

修正禁止条項を厳格に解釈すべき[78]――先に想定した改憲者の内容的非拘束性という準則に対する――例外と解すこともまた説得的たりえない。[79][80] 仮に禁止条項の例外的性格から出発しうるとしても、結局はこの条項が保障する規範の、事柄に即した中身と内容的密度が問題となる。クライン[81]（*H.H. Klein*）が適切に定式化したように、その限りで以下のことが抽象的レヴェルで妥当する。すなわち、「裁判的統制密度は規範の密度の問題である」。こうした認識が――他の問題領域同様この問題領域においても――裁判的統制密度を規定するための当面耐えうる基礎を成す。かくして、禁止条項の保障下にあるすべての憲法規定が、多くは内容上相対的により開かれた特徴をもつとしても、規定の密度において厳密に同程度を示すわけではない。このことは、考察の細分化を迫る。したがって個々の事例では、その時々の事柄に即した改正不能規定の内容の密度を探ることを要する。

上に挙げた修正禁止条項の保障下にある、相対的に具体的な個別規範を除き、保障内容の多くは高度に開かれている。それはとりわけ、人間の尊厳や民主制、社会国家といった原理的な定めに言える。この種の原理規範の構造的特殊性は、それが具体的決定に対する指導理念――先に挙げた例については、自由・平等という指導理念が問題になる――のみを含み、すでに具体的な決定を現実の具体的諸条件に鑑み具体化することも、またこうした諸条件に鑑み逆向きの指導理念を具体化することもない、という点にある。それゆえ、これら原理規範は適用手法としての包摂を何ら許さず、むしろ特定の事例の下での原理に即した具体化は、相対立する指導理念の衡量を通じて初めて獲得されうるのである[82]。それゆえ私は別所で、憲法裁判所が諸々の原理を手がかりに統制するのは、それらの原理の指導理念が憲法改正法律によるとおよそ最小限でしか効果的に変換されないかどうか、というところに限定すること提案した。その場合には、変更不能な決定的原理は維持される。これに対し、具体的規定が必須の最低条件を充足せず、ある原理の妥当要求と矛盾し、その規定が存続するとその限りでこの原理がもはや効力を有しないと見なしうる程である場合、この原理は侵害されている[83]。このような、規範構造的考察に依拠した統制密度を規定する指針に基づくと、修正禁止条項の保障対象としての原理的諸要素について枠の観念を語りうる。この枠観念は、制憲者にとってその創設による憲法秩序という点で主要かつアイデンティティに係る意義を有する諸原理を犠牲にすることなく、常に変遷する現実に憲法を漸進的に適合させる余地を改憲者に与えるのである[84]。

（1）　基本的に、*Adolf Merkl*, Die Lehre von der Rechtskraft, Leipzig/Wien 1923, S. 215 f; *Hans Kelsen*, Wesen und Entwicklung der Staatsgerichtsbarkeit, VVDStRL 5（1929), S. 30（31 ff.）; *ders.* Reine Rechtslehre, 2. Aufl., Wien 1960, S. 228 ff.

（2）　*Karl-E. Hain*, Die Grundsätze des Grundgesetzes, Baden-Baden 1999, S. 375 ff.; *ders.*, in: *v. Mangoldt/Klein/Starck*, GG, Bd. 3, Art. 79, Rdnr. 31, 85.

（3）　*Evers*, in: BK GG, Bd. 7, Art. 79 Abs. 3, Rdnr. 1 ff. の記述を参照。

（4）　*Peter Häberle*, Verfassungsrechtliche Ewigkeitsklauseln als verfassungsstaatliche Identitätsgarantien, in: FS Haug, Bern/Stuttgart 1986, S. 81 ff.; *Ingolf Pernice*, Bestandssicherung der Verfassungen: Verfassungsrechtliche Mechanismen zur Wahrung der Verfassungsordnung, in: *Bieber/Widmer*（Hrsg.）, Der europäische Verfassungsraum, Zürich 1995, S. 225（230 ff.）における種々の実質的修正禁止条項についての記述と評価も見よ。

（5）　*Condorcet*, Lettres à M. le comte de Montmorency, Werkausgabe, Bd. 9, S. 365 ff.（*Egon Zweig*, Die Lehre vom Pouvoir constituant, Tübingen 1909, S. 97 f. より引用）; *Thomas Jefferson*, Brief an James Madison vom 6. 9. 1789ならびにBrief an John Cartwright vom 5. 6. 1824, in: *ders.*, Writings（hrsg. von *Peterson*）, New York 1984, S. 963, 1493 f. この点、*Hain*, Grundsätze（N. 2）, S. 39 f.; *Peter Unruh*, Der Verfassungsbegriff des Grundgesetzes, Tübingen 2002, S. 94 ff. m.w.N. を参照。

（6）　憲法はまったく改正なくしてもあまりに改正しても破綻しうるとする *Lally-Tollendal* の論争的発言（*Zweig*（N. 5）, S. 278 f. より引用）は、この関連で啓発的である。

（7）　合衆国における憲法制定につき、*W.P. Adams*, Republikanische Verfassung und bürgerliche Freiheit, Darmstadt/Neuwied 1973, S. 37 f.; *Unruh*（N. 5）, S. 92 f. を参照。フランス革命の諸憲法についても、*Unruh*（Fn. 5）, S. 167 を参照。

（8）　一七八七／九一年アメリカ連邦憲法五条、一七九一年フランス憲法第七章、（発効しなかった）一七九三年フランス憲法一一五条以下、一七九五年フランス執政府憲法［Direktorialverfassung］第八章を参照。この点、*Unruh*

（N. 5), S. 96, 168 ff. が簡にして有益。

（9）合衆国では、一九〇八年以前の奴隷制の廃止が禁じられていたにすぎない。このことはしかし、いずれにせよ、一七八七／九一年アメリカ連邦憲法の全有効期にわたる改正禁止を何ら意味しなかった。また、合衆国の一州からその同意なしに連邦レヴェルの代表権を奪うことを禁ずる点には、たしかに連邦国家の核心内容が語られているが、この規定は実質的な改正禁止を何ら含まず、ただ憲法改正に付加的な手続的要件を、すなわち当該構成州の同意を定めるにすぎない。——合衆国に関して、*Karl Loewenstein*, Verfassungsrecht und Verfassungspraxis der Vereinigten Staaten, Berlin 1959, S. 38; *Unruh* (Fn. 5), S. 97 を参照。フランスの関しては *Unruh* (N. 5), S. 171 を参照。

（10）それ自体は実質的修正禁止条項を何ら含まない一八一四年フランス憲法については、その"articles fondamentaux［根本条項］"はその"articles reglementaires［規則条項］"に反して変更しえないといった理論が展開されていた。*Evers* (N. 3), Art. 79 Abs. 3, Rdnr. 23 と *Häberle* (N. 4), S. 81 (82) は、本文で挙げたノルウェー憲法の規定はこの理論の実定［実証的］・法的表現であると述べる。

（11）この点、*Morgenstierne*, Das Staatsrecht des Königreichs Norwegen, 1911, S. 120 f.; *Carl Schmitt*, Verfassungslehre, Müinchen/Leipzig 1928, S. 106. また、*Häberle* (N. 4), S. 81, 82, 84; *Pernice* (N. 4), S. 225, 230; *Evers* (N. 3), Art. 79 Abs. 3 Rdnr. 23 m. w. N; *Dreier*, in: *Dreier*, GG, Bd. 2, Art. 79 Abs. 3 Rdnr. 1 も見よ。——件の規定を模して、一八六一年エクアドル憲法一三二条と一八六四年ギリシア憲法一〇七条はつくられた。*Evers*, a. a. O.; *Häberle* a. a. O. を参照。

（12）*Häberle* (N. 4), S. 84 ff. は、彼のいわゆる「精神」条項と、（単なる）個別原理の「永久化」とを類型的に区別するが、そのS. 86 f. の叙述は精緻な区別は問題ではないことを示している。

（13）*Hain*, in: *v.Mangoldt/Klein/Starck*, GG (N. 2), Art. 79, Rdnr. 43 を参照。

(14) *Häberle* (N. 4), S. 106; *Pernice* (N. 4), S. 225 f. を参照。

(15) イタリアの憲法状況については、憲法修正に関し以下の点が注意されるべきである。一九九七年一月二四日の憲法法律 Nr.1/1997 (GBl. Nr. 22 vom 28. 1. 1997) によって、イタリア憲法の修正手続規定を逸脱した異例の憲法改正手続が創設された。本法律は憲法改正の権限を有する委員会、いわゆる „*commissione bicamerale* [両院共同委員会]“の設置を定める。本委員会の手続には広範にわたる実質的修正禁止が妥当する。すなわち、„*commissione bicamerale*“は一般的基本原理（イタリア憲法一～一二条）も第一部全体（イタリア憲法一三～五四条）も憲法改正の対象としてはならない。この点詳しくは、*Angelo Antonio Cervati*, Formen und Grenzen der Verfassungsänderung in Italien, in: FS Koja, Wien 1998, S. 23 ff.

(16) *Paul Laband*, Das Staatsrecht des Deutschen Reiches, Bd. 1, 5. Aufl., 1911, § 13, S. 129. 連邦国家性に関して、Bd. 2, 5. Aufl., 1911, § 55, S. 40 のみを参照。

(17) *Gerhard Anschütz*, WRV, 14. Aufl., Berlin 1933, Art. 76 Anm. 3 *Richard Thoma*, HbDStR, Bd. 2, § 71, 3. Abschn. II C m.w.N. ── 反対説についても ── in Fn. 107 も見よ。

(18) ヴァイマル共和国失敗の原因に論及する関連で、*H. Schneider*, HbdStR, Bd. 1, § 3, Rdnr. 87 は、ヴァイマールライヒ憲法が憲法改正の実質的限界を認めなかったことを、憲法の欠陥とは呼ばないまでも、当時の支配的国法学という形態をとった憲法解釈者の脆弱さと説いている。

(19) RGBl. I 1933, S. 141.

(20) この点、*Grawert*, HbdStR, Bd. 1, § 4, Rdnr. 5.

(21) 例えば、*Ernst R. Huber*, Verfassungsrecht des Großdeutschen Reiches, 2. Aufl., 1939, S. 46 f. m.w.N. を参照。さらに、*Evers* (N. 3), Art. 79 Abs. 3 Rdnr. 19 を参照。例えば授権法は新生ドイツの暫定的憲法法律として独自の根

拠に基づくとする、別の正当化の試みとして、*Carl Schmitt,* Der deutsche Staat der Gegenwart 1, 1933, S. 7; *Evers* (N. 3), Art. 79 Abs. 3 Rdnr. 20 m. w. N がある。ここでは、ライヒ議会で［憲法改正のために］必要な多数（ヴァイマル憲法七六条一項二文）を確保するために左派政党の議員が逮捕され、共産党員が会議から締め出されたこと、また、ラント政府解散後はライヒ総督が統治権を行使したラントも存したため、ライヒ参議院の組成の合憲性が疑われうることは、もちろん考慮されなかった。この点、*Evers*（N. 3), Art. 79 Abs. 3 Rdnr. 16; *Grawert,* in: HStR I, § 4, Rdnr. 5 のみを参照。

(22)　Art. 92 Abs. 3 der Verfassung des Landes Baden vom 19.5.1947; Art. 75 Abs. 1 der Verfassung des Freistaates Bayern vom 2. 12. 1946; Art. 1, 20 Abs. 1 der Verfassung der Freien und Hansestadt Bremen vom 21.10.1947; Art. 26, 150 der Verfassung des Landes Hessen vom 1. 12. 1946; Art. 64, 77 der Verfassung des Landes Rheinland-Pfalz vom 18. 5. 1947; Art. 103 Abs. 2 der Verfassung des Saarlandes vom 15. 12. 1947; Art. 85 Abs. 1 der Verfassung des Landes Württemberg-Baden vom 23. 11. 1946.

(23)　Anmerkung des Allgemeinen Redaktionsausschusses zu der von ihm vorgeschlagenen Fassung vom 16. 12. 1948; JöR 1（n. F.), S. 586.

(24)　その成立史につき、*Hain,* in: *v.Mangoldt/Klein/Starck*（N. 2), Art. 79, Rdnr. 30 m.w.N. を参照。

(25)　*C. Schmid* 議員。また、*Dehler* 議員の発言も見よ。JöR 1（n. F.), S. 586.

(26)　連邦憲法裁判所 —— E 84, 90（121）［**憲法判例94：中島茂樹**］; 94, 49（102 f.）—— は明らかに、基本法一条二項が含む人権への信奉という、同法七九条三項に照らし重要な独自の価値内容から出発するが、私はこれを認めない。この点、*Hain,* Grundsätze（N. 2), S. 302 ff. 同じく認めないものとして、*Bryde,* in: *v.Münch,* GG, Bd. 3, Art. 79, Rdnr. 35 を見よ。また、*Dreier,* in: *ders.,* GG, Bd. 1, Art. 1 Abs. 2, Rdnr. 20; *Kunig,* in: *v.Münch/ders.,* GG, Bd. 1,

Art. 1, Rdnr. 40 も見よ。

(27)　連邦の諸州への編成ならびに連邦の立法に対する諸州の原則的協力（基本法七九条三項一・二肢）は、連邦国家の定め（同法二〇条一項）にも包含される。詳しくは、*Hain*, Grundsätze（N. 2）, S. 393 f. また、*Josef Isensee*, Der Föderalismus und der Verfassungsstaat der Gegenwart, AöR 115（1990）, S. 248（250）も見よ。冗語法で曰く、両規範そろって連邦国家の統一的防護を成すが、連邦国家というメルクマールに重ねて言及しても保障の強化にはならない。また、*Kirchhof*, HbdStR, Bd. 1, § 19, Rdnr. 79 も見よ。

(28)　*Herzog*, in: *Maunz/Dürig*, GG, Bd. 2, Art. 20 III, Rdnr. 2. のみを参照。

(29)　*Herzog*, in: *Maunz/Dürig*, GG, Bd. 2, Art. 20 III, Rdnr. 8; *Klaus Stern*, Staatsrecht, Bd. 1, 2. Aufl., München 1984, § 17 II 2 a; *Ernst-Wolfgang Böckenförde*, in: *ders.*, Staat, Verfassung, Demokratie, Frankfurt a.M. 1991, S. 289（373）.

(30)　*Herzog*, in: *Maunz/Dürig*, GG, Bd. 2, Art. 20 III, Rdnrn. 7 f; *Stern*（N. 29）, § 17 II 2, 2 a; *Schnapp*, in: *v.Münch/Kunig*, GG, Bd. 1, Art. 20 Rdnr. 5; *Pieroth*, in: *Jarass/ders.*, GG, Art. 20, Rdnr. 3; *Sachs*, in: *ders.*, GG, Art. 20, Rdnr. 9; *Böckenförde*（Fn. 29）, S. 289（373）. なおヴァイマル憲法一条一項（「ドイツライヒは共和国である。」）につき、*Anschütz*（Fn. 17）, Art. 1, Anm. 1 を参照。彼は本条項の規範内容を以下のごとく規定する。すなわち、本条項によって否定された国家形態、すなわち君主制という意味での法改正はいかなるものも、もはやヴァイマル憲法一条一項に照らし…憲法改正法律（同法七六条）によってのみ行いうる（強調は筆者による）。

(31)　*Stern*（N. 29）, § 17 II 1 b; *Herzog*, in: *Maunz/Dürig*, GG, Bd. 2, Art. 20 III, Rdnr. 2; *Schnapp*, in: *v.Münch/Kunig*, GG, Bd. 1, Art. 20 Rdnr. 5; *Sachs*, in: *ders.*, GG, Art. 20, Rdnr. 9. 批判につき、*Hain*, Grundsätze（Fn. 2）, S. 439 ff. m.w.N. のみを参照。

（32）　*Häberle*（N. 4), S. 107.

（33）　*Hain*, in: *v. Mangoldt/Klein/Starck*（N. 2), Art. 79, Rdnr. 86 f. m.zahl.N. を参照。

（34）　見解の状況につき，*Hain*, in: *v. Mangoldt/Klein/Starck*（Fn. 2), Art. 79, Rdnr. 82 m.w.N. を参照。

（35）　この種の――規範構造から見受けられる――高度に原理的な禁止条項の問題性は，ひじょうに高い安定性とひじょうに希薄な内容的濃密性の組み合わせに存する。*Hain*, Grundsätze（N. 2), S. 21. また，*Häberle*（N. 4), S. 107 も見よ。曰く「かかる条項の代償は，もとより相当程度の不確実性に存する。」

（36）　したがって，最近のフランスの文献には，共和的国家形態の定めを君主制の禁止と解するのみならず，民主的秩序と権力分立を含む „*héritage républicaine*［共和制の遺産］" を加えることにも言及する風潮が見られる。この点，*Jan Hecker*, Europäische Integration als Verfassungsproblem in Frankreich, Berlin 1998, S. 258（mit FN 383),関連して，とくに *Louis Favoreu*, Urteilsanmerkung, RFDC（Revue française de droit constitutionelle）1992, S. 735（738); *Didier Maus*, Sur la forme républicaine du gouvernement, RFDC 1992, S. 412.――イタリアの伝統的な観方では，共和的国家形態の保障は君主制の禁止として理解される。*Sandro M. Cicconetti*, La revisione della Costituzione, Padua 1972, S. 151 ff; *Augusto Cerri*, Istitutioni di Diretto Pubblico, Mailand 1999, S. 367 のみを参照。しかし，最近のイタリアの文献にも，この概念をより拡張して解する風潮が見られる。そこで，文献によっては，イタリア憲法一条（民主制，共和制，国民主権）と二条（不可侵の人権）が一三九条の保障に加えられる。*Antonio Baldassarre*, in: *Treccani*（Hrsg.), Enciclopedia giuridica, Bd. 9, Rom 1989, S. 18; *Perlingieri/Maisto*, in: *Perlingieri*, Commento alla Costituzione Italiana, Neapel 1997, Art. 139, S. 903 を参照。一九八八年イタリア Corte Costitutionale［憲法院］決定（Numero Massima 12855）においては，イタリア憲法一～三条のごとき最高の憲法原理は一三九条と同様の存続力を有し，それゆえ憲法改正に抗するものであるとされる。

(37)　*Charles de Montesquieu,* Vom Geist der Gesetze, dt. Ausgabe, hrsg. *v. Forsthoff,* Bd. 1, Tübingen 1951, 11. Buch, 4., 6. Kap.

(38)　*Jean-Jacques Rousseau,* Der Gesellschaftsvertrag, dt. Ausgabe, übersetzt v. Denhardt und Bahner, 2. Aufl., Köln 1988, 2. Buch, 12. Kap., S. 83 ff.

(39)　*Emmanuel Joseph Sieyes,* Was ist der dritte Stand?, dt. Ausgabe, hrsg. von Dann, Essen 1988.

(40)　したがって、*Zweig*（N. 5), S. 117 は適切である。この関連で、*Zweig,* a.a.O., S. 116 は *Treitschkes,* Deutsche Geschichte im Neunzehnten Jahrhundert, Bd. 2, 4. Aufl., S. 109 の表現を引いている（本稿では *Zweig,* a.a.O.に従って引用した)。すなわち、*Sieyes* は *Rousseau* の国民主権という炎を *Montesquieu* の権力分立という水と融合させた。

(41)　国民の憲法制定権力に関する理論の展開と、この展開の立役者たちについて、詳しくは、*Zweig,*（N. 5）passim; *Hain,* Grundsätze（Fn. 2), S. 35 ff. m.zahlr.N. のみを参照。また、*Ernst-Wolfgang Böckenförde,* Die verfassunggebende Gewalt des Volkes – Ein Grenzbegriff des Verfassungsrechts, Frankfurt a.M. 1986; *Hans-Peter Schneider,* HbdStR, Bd. 7, § 158 も見よ。

(42)　*Sieyes*（N. 39), Kap. 5, S. 83.また *ders.,* a.a.O., S. 85 も見よ。――そして *Sieyes,* a.a.O., S. 82 が、*pouvoir constituant* としての国民は憲法に服さないと述べるとき、*Bodins* や *Hobbes* の旧来の主権理論の *princeps legibus solutus* から、今や *populus*（*constituens et*）*constitutione solutus* が生成していること、つまり、旧来の学説によれば、それ自身法に縛られることなく法を定立する力と規定された主権の本質ではないものの、そうした主権の主体が取り替えられていることが、明らかになる。

(43)　*Sieyes*（N. 39), Kap. 5, S. 80.

(44)　*Sieyes*（N. 39), Kap. 5, S. 77.

(45) *Sieyes* (N. 39), Kap. 5, S. 80 f.

(46) この点、*Christian Starck*, in: *ders.*, Der demokratische Verfassungsstaat, Tübingen 1995, S. 33 (43).

(47) *Sieyes* (N. 39), Kap. 5, S. 87.

(48) *Georges Vedel*, Schengen et Maastricht, RFDA (Revue française de droit administratif) 1992, S. 173 (179); *Olivier Beaud*, La souveraineté de l'Etat, le pouvoir constituant et le traité de Maastricht, RFDA 1993, S. 1045 (1046) を参照。この点、*Hecker* (N. 36), S. 257.

(49) *Georges Vedel*, Diskussionsbeitrag, in: La Constitution et l'Europe, Paris 1992, S. 227 のみを参照。

(50) パラダイム的には、*Léo Hamon*, La souveraineté nationale, la Constitution et les négotiations 'européennes' en cours, D 1991, Chr., S. 301 ff.

(51) したがって *Hecker* (N. 36), S. 263 f. は説得的である。

(52) *Schmitt* (N. 11), S. 20 ff.

(53) *Schmitt* (N. 11), S. 98.

(54) この点明確には、*Udo Steiner*, Verfassunggebung und verfassunggebende Gewalt des Volkes, Berlin 1966, S. 216.

(55) 当時すでに同じく改憲者の憲法の根本的要素への拘束から出発した諸見解の紹介は、*Carl Schmitt*, Inhalt und Bedeutung des zweiten Hauptteils der Reichsverfassung, in: *Anschütz/Thoma* (Hrsg.), HbdDStR, Bd. 2, Tübingen 1932, § 101 V 2 c, S. 600 f. これに反対する当時の支配的立場につき、*Anschütz*, (N. 17), Art. 76, Anm. 3 m.w.N. を参照。なお、*Horst Ehmke*, Grenzen der Verfassungsänderung, Berlin 1953, S. 19 ff. における、ヴァイマル期の議論に関する広範な紹介を見よ。

(56)　*Dietrich Murswiek,* Die verfassunggebende Gewalt nach dem Grundgesetz für die Bundesrepublik Deutschland, Berlin 1978, S. 172; *Hain* (N. 2), S. 45.を参照。

(57)　もっともこの場合、今や最初の区別をやめたことから、制憲者が実定憲法法律の作者と解されうる。

(58)　*Murswiek* (N. 56), S. 168 ff.; *Hain,* in: *v. Mangoldt/Klein/Starck* (N. 2), Art. 79, Rdnr. 31.また、*Brun-Otto Bryde,* Verfassungsentwicklung, Baden-Baden 1982, S. 242 も見よ。

(59)　*Hain,* Grundsätze (N. 2), S. 45.

(60)　*Hain,* in: *v. Mangoldt/Klein/Starck* (N. 2), Art. 79, Rdnr. 31.

(61)　*Murswiek* (N. 56), S. 181 は適切である。

(62)　基本法七九条三項につき、*Stern* (N. 29), § 4 II 2　m.w.N.; *Maunz/Dürig,* in: *dies.,* GG, Bd. 3, Art. 79, Rdnr. 50; *Peter Siegenthaler,* Die materiellen Grenzen der Verfassungsrevision als Problem des positiven Rechts, Bern 1970, S. 182 ff; *Günter Dürig,* Art. 2 des Grundgesetzes und die Generalermächtigung zu allgemein-polizeilichen Maßnahmen, AöR 79 (1953/54), S. 57 (68, Fn. 33); *Carl Friedrich Curtius,* Die Verfassungsnovelle vom 26. März 1954 und die Schranken der Verfassungsrevision, DÖV 1954, S. 705 (706); *Theodor Maunz,* Starke und schwache Normen in der Verfassung, in: FS Laforet, München 1952, S. 141 (145); *Lüder Meyer-Arndt,* Rechtsfragen der Grundgesetzänderung, AöR 82 (1957), S. 275 (287); *Ehmke* (Fn. 55), Verfassungsänderung, S. 101; *Pieroth,* in: *Jarass/ders.,* GG, Art. 79, Rdnr. 10; *Ridder,* in: AK GG, Bd. 2, Art. 79, Rdnr. 29; *Hain,* Grundsätze (N. 2), S. 67 ff; *Georg Wegge,* Zur normativen Bedeutung des Demokratieprinzips nach Art. 79 Abs. 3 GG, Baden-Baden 1996, S. 74 m.w.N. を参照。また、BVerfGE 84, 90 (120) **[憲法判例94：中島茂樹]** も見よ。そこでは、基本法一四三条一項が言及する同法七九条三項の規定は、統一条約三条掲記の領域内における財産権侵害に関しては及ばないとする、

基本法一四三条三項解釈はできないとされ、そして、憲法改正の制約からこのように自己を解放する権限を改憲者は有していないとされるが、一般に、憲法裁判所は七九条三項が改憲者の任意に服さないというところから出発していることが看取されうる。これに批判的なものとして、*Evers*（N. 3), Art. 79 Abs. 3, Rdnr. 134; *Bryde*（N. 58), S. 250. ――イタリア憲法一三九条の改正不能性につき通説は、*Temistocle Martines,* Diritto Costituzionale, 7. Aufl., Mailand 1992, S. 362 のみを参照。

（63） 例えば *Hans Haug,* Die Schranken der Verfassungsrevision, Zürich 1947, S. 203 ff. は、実質的正義の観点から修正限界の基礎づけを試みていた。かかる取り組みはとりわけ、憲法が実定的改正禁止を何ら含まない場合は自然だが、実定的禁止条項が存する場合は問題にならない。

（64） *Ehmke*（N. 55), S. 84 ff. を参照。

（65） *Bryde*（N. 58), S. 232 ff. を参照。

（66） 詳しくは、*Hain,* Grundsätze（N. 2), S. 51 ff.

（67） *Walter Jellinek,* Grenzen der Verfassungsgesetzgebung, Berlin 1931, S. 23.また、*Hans J. Wolff,* Rechtsgrundsätze und verfassunggestaltende Grundentscheidungen als Rechtsquellen, in: FS *W. Jellinek,* München 1955, S. 33（49 f.）も見よ。

（68） *Siegenthaler*（N. 62), S. 185.

（69） 詳しくは、*Hain,* Grundsätze（N. 2), S. 48 ff.――こうした理由から、実質的修正禁止条項を「永久保障」と称することは用語上も適切でない。

（70） しかし、*Christian Tomuschat,* Verfassungsgewohnheitsrecht?, Heidelberg 1972, S. 109 はこの傾向にある。これに反対するものとして、*Hain,* Grundsätze（N. 2), S. 50 f.

(71)　基本法七九条三項が保障する基本原則の高位性につき，*Josef Wintrich,* Die Bedeutung der „Menschenwürde" für die Anwendung des Rechts, BayVBl. 1957, S. 137; *ders.,* Zur Problematik der Grundrechte, Köln/Opladen 1957, S. 11.; *Stern* (N. 29), § 4 II 2 a m.zahlr.w.N.;*Christian Starck,* Rangordnung der Gesetze: Einführung, in: *ders.* (Hrsg.), Rangordnung der Gesetze, Abhandlungen der Akademie der Wissenschaften in Göttingen, Philologisch-historische Klasse, Dritte Folge, Nr. 210, Göttingen 1995, S. 9 (11) は，基本法七九条三項が保障する諸規範の形式的高位性を明言する。こうした見解は，連邦憲法裁判所 (EI, 14 (32)) の説示にも根拠を求めうる。

(72)　法の段階構造につき基本的には，*Merkl* (N. 1), S. 184 ff.; *Kelsen,* Reine Rechtslehre (N. 1), S. 228 ff.

(73)　以下につき詳しくは，*Hain,* Grundsätze (N. 2), S. 72 ff.

(74)　BVerfGE 3, 225 (231) を参照。もっともそれは，裁判所の見解によれば，正義の究極的限界の枠内においてでしかないが。

(75)　この点詳しくは，*Hain,* in: *v. Mangoldt/Klein/Starck* (N. 2), Art. 79, Rdnr. 57.

(76)　*Otto Bachof,* Verfassungswidrige Verfassungsnormen?, Tübingen 1951, S. 38.

(77)　基本法七九条三項により，連邦憲法裁判所は国民主権に基礎を置く公共体の最終審（主権者）となるとする，*Brydes,* in: *v. Münch/Kunig,* GG, Bd. 3, Art. 79, Rdnr. 25 の発言には，扇動的に先鋭化する点で結論的に従えないが，とはいえこのような所見は，基本法七九条三項に結びついた問題性の衝撃をまざまざと際立たせる。

(78)　*Bryde,* in: *v.Münch,* GG, Bd. 3, Art. 79, Rdnr. 28; *Maunz/Dürig,* in: *dies.,* GG, Bd. 3, Art. 79, Rdnrn. 27, 31; *Axel Elgeti,* Inhalt und Grenzen der Föderativklausel des Art. 79 Abs. 3 GG, Diss., Marburg 1968, S. 11; *Jürgen Harbich,* Der Bundesstaat und seine Unantastbarkeit, Berlin 1965, S. 103 f.; *Peter Lerche,* Aktuelle föderalistische Verfassungsfragen, München 1968, S. 45; *Roman Herzog,* Allgemeine Staatslehre, Frankfurt a.M. 1971, S. 319.これに批判

的なものとして，*Peter Häberle,* Die Abhörentscheidung des Bundesverfassungsgerichts vom 15. 12. 1970, JZ 1971, S. 143（150）; *Ehmke*（N. 55）, S. 99; *Evers*（N. 3）, Art. 79 Abs. 3, Rdnr. 152; *Pieroth,* in *Jarass/Pieroth,* GG, Art. 79, Rdnr. 5.

(79)　だがそう解するのが，BVerfGE 30, 1（25, Sondervotum 38）**［憲法判例42：西浦公］**; Stern,（N. 29）, § 5 IV 4 a; *Bryde,* in: *v.Münch,* GG, Bd. 3, Art. 79, Rdnr. 28.これに批判的なのが，*Horst Dreier,* Grenzen demokratischer Freiheit im Verfassungsstaat, JZ 1994, S. 741（749）; *Wegge*（N. 62）, S. 52, 60 ff.

(80)　批判につき詳しくは，*Hain,* Grundsätze（N. 2）, S. 70 ff.

(81)　*Hans H. Klein,* Verfassungsgerichtsbarkeit in der Kritik, in: *Konrad-Adenauer-Stiftung*（Hrsg.）, Justiz und Politik im demokratischen Rechtsstaat, Sankt Augustin 1996, S. 39（44 f.）. 同旨として，*Stern,* in: Konrad-Adenauer-Stiftung（Hrsg.）, Justiz und Politik, S. 9（15）m.w.N.曰く，「つまり，この役割を規定するのは憲法規範のみである」。また，*Werner Heun,* Funktionell-rechtliche Schranken der Verfassungsgerichtsbarkeit, Baden-Baden 1992, S. 36 m.w.N. も見よ。

(82)　準則と原理の規範構造的区別につき，*Hain,* Grundsätze（N. 2）, S. 97 ff. m.zahlr.N. を参照。

(83)　詳細は，*Hain,* Grundsätze（N. 2）, S. 182 ff.これに対して，とくに *Robert Alexy*（Theorie der Grundrechte, 3. Aufl., Frankfurt a.M. 1996, S. 75 f. のみを参照）は，原理に照らした最適化という考え方を擁護する。もっともそれは――例えば立法者の決定への拘束といった――いわゆる形式的諸原理を衡量に組み入れるものだが。

(84)　*Hain,* Grundsätze（N. 2）, S. 176 ff. を参照。曰く，法秩序の漸進的展開に向けた「遺伝プログラム」としての諸原理。

IV 憲法裁判官

Der Verfassungsrichter

6　憲法裁判所裁判官の選出

ヴェルナー・ホイン
岡田俊幸 訳

一　序　論

立法府の選挙や行政府の長の決定と並んで、憲法裁判所の裁判官の選任は、民主的立憲国家におけるもっとも重要な人事決定である。憲法裁判所の裁判官の選任ほど、細かな部分について多様な形態をとることができるものもないだろう。ドイツ連邦共和国においては、裁判官の選任は大政党のコンセンサスの下で行われ、連邦議会および連邦参議院における手続や選出それ自体は、新聞では通常、短信程度の価値しかない。アメリカ合衆国における状況は、これと明確な対照をなしている。大統領による裁判官の人選および公聴会を含めた上院における承認手続は、一般の人々の注目の的になっており、劇的な議論にまで先鋭化することもまれではない。ラジカルな法学説を理由とするボーク（*R. Bork*）裁判官の拒否[(1)]や、セクシャル・ハラスメントの非難に直面したトーマス（*C. Thomas*）裁判官をめぐる論争は[(2)]、ヨーロッパにまでも波紋を広げたのであった。この対照の中に、二つの政治文化の間のメンタリティーの相違や手続様式の差異が現れている。

二 憲法裁判の概念

憲法裁判は、さしあたり、簡潔に言えば「直接的に憲法事件を扱う裁判[(3)]」と定義することができる実質的裁判作用である。この実質的作用は、様々な裁判所に、つまり分散的に配分することもできるし、専門化された憲法裁判所に集中させることもできる。もっとも、憲法裁判官の選出の問題は、憲法裁判所という形式的・制度的概念を前提としているわけだが[(4)]、しかし、この概念を極端に狭く解してはならない。それ故、ここでは実質に即して、憲法裁判所とは本質的な憲法裁判所的権限が付与されている裁判所であると理解しておく[(5)]。従って、アメリカの最高裁判所やスイスの連邦裁判所の裁判は憲法問題に重点を置いているため、これらの裁判所も、ドイツやフランスにおける専門化された憲法裁判所、つまり、連邦憲法裁判所や憲法院と同じように憲法裁判所に分類されなければならない。

三　憲法裁判官選任の憲法上の決定要因

1　権力分立と民主制原理

憲法裁判官の手続および選出は、憲法裁判の機能的地位を考慮すると、民主的立憲国家の基本的な構造原理に合致しなければならない。憲法裁判所は、各々の憲法秩序の一部であり[6]、憲法秩序の上に位置するわけではない[7]。憲法裁判を伝統的な権力分立図式に適合させる困難は別として[8]、裁判官の人選は、対立的であると観念される、権力分立と民主制という両原理によって形成されると見られることも少なくない。その際に、権力分立は、協働手続を正当化するために持ち出され[9]、これに対して、民主制原理は、議会または国民による直接的な選任を根拠付けるために持ち出される。法治国家性の派生としての権力分立[10]は、この構想においては、たいていの場合、民主制の思想と同格に位置する。とくに裁判官の独立の観念は、この関連においては、民主的な選任手続と対立する[11]。反対説は、権力分立は民主的原則に従属する地位にあると見る[12]。しかしながら、二つの見方とも、理論的根拠からしてすでに修正を必要とする。

権力分立と民主制原理は、相互に対立する関係にあるわけではない。権力分立は、むしろ、多くの場合に憲法において明文でも保障されている近代民主立憲国家の三つの基本的な正当性基準の組織的表出であると同時に、これに方向付けられなければならない[13]。この三つの正当性基準には、とくに、国家権力の民主的正当性が含まれるが、国家支配の法治国家的制約および国家的支配の遂行能力がこれに加わる[14]。これらの憲法上の指導原理の間では衝突が想定されるが、しかしながら、列挙した実体的諸原理とこれらの原理の組織的表出としての権力分立との間では衝突はあり得ない。権力分立のこの構想は、今日の国法学および憲法判例のおいて支配的な機能適合性（Funktionsgerechtigkeit）理論[15]と結び付いている。この理論によると、作用と機関構造は相互に、作用配分が当該機関のその他の権限、正当性、構造および決定手続に依拠するという仕方で関係づけられている。反対に、それぞれの機関構造は、配分された諸作用に応じて決定される。この基本構想は、基本法に限定されるものでもなく、むしろ、模範型として何の問題もなく他の憲法秩序にも転用することができる。

作用適合性の構想は、たいていの場合、一定の作用を既存の個々の機関に配分することに役立つものである。本稿の課題との関連では、もちろん正反対に、憲法裁判の措定された作用を考慮しながら人事構造および人事選考をどのように形成するのか、という問題が提起されているのであり、従って、決定的なことは正反対の視角である。裁判官選任は、機関の機能力を確保し、作用に適した選別を行うものであり、かつ、憲法裁判の諸作用を考慮しながら民主的立憲国家の構造原理に適合したものでなければならない。

2　憲法裁判の諸作用と裁判官選出

憲法裁判所の権限は非常に多様であり、紙幅の制約からしてすでに完全にその一覧表を作成することなどできない。[16]裁判官選任の観点からすると、これも重要なことではない。決定的なことは、むしろ、憲法裁判の核心的権限[17]である。それは、豊富な諸権限の中から抽出され得るもので、憲法体制における地位を、そしてそれとともに憲法上の決定因子を、さらには裁判官の政治的および人的選抜基準を決定的に規定するものである。権限のこの核心領域には、何よりもまず、憲法上の規範統制が属するが、それは、連邦レヴェルの法規にも各州の法規にも関連し得るものである。卓越した政治的意義の源泉は、とりわけ規範統制権限にある。連邦国家においては、連邦国家的争訟の広範囲な領域がこれに加わる。連邦国家的争訟は、しばしば、人選に際して連邦国家的視点の考慮を要求する。それ以外にも、最高の国家機関の間の権限争議と基本権を保障するための異議手続が存在する。

国家機関に対する訴追手続も、同様に、憲法裁判の古典的なカノンに属するが、しかし、今日では、ぜいぜいのところ、周辺的な役割を演じるにすぎない[18]。

作用上、憲法裁判所は、この広範囲な権限にもかかわらず、裁判所である[19]。憲法裁判権が統一的な裁判権の最終審裁判所によって行使される限り、このことはどのみち自明である[20]。しかし、このことは、たとえ政治過程に対するその影響力がなお一層強く強調されるとしても、専門化された憲法裁判所にも同じように当てはまる。憲法裁判は[21]、列挙された中立および手続の種類に限定されるが、このことは、独自のイニシアチヴを排除する。ここでは、裁判所の相対的・事後的な、局所的に統制する、そして通常は他の国家行為の破棄に限定される活動が問題となっているのであり、加えて、その判決は、憲法の法的統制基準に拘束される。自己修正は、きわめて狭い範囲でのみ、判例変更の意味において可能である。その際に、憲法の優位の貫徹は、主として、法治国家的制限機能を果たすが、しかし、統治体制における憲法上の支障を解消することにも役立つことがある。憲法裁判の遂行能力という視点は、この作用に向けられている。この裁判作用は、憲法にのみ拘束されつつ、独立かつ中立の判決を保障しようとするものであり、当事者も判決をこの中立性と独立性を根拠として承認することができるのである[22]。裁判所には、通常、執行権限（Durchsetzungskompetenzen）が欠けているから、なおさらである。

裁判の特殊的な作用内容が、配分された任務の処理の、特別に形成され、制度的および手続適合的に確保された方式に存するのは、一般裁判所の場合だけではない。通常、まさにこの特別の様式が、殊に憲法上、裁判官による裁判（Richterlichkeit）、職権の独立および身分上の独立、法律および憲法への拘束といった構造的諸条件によって保障されている[23]。適切な作用遂行の確保は、人事構造にも形態を与える。この人事構造は、一方において、専門的および人物的な一定の諸要件を前提とし、他方において、裁判官の（事後の）独立をすでに人物の選定の段階から確保しなければならない。憲法裁判の特殊な政治的性格を理由としてこの諸原則から離脱することが許されるのは限られた場合だけである。憲法裁判といえども、それが政治システムの枠組みの中で承認と正当化を獲得するのは、根本的に政治過程に影響を与えることができるにもかかわらず、国家指導の政治過程と一定の距離を保つことによってのみである。[24] 裁判の政治的機能は――逆説的に定式化すると――その政治的中立性に基づいている、という認識[25]は、原理的に憲法裁判にも妥当する。憲法裁判の独自性は、まさに、憲法裁判が政治的意味を有すると同時に政治との距離を保持するというこの緊張関係の中に存するのである。

これに対して、政治過程との特別の接近性は、主として、裁判官の民主的正当性に対するより高度の要求において特別の意義を発揮する。[26] 裁判は、つまり、まさに憲法裁判も、国家権力の行使として民主的正当性を必要とする。この民主的正当性は、作用上も制度上も憲法および法律を通して調達される。[27] 人事選考は、裁判官の決定余地および独立性が大きければ大きいほど、より直接的に民主的でなければならない。憲法および法律に対する従属性は、まさに民主的な視点においては、独立の不可欠の相関概念である。[28] それ故、民主的に正当化されていない機関の関与は、もっぱら、助言、推薦または聴聞という意味における協働の諸形態である限りにおいてのみ可能である。[29] 他方で、裁判官の独立の原則は、民主的責任および指図への従属を――これらは、行政府において は民主的正当性を確保するものであるが――まさに排除するのである。加えて、憲法裁判においては、法律による作用上の民主的正当性が広範囲に欠けている。これらの理由から裁判官の民主的な選任により大きな比重が置かれるのである。

憲法裁判所の裁判官選出のルールは、原理的に、これらの指導原理に――指導的な諸視点間のニュアンスと比重のつけ方は様々ではあるが――依拠している。その際に、立憲国家は、憲法裁判官選任における立法府、行政府、司法府の関与のバランスをとることと、裁判官の独立を同時に守りながら民主的正当性を確保することを、非常に様々な形で行っているのである。

四　裁判官の員数、任期および資格

1　裁判官の員数

専門化された憲法裁判所において選出可能な裁判官の員数は、ヨーロッパにおいては九名の構成員から一六名の構成員までと幅がある。九名で構成されるフランス憲法院(30)と二つの法廷に分かれて一六名で構成されるドイツ連邦憲法裁判所(31)は、各々、この多様性の両極を形成している。アメリカの最高裁判所も、九名の裁判官だけで構成される(32)。他方で、スイスの連邦裁判所は複数の法廷に三〇名の裁判官を擁しているが、しかし固有の意味における国法上および行政法上の争訟に携わるのは、そのうちの一部にすぎない(33)。員数は、手続の種類、手続の数や範囲、複数の選出機関の間の配分、連邦主義的な視点といった複数の要素に左右される(34)。例えば、連邦憲法裁判所裁判官の員数が多いのは、その包括的な権限に起因するものである。

2　任期および資格

裁判官の任期と再選の可能性は、裁判官の独立を確保する重要な要素であると同時に、裁判官選任の頻度と構成の変化を規定する。任期は、少なくとも規範的には、非常に大きく異なっている。その翼幅は、ギリシャにおける二年任期という最短に始まり、ポルトガルとスイスにおける六年を経て――これらの三カ国においては、問題が多い再選可能性が存在する(35)――、期間によって限定された任期制をとるものとしては、さらにイタリア(36)、スペイン(37)およびフランス(38)における九年を通って、連邦共和国における一二年(39)に至る。その反対にあるのが終身任命のシステムであるが、連邦共和国は当初このシステムを裁判官の一部について採り入れていたし(40)、さらに、このシステムは、ドイツ以外でもヨーロッパにおいては、とくにベルギー[41]とオーストリア[42]で妥当している。しかしながら、そこでは、七〇歳定年が任期を実際上再び著しく制限している。何故なら、憲法裁判官はたいていの場合、高齢になってから任命されるからである[43]。これに対して、同様に終身で任命される合衆国最高裁判所裁判官の場合には、いかなる年齢制限も存在しない[44]。任期や年齢の制限は、裁判官ポストのより頻繁な交替と定期的な更新を意味し、判例の硬直化を防ごうとするものであるのに対して、裁判官はアメリカ合衆国においてはしばしば非常に長期にわたり在職している。三〇年の在職期間もまれではないが[45]、これによって裁判の硬直化が生じたということはない。唯一、ローズベルト時代の初期に、経済立法に関する伝統的な判例を固持しようとする最高裁判所と大統領との間で深刻な衝突という事態に陥ったが、この事態は、ローズベルト（*F.D. Roosevelt*）のコート・パッキング案が挫折した後に判例変更によって解決された[46]。

裁判官の人選は、資格要件によって制約される。ときおり要求される最低年齢[47]は別として、任命要件としては、通常の場合、判決の専門的および実質的水準の確保に役立つような、法律家としての適格性が前面に出てくる。憲法裁判所の権威は、まさにこの水準に決定的に左右されるので、法律家としての特別の適格性を求めることにはいくつかの利点がある。それにもかかわらず、規範的には、もっぱら、結局のところ初歩的な一次選抜のみを内容とする最少限度の要件を列挙することができるにすぎない。裁判官職の資格[48]、比較的長期の職業経験による法律家としての修練[49]が、典型的な資格要件である。しかし、公職に関する一般的な被選挙権要件で足りる場合[50]や、あるいは、スイスにおけるように[51]、立法府への被選挙権で十分でその他の法曹資格を必要としない場合もしばしばある。合衆国最高裁判所についてでさえ、何ら専門的な要求は存在しない[52]。一定のクオリティの確保は、従来、いわゆるアメリカ法律家協会委員会を組み入れることによってなされてきた。この委員会は、トルーマン（*H.S. Trumann*）の一期目の任期以降、裁判官の適性を法学的視点から評価することを行っている[53]。これらのことから明らかになるのは、憲法裁判官のクオリティは、ほぼ全面的に、選任機関による直接的な選定に左右されることである。実際には、高度の専門的資格が例外なく選出の前提条件となっている。ただし、高位の官職における政治的経験も同様に決定的な役割を演じる場合もあり得る(54)——これは、多くの場合、憲法裁判所の不利益にはならない。ウォーレン（*E. Warren*）といった偉大な判事の何人かは、政治家出身である。これに対して、高位の政治家の関与は、フランスではむしろ懐疑的に見られている。

個人に関する任命要件に加えて、——とくに連邦共和国においてそうであるように——さらに一定の採用割当が登場することもあり得るが、それは、例えば、憲法裁判官の一定の割合が諸最上級裁判所の裁判官から選任されなければならないこと(55)、あるいは、国家が多言語的である場合には一定の言語集団に属していることを要求する(56)。裁判官の多数が特定の公職従事者の範囲から選ばれなければならない、というような規定——オーストリアはそうである——は、憲法裁判所の官僚化の危険をはらんでいる(57)。これに対して、連邦国家的基準は、規範的に保障されるものではなく、むしろ、実際的・政治的に、連邦参議院や合衆国上院のように自らの側で連邦主義的利益を主張する選任機関の中で貫徹されていく場合が多い。

五　選出機関と選出手続

選出機関として考慮に値するのは、民主的立憲国家においては、原理的に、議会、行政府の長、最高裁判所、さらには直接的に国民であるが、その際に、選出手続は、複数の選出機関の共同作業についても様々な形で規定することができる。憲法現実の中に、考えられ得るあらゆる選出機関を見出すことができる。ただし、これと同時に、民主制原理の高い位置価値に合致するのは、アメリカ合衆国の数多くの州(58)およびスイスの幾つかのカントンにおけるように国民が裁判官を自ら選出するのでない限り、少なくとも議会が優先的に裁判官選任に関与することであると言える。例外は、ギリシャであり、ギリシャの特別裁判所は、諸最高裁判所の長官およびその他八名の、ギリシャではすでに古代から民主的であるとされている抽選手続によって決定された諸最高裁判所の裁判官によって構成される。裁判官の集団から採用することは、言うまでもなく、主として憲法判例の統一性の維持と裁判所間の衝突の解決に仕えるこの裁判所の特殊的な作用と権限を考慮したものであり、まさにその点においても特殊事例である。そのほかに、司法府は、スペインにおいて最高裁判官協議会を通して、イタリアにおいて、五名の裁判官、つまり、三分の一が諸最高裁判所によってその同僚の中から選任されることを通じて関与するにすぎない。ポルトガルにおいては、諸最高裁判所の三名の裁判官が、議会が選出した憲法裁判官によって補充的に選出される。

これ以外の国では、裁判官選出は、議会のみによって行われるか、あるいは、立法府と行政府の共同作業によって行われる。連邦共和国、スイスおよびベルギーにおいては、裁判官は、議会によって決定される。他の国々においては、議会と行政府の長が――部分的には司法府と並んで――共同作業を行う。選任が全面的にまたはその持ち分に応じて議会によって行われる範囲において、連邦国家においても中央集権的国家においても、通常の場合、両院とも選出に組み込まれている。このことは、連邦共和国や、オーストリアや、スイスにも、さらに、スペインや、イタリアや、フランスにも当てはまる。そこでは、常にというわけではないが、たいていの場合、両院が同じ仕方で関与する。ただし、フランスでは、両院はその議長を通してのみ関与する。他方で、ポルトガルにおいては、国民会議だけが、ベルギーにおいては、第二院だけが選出機関である。両院の関与というルールのもっとも著名な例外は、言うまでもなくアメリカ合衆国であるが、そこでは、上院のみが裁判官選任手続に関与する。

と同時に、合衆国は、行政府と立法府が共同作業を行うもっとも重要な例である。合衆国において大統領は独占的指名権を有しているが、指名された候補者が二〇世紀において上院で拒否されたことはまれであり、合計して六回にすぎない(78)。その他の国では、行政府の関与は、行政府の長が裁判官の一部を選任する、という形で行われ得る。例えば、フランスの大統領は、任命されなければならない九名の構成員のうちの三名を任命する。これに加えて、元共和国大統領も終身の構成員となるが(79)、しかし元共和国大統領は、政治的役割と憲法裁判官の官職の中立性とが両立し得ないために、この職務を行使していない(80)。イタリアにおいても、三分の一が大統領によって決定される(81)。これに対して、オーストリアにおいて連邦政府は、一四名の構成員のうちの八名と六名の予備裁判官のうちの三名についての最終的な提案権を有し(82)、スペインにおいて政府は、一二名の憲法裁判官のうちの二名のみを決定する(83)。

もっとも、選出機関それ自体が重要であるだけではない。同様に、選出手続をどのように形成するのかも決定的である。効き目がもっとも強い手続準則は、特別の票決数の要請であり、それは、しばしば三分の二の多数という形で規範化されている。連邦共和国、イタリア、ポルトガルおよびベルギーにおいて(84)妥当しているこの多数の要請は、申し合わせとコンセンサスに至るよう強制を加える。この強制は、西側デモクラシーにおいては、実際上は、比例の視点に基づく政党間でのポストの事前配分に行き着く。大連立や協調デモクラシー(85)――オーストリア(86)やスイス(87)にあるような――も同じ結果となる。そもそも、議会と議院内閣制の優越の結果として、政党と政党比例が裁判所の構成を決定的に規定するのである。裁判所の人事配置における政党比例に対しては、しばしば非難が浴びせられているが(88)、しかし、政党の決定的な関与は、現代の民主制において不可避的であるとともに正当であり(89)、また、裁判所の独立を全体として見て侵害していないし、裁判官のクオリティも損ねていない。政党比例は、そのうえさらに中立性を確保する機能を有する(90)。共和国大統領および両院議長による選任というフランスのシステムは、せいぜいのところ、政党の影響を弱めることができるだけであって、政党の影響を阻止するものではない[91]。合衆国は、一つには、上院における拒否権[92]にもかかわらず大統領の特権が原則として承認されている点[93]で、一つには、共和党も民主党も西ヨーロッパのデモクラシーの意味における政党ではない点で、フランスのシステムとは対照的である。それ故、比例配分は存在しない[94]。しかしながら、裁判官のイデオロギー的方向付けは減少していない。むしろ、それは、まさにレーガン（*R.W. Reagan*）以降の最近の二〇年における人選において顕著な役割を果たしている[95]。裁判官選任の脱政治化は、少なくともアメリカ合衆国においては行政府の関与によって生じてはいない。正反対である。

ドイツ連邦共和国では、これに対して、国法上の議論において、たしかに連邦参議院は憲法裁判官を本会議で選出しているが、しかし連邦議会は基本法九四条一項一文の規定に反して憲法裁判官を本会議で選出せず、この選出を連邦憲法裁判所法六条に基づき特別の選出委員会に委ねている、という問題が前面に出ている。こうした手続のやり方は、幾度も、議会法上のおよび民主的な諸原則に対する違反であるとみなされているが、この見方は不当ではない[96]。公平な人選という趣旨で委員会に委譲するのだという論拠も議会における事後的な確認を排除するものではなく[97]、これに加えて、この間に人選がさらに狭い作業グループに前倒しされているのであるから[98]、なおさらである。言うまでもなく、実務はこの点を深刻に受けとめてこなかったし、連邦憲法裁判所も、これを間接的に合憲のものとして受け入れてきた[99]。実際上、裁判所による違憲宣言もほとんど考えられない。何故なら、連邦憲法裁判所は、かりに違憲宣言を行なったとすれば、自己の構成を、従って、自己の判決を全体として違憲と宣言せざるを得なかったはずだからである。それ故、政治的な実務は、例外的に何の危険にもさらされていない。ついでに言えば、構成および人選は実際上もおそらくいささかも変わることにはならなかっただろう。何故なら、法律上規定されており、その点では憲法上許される三分の二の多数は、どのみち大政党のコンセンサスを強制し、本会議は、どちらにしても、より小規模の委員会で下された事前の人選を追認することができるにすぎなかったはずだからである。しかし、一般の人々に対しては、少なくとも、より多くの透明性が作り出されていたであろう。

裁判官選出の一つの重要な要素は、たとえ人選それ自体にとっては結果的には副次的な重要性しかないとしても、手続の公開である。通常、人選は非公開の手続で行われ、せいぜいのところ、最終の票決が、公衆の面前で行われるにすぎない。これに対して、公開の聴聞手続は、少なくとも一九五五年以降、合衆国最高裁判所裁判官の選任の決定的なメルクマールである。[100]けれども、冒頭に言及したボークとトーマスの事例において両名は、公開の場で厳しい、それどころか屈辱的な尋問に服したわけだが、とくにこの事例において、この手続の消極的側面も同じように現れている。他方で、上院における承認手続と裁判官の役割についての公開の討議の中に、大統領の指名権に対する決定的なカウンターバランスがある。それは、アメリカの統治体制の枠組みにおいては放棄し難いものであるが、しかし、他の体制へ転用することはできない。[102]それ故、上院は、当初から正当にも実質的・内容的統制機能を行使しており、[103]この機能は、まさに、裁判官の「司法哲学」にも及んでいる。[104]

六　成果と要約

細かな点においては極めて異なっているにもかかわらず、裁判官選任の基本的特徴は、広範囲に一致している。議会の優越は、民主制原理の派生である。アメリカ合衆国における大統領の特別の役割も、同様に、その直接的な民主的正当性に基礎付けられている。

政府の役割は、全体として、たいていの国においては控え目であり、いずれにしても議院内閣制において行政府は、この関連において議会から独立していない。その結果、行政府の関与は、通常の場合、人選の過程から政党政治の介入を排除するものではなく、せいぜいのところ与党多数派を強化するものにすぎない。裁判官集団による協働のモデルはまれであって、全体としてもむしろ問題の多いものである。裁判官のクオリティと法律家としての適格性は、実際、すべてのシステムにおいて高く、その確保のために裁判官集団による協働および共同決定の必要はない。連邦主義的視点は、たいていの場合、実際的・政治的に流入するものであって、法的に保障されるものではない。全体的に見て多数を占めているのがコンセンサスと政党比例であり、これらは、たいていは高度の特別多数によって強制されている。政党比例は、主として、政治的に中道の者の中から裁判官の人選を行うという結果を生む。最も顕著にこれと異なるのがアメリカモデルであり、このモデルは、大統領の特権に優先権を譲り、大統領が裁判官の人選に対して強力なイデオロギー的影響力を行使することを容認する。この影響力は、定年のない終身任命ということもあって、この決定に特別の長期的効果を与えると同時に[105]、大統領にヨーロッパ型の比例システムよりも強度の方向決定を許容する。もちろん、裁判官の独立の侵害をこの点に見出すことはできないだろうし、裁判官の独立はすべてのシステムにおいて同じ程度に保障されている。それにもかかわらず、裁判官選出と裁判所の諸判決の政治的性格は、これによってより明確に現れる。「裁判官選任の魔法の四辺形」[106]の保持、すなわち、民主的正当性、裁判官の独立の保障、裁判官の高度の適格性、そして、連邦的あるいは地域的代表の保持は、すべてのシステムにおいて達成されている。

（1）　これについて詳しくは、*Ethan Bronner*, Battle for Justice. How the Bork Nomination Schook America, 1989を、当事者の視点から、*Robert H. Bork*, The Tempting of America, 1990, S. 267ff. を参照。さらに、*Paul Simon*, Advice and Consent, 1992, S. 47 ff. を参照。

（2） *Jane Flax,* The American Dream in Black and White. The Clarence Thomas Herarings, 1998; *Simon,* Advice (N. 1), S. 73 ff, 103 ff.

（3） *Kurt Eichenberger,* Die Verfassungsgerichtsbarkeit in den Gliedstaaten der Schweiz, in: *C. Starck/K. Stern* (Hrsg.), Landesverfassungsgerichtsbarkeit Bd. I, 1984, S. 435 ff.（437）; *Klaus Stern,* Staatsrecht II, 1980, S. 938, 951; ほぼ同旨のものとして, *Ernst Friesenhahn,* Verfassungsgerichtsbarkeit in der Bundesrepublik Deutschland, 1963, S. 7; *U. Scheuner,* Die Überlieferung der deutschen Staatsgerichtsbarkeit im 19. und 20. Jahrhundert, in; BVerfG und GG Bd. I, 1976, S. 3 ff.（5）がある。さらに, *Klaus Schlaich/Stefan Korioth,* Das Bundesverfassungsgericht, 5. Aufl. 2001, Rn. 8 ff.も参照。

（4） *Albrecht Weber,* Generalbericht: Verfassungsgerichtsbarkeit in Westeuropa, in: *Starck/Weber*（eds.), Verfassungsgerichtsbarkeit in Westeuropa, Teilband I, 1986, S. 41 ff.（48）参照。

（5） *Weber,* Generalbericht（Fn. 4), S. 49 もこのように述べる。なお, 以下の叙述は, 古典的な西側立憲国家に限定される。何故なら, その範囲でのみ質的な比較が有意義であるように思われるからであり, さらに, ラテンアメリカと東ヨーロッパにおける新しい憲法裁判所は, 類型的には, 根底を崩すような新規性を生み出すものではないからである。東ヨーロッパにおける裁判官の選任については, *Georg Brunner,* Die neue Verfassungsgerichtsbarkeit in Osteuropa, ZaöRV 53（1993), S. 819 ff.（835 ff.）における概観を参照。ラテンアメリカについては, 各々, *Norbert Lösing,* Die Verfassungsgerichtsbarkeit in Lateinamerika, 2001 に所収の国別報告を参照。

（6） *Konrad Hesse,* Funktionelle Grenzen der Verfassungsgerichtsbarkeit（1981), in: *ders.,* Ausgewählte Schriften, 1984, S. 311 ff.（312); *Werner Heun,* Funktionell-rechtliche Schranken der Verfassungsgerichtsbarkeit, 1992, S. 13 参照。このことから, 憲法裁判権は裁判の一部として疑いなく民主的正当性が必要であることが導

出される。現時点では，*Andreas Vosskuhle/Gernot Sydow,* Die demokratische Legitimation des Richters, JZ 2002, S. 673 ff.（674）も見よ。

（7）作用上，憲法裁判所も裁判を行っている（*Stern,* Staatsrecht II (N. 3). S. 346 ff. 参照）が，しかし，憲法の優位の貫徹が，憲法裁判所は他の憲法機関の「上」に位置している，という考えをあまりにも安易に生じさせてしまうのである。

（8）連邦憲法裁判所が立法作用も営んでいるかどうかという論争は，これの典型的な徴候である。

（9）例えば，*Diethard Oppermann,* Richterberufung und richterliche Unabhängigkeit, Diss. jur. Marburg 1966, S. 92 ff.; *Peter Schneider,* Demokrtatie und Justiz, in: FS OLG Zweibrücken, 1969, S. 257 ff.（266 ff.）を参照。もっとも，シュナイダーは，混合的手続を支持している。これに批判的なものとして，*Ernst-Wolfgang Böckenförde,* Verfassungsfragen der Richterwahl, 1974, S. 66 f. も参照。

（10）広く流布している見解は，権力分立を法治国家原理だけに分類している。例えば，*Michael Sachs,* in: *ders.*, GG, 2. Aufl. 1999, Art. 20, Rn. 77, 79 ff.; *Eberhard Schmidt-Aßmann,* Der Rechtsstaat, in: HStR Ⅰ, 1987, § 24, Rn. 46 ff. を参照。

（11）詳しくは，*Werner Billing,* Das Problem der Richterwahl zum Bundesverfassungsgericht, 1969, S. 89 ff.; *Jörg Zätzsch,* Richterliche Unabhängigkeit und Richterauswahl in den USA und Deutschland, 2000, insbes. S. 129 ff., 138 ff., 210 ff. を参照。

（12）とくに，*Böckenförde,* Verfassungsfragen（N. 9）, S. 67 ff.

（13）この構想について詳しくは，*Werner Heun,* Staatshaushalt und Staatsleitung, 1989, S. 97 ff.

（14）これについては，*Werner Heun,* Das Mehrheitsprinzip in der Demokratie, 1983, S. 32 ff.

(15)　*Otto Küster*, Das Gewaltenproblem im modernen Verfassungsstaat（1949）, in: *H. Rausch*（ed.）, Zur heutigen Problematik der Gewaltentrennung, 1969, S. 1 ff.（6 ff.）を嚆矢とする。現時点では、BVerfGE 68, 1（86）も参照。

(16)　*Weber*, Generalbericht（N. 4）, S. 62 ff. は、西ヨーロッパの憲法裁判権に関して比較の視点から行った概観を与えている。

(17)　*Weber*, Generalbericht（N. 4）, S. 63; *Andreas Auer*, Die schweizerische Verfassungsgerichtsbarkeit, 1984, S. 13 ff. 参照

(18)　しかしながら、弾劾手続は、アメリカ合衆国においては、最高裁判所によって実施されるのではなく、むしろ、下院が最高裁判所長官を議長とする上院に訴追する。これについては、包括的に、*U.S. Congress, House Committee on the Judiciary*, Impeachment, Selected Materials 93. Cong. 1. sess. 1973 を参照。

(19)　*Schlaich/Korioth*, Bundesverfassungsgericht（N. 3）, Rn. 498 ff. 参照

(20)　スイスにおいても、また、アメリカ合衆国においても、裁判所に分類することに対して深刻に疑問が起こったことは一度もない。しかし、*John Hart Ely*, Another Such Victory: Constitutional Theory and Practice in a World Where Courts Are No Different From Legislatures, Virginia Law Review 77（1991）, S. 833 ff., bes. S. 863 を参照。また、*Chisom v. Edwards*, 839 F 2d 1056（5th Cir. 1988）も見よ。これに対しては、しかし、*League of United Latin American Citizens Council No 4434 v. Clements*, 914 F 2d 620, 626 ff.（5th Cir. 1990）を見よ。これらの判決は、国民による裁判官選挙に関する諸規定を話の緒にしている。

(21)　以下のメルクマールについては、*Schlaich/Korioth*, Bundesverfassungsgericht（N. 3）, Rn. 500; *Heun*, Schranken（N. 6）, S. 13 を参照。

(22)　裁判の独立性と中立性の意義について一般的に、*Kurt Eichenberger*, Die richterliche Unabhängigkeit, 1960, S.

22 ff.; *Böckenförde,* Verfassungsfragen（N. 9）, S. 87 ff.; *Felix Matter,* Der Richter und seine Auswahl, 1978, S. 14 ff.

（23）　*Böckenförde,* Verfassungsfragen（N. 9）, S. 88. また、*Eichenberger,* Unabhängigkeit（N. 22）, S. 12 ff. 参照。

（24）　裁判官の独立の要素としての距離については、BVerfGE 21, 139（145 f.）を参照。

（25）　*Niklas Luhmann,* Funktionen der Rechtsprechung im politischen System, in: Dritte Gewalt heute?, Schriften der ev. Akademie Hessen-Nassau, Heft 4, 1969, S. 6 ff. (12). 中立性については、*Karl August Bettermann,* Opposition und Verfassungsrichterwahl, in: FS K. Zweigert, 1981, S. 723 ff.（723 f.）も参照。

（26）　いくつかの国における選出手続は、この事情を明文的で規範化していないとしても、このことを明確に表現している。それにもかかわらず、民主制原理は、一般的に、人に関する直接的な民主的正当性を要求するものではない（*Dirk Ehlers,* Verfassungsrechtliche Fragen der Richterwahl, 1998, S. 40 ff. 参照）。

（27）　この今日一般的に慣例となっている、作用上、制度上および人的観点から行う民主的正当性の区別については、*Ernst-Wolfgang Böckenförde,* Demokratie als Verfassungsprinzip, in: HStR Ⅰ, 1987, § 22, Rn. 14 ff.

（28）　*Böckenförde,* Verfassungsfragen（N. 9）, S. 79.

（29）　*Böckenförde,* Verfassungsfragen（N. 9）, S. 78 f.

（30）　憲法院は、フランス五八年憲法五六条に基づき、法上当然の構成員、つまり前大統領と並んで、九名の任命された構成員を有している。この点については、*Michel Fromont,* Der französische Verfassungsrat, in: *Starck/Weber,* Verfassungsgerichtsbarkeit（N. 4）, S. 309 ff.（314 ff.）を参照。

（31）　連邦憲法裁判所法二条二項と結び付いた二条一項。ロシア憲法裁判所は、一九名というさらに多くの構成員を有している（ロシア憲法一二五条）。

(32)　員数も同様に，憲法からではなく，単純法律（28 USC § 1）から判明する。また，員数は，一八六九年以降（act of April 10, 1869, ch 22, § 1（16 Stat 44)），まったく変更されていない。

(33)　これに三〇名の予備裁判官が加わる（*Walter Haller*, Das schweizerische Bundesgericht als Verfassungsgericht, in: *Starck/Weber*, Verfassungsgerichtsbarkeit（N. 4), S. 179 ff.（195 f.）参照）。

(34)　*Weber*, Generalbericht（N. 4), S. 50. も参照

(35)　スイス（六年），ポルトガル（六年）およびギリシャ（三年）のみが，再選を妨げない任期付きの任命を採用している。

(36)　任期はもともとは一二年であった（*Theo Ritterspach*, Die Verfassungsgerichtsbarkeit in Italien, in: *Starck/Weber*, Verfassungsgerichtsbarkeit（N. 4), S. 219 ff.（226）参照）。

(37)　スペイン憲法一五九条三項。再選の例外的可能性については，*Francisco Rubio Llorente*, Die Verfassungsgerichtsbarkeit in Spanien, in: *Starck/Weber*, Verfassungsgerichtsbarkeit（Fn. 4), S. 243 ff.（249).

(38)　フランス五八年憲法五六条。

(39)　連邦憲法裁判所法四条一項。これについては，*Wilhelm Karl Geck*, Wahl und Amtsrecht der Bundesverfassungsrichter, 1986, S. 48 ff. を参照。

(40)　改正前の連邦憲法裁判所法四条一項に従えば，両法廷における各々三名の，最高の連邦裁判所出身の裁判官は終身で選出された。これに対して他の裁判官は八年のみの任期で選出された（四条三項）。*Gerhard Leibholz/Reinhard Rupprecht*, Bundesverfassungsgerichtsgesetz, 1968, S. 22 f. 参照。

(41)　憲法三二条；*Francis Delpérée*, Die Verfassungsgerichtsbarkeit in Belgien, in: *Starck/Weber*, Verfassungsgerichtsbarkeit（N. 4), S. 343 ff.（351 f.）も参照。

(42)　憲法裁判所法一〇条、*Karl Korinek*, Die Verfassungsgerichtsbarkeit in Österreich, in: *Starck/Weber*, Verfassungsgerichtsbarkeit (N. 4), S. 149 ff. (156) も見よ。

(43)　*Weber*, Generalbericht (N. 4), S. 55 も参照。

(44)　合衆国憲法三条一節二項。

(45)　*Henry J. Abraham*, Justices, Presidents and Senators, 4. ed. 1999, S. 377 ff.にある一覧表による概観を参照。

(46)　ローズベルトのコート・パッキング案については、*William E. Leuchtenberg*, The Origins of Franklin D. Roosevelts "Court-Packing" Plan, Supreme Court Review 1966, S. 347 ff.を参照。全般的には、*A. Kelly/W. Harbison/H. Belz*, The American Constitution, 2 vols., 7. ed. 1991, Vol. II, S. 466 ff., 480 ff. も参照。

(47)　連邦共和国（連邦憲法裁判所法三条一項）およびベルギーにおいては四〇歳である。

(48)　連邦憲法裁判所法三条二項、これについては、*Geck*, Wahl (N. 39), S. 15 ff. を参照。

(49)　オーストリア（一〇年）、イタリアとスペイン（各々一五年）、さらにベルギー（裁判官として五年、または議員として八年）ではこうなっている。

(50)　フランスではこうなっている。

(51)　組織法二条。

(52)　*Walter Haller*, Supreme Court und Politik in den USA, 1972, S. 95 参照。

(53)　*Elliot E. Slotnick*, The ABA Standing Committee on Federal Judiciary: A Contemporary Assenssment, Judicature 66 (1983), S. 348 ff., 385 ff.; *William G. Ross*, Participation by the Public in the Federal Judicial Selection Process, Vanderbilt Law Review 43 (1990), S. 1 ff. (35 ff.).

(54)　まさにアメリカ合衆国においては、最高裁判所ではしばしば、高い官職に就いていた人物が選出される。もっとも異常な例として、前合衆国大統領タフト（*W.H. Taft*）の選出を挙げることができる（一九二一年から一九三〇年まで裁判官として在職）。アメリカの裁判官は、就任前に裁判官の経験を有していないことがしばしばあるが、しかし、公的生活における経験は有している（*Abraham*, Justices (N. 45), S. 36, 43 f. を見よ）。これに対して、憲法院における前共和国大統領は、法上当然に憲法院に所属するにもかかわらず、判決に積極的には関与しないので、まさに、まったく役割を果たしていない。

(55)　連邦憲法裁判所法二条三項に基づき、両法廷に各々三名の裁判官。

(56)　ベルギーは、そこから憲法裁判官が採用されなければならない職業集団の内部においてさえ厳格な言語上の同数代表（Parität）を規定している（ベルギー憲法裁判所法三一条、三二条、*Delpérée*, Belgien (N. 41), S. 350 f. も見よ）。これよりも多少厳格度は低いが、同数代表がスイス連邦憲法一〇七条一項二文に基づき妥当している。しかし、スイスにおいて、言語上のマイノリティは、実際上は過剰に代表されている（*Haller*, Bundesgericht (N. 33), S. 192 を見よ）。

(57)　行政府によって提案される八名の裁判官は、行政官、大学教授、または専門裁判官（Fachrichter）でなければならないが、この危険性については、*Dietmut Majer*, Die Auswahl der Verfassungsrichter in Westeuropa und in den USA, in: Festgabe 2. Schweiz. Juristentag 1988, S. 177 ff.（189 f.）も参照。

(58)　この点について詳しくは、文献掲示を含めて、*Uwe Kayser*, Die Auswahl der Richter in der englischen und amerikanischen Rechtspraxis, 1969, S. 168 ff.; *Zätzsch*, *Unabhängigkeit* (N. 11), S. 129 ff.; *Steven P. Croley*, The Majoritarian Difficulty: Elective Judiciaries and the Rule of Law, Univ. of Chicago Law Review 62 (1995), S. 689 ff.（714 ff.）を参照。

(59)　とりわけ第一審裁判官は、しばしば、国民によって選出される（*Matter*, Richter (N. 22), S. 91 f. 参照）。直接選挙（Volkswahl）について一般的には、ebd. S. 50 ff.を参照。

(60) *Prodromos Dagtoglou*, Die Verfassungsgerichtsbarkeit in Griechenland, in: *Starck/Weber*, Verfassungsgerichtsbarkeit (N. 4), S. 363 ff. (369); s. a. *Weber*, Generalbericht (N. 4), S. 50. 参照。

(61) *Heun*, Mehrheitsprinzip (Fn. 14), S. 45 m.w.N. 参照。

(62) いわゆる「司法一般評議会」、組織法律（LO/1/1980 vom 10. Jan.）。*Rubio Llorente*, Spanien (N. 37), S. 250.

(63) *Ritterspach*, Italien (N. 36), S. 225. を見よ。

(64) *José Manuel Moreira Cardose da Costa*, Die Verfassungsgerichtsbarkeit in Portugal, in: *Starck/Weber*, Verfassungsgerichtsbarkeit (N. 4), S. 279 ff. (286). 参照。

(65) 連邦憲法裁判所法五条以下。

(66) その際に、両院（国民院および全邦院）は例外的に「連合連邦議会」を形成する（改正前の連邦憲法八五条四項、一〇七条一項一文、九二条＝改正後の連邦憲法一六八条一項、一五七条一項a号）。*Haller*, Bundesgericht (N. 33), S. 191. も見よ。

(67) *Delpérée*, Belgien (N. 41), S. 351.

(68) イタリアおよびスペインにおける司法府の協働については、前掲 N. 62, 63.

(69) 連邦共和国において、連邦議会および連邦参議院は、別々に、各々憲法裁判官の半数を決定する（連邦憲法裁判所法五条一項一文）。*Heinz Laufer*, Verfassungsgerichtsbarkeit und politischer Prozeß, 1968, S. 219 ff. において、一九六七年までの裁判官選出が詳細に叙述されている。

(70) 国民会議と連邦参議院は、同じ仕方で、大統領に対して各々三名の構成員（および二名または一名の予備構成員）について三名の候補者からなる名簿を提出する（連邦憲法一四七条二項）。*Korinek*, Österreich (N. 42), S. 155 f.

(71)　ただし、両院が合同で審議し選出するので（注(66)）、二〇〇名の代表者で構成される国民院は、全邦院の四六名の代表者に対して明確な優位を有している。

(72)　両院（下院と上院）は、（全部で一二名の裁判官のうちの）四名の裁判官を各々指名する（*Rubio Llorente,* Spanien（N. 37）, S. 250 を見よ）。

(73)　議会は、（一五名の裁判官のうちの）五名の裁判官を二つの――ほぼ同じ大きさの――議院（代議院と元老院）の合同会議で選出する。*Rittersprach,* Italien（N. 36）, S. 225.

(74)　*Fromont,* Verfassungsrat（N. 30）, S. 315. 参照。

(75)　*Moreira Cardoso da Costa,* Portugal（N. 64）, S. 286.

(76)　*Delpérée,* Belgien（N. 41）, S. 351.

(77)　合衆国憲法二条二節二項。上院における手続については、上院議事規則三一を見よ（Riddick's Senate Procedure, 1992, S. 938 ff. 参照）。

(78)　*Abraham,* Justices（N. 45）, S. 53 ff. において、すべての手続が詳細に叙述されている（*Simon,* Advice（N. 1）, S. 161 ff. 参照）。最近のものとしては、冒頭に言及したボークがそれである。その他には、*Parker*（一九三〇年）、*Fortas* と *Thornberry*（一九六八年）、*Haysworth* と *Carswell*（一九六九年）がある。これに対して、一九世紀においては、しばしば――約二五％の――候補者が拒否された（*Henry Paul Monaghan,* The Confirmation Process: Law or Politics?, Harvard Law Review 101（1988）, S. 1202 ff.（1202）を見よ）。全体としては、今までに三〇名の候補者が不成功に終わった（また *Abraham,* Justices（N. 45）. S. 28 参照）。ロシアは、アメリカの手本に全面的に従っており、ロシアでは、大統領が裁判官を指名し、連邦院がこれを任命する（ロシア憲法一二八条）。

(79)　五八年憲法五六条二項。

（80）*Fromonet*, Verfassungsrat（N. 30）, S. 316.

（81）*Ritterspach*, Italien（N. 36）, S. 225 f.

（82）*Korinek*, Österreich（N. 42）, S. 155. 連邦政府は、この構成員を裁判官、行政官、または法律学を専門とする教授の中から選ばなければならない。

（83）*Rubio Llorente*, Spanien（N. 37）, S. 250.

（84）連邦憲法裁判所法六条五項、七条（ドイツ）、一九六七年一一月二二日の憲法的法律一九六七年／二号三条（イタリア）、ポルトガル憲法一六六条h号（ポルトガル）、一九八九年一月六日の仲裁院に関する特別法三二条一項二文（ベルギー）。

（85）この概念については、*Gerhard Lehmbruch*, Konkordanzdemokratie im internationalen System, PVS 10（1969）, Sonderheft 1, S. 139 ff. を参照。

（86）*Majer*, Auswahl（N. 57）, S. 186.

（87）*Majer*, Auswahl（N. 57）, S. 180.

（88）例えば、*Geck*, Wahl（N. 39）, S. 37 ff. を参照。

（89）*Hans Kelsen*, Wesen und Entwicklung der Staatsgerichtsbarkeit, VVDStRL 5（1929）, S. 30 ff.（56 f.）参照。

（90）*Bettermann*, Opposition（Fn. 25）, S. 725 参照。

（91）*Majer*, Auswahl（Fn. 57）, S. 200.

（92）このことは、上院が非公式にイニシアチブをとることを排除するものではない。上院の役割については、*Laurence H. Tribe*, God Save this Honorable Court, 1985, S. 77 ff. を参照。

（93）このことは、しかし、個別の事例において、ボークの事例のような上院の断固たる軌道修正を排除するものではない。この点については、さらに、後述するところを見よ。

(94)　*Majer,* Auswahl (N. 57), S. 213 も参照。

(95)　ボークの任命は、裁判所における根本的なイデオロギー的方向転換を引き起こそうとするものであり、それ故、これが挫折したことは正当である。*Bruce A. Ackermann,* Transformative Appointments, Harvard Law Review 101 (1988), S. 1164 ff.; *Nina Totenberg,* The Confirmation Process and the Public: To Know or Not to Know, Harvard Law Review 101 (1988), S. 1213 ff., insbes. S. 1220, 1227. 参照。すでにハミルトン (*A. Hamilton*) は、上院の関与に、革命的な転換を阻止する機能を見出していた (The Federalist (ed. J Cooke 1961), Nr. 77, S. 515.)。

(96)　*Arthur Kreuzer,* Zuständigkeitsübertragungen bei Verfassungsrichterwahlen und Immunitätsentscheidungen des Deutschen Bundestages, Der Staat 7 (1968), S. 183 ff.; *Johann-Friedrich von Eichborn,* Die Bestimmungen über die Wahl der Bundesverfassungsrichter als Verfassungsproblem, 1969, S. 21 f.; *Wilfrid Berg,* Zur Übertragung von Aufgaben des Bundestages auf Ausschüsse, Der Staat 9 (1970), S. 21 ff. (37 f.); *Hans-Hermann Kasten,* Plenarvorbehalt und Ausschußfunktion, DÖV 1985, S. 222 ff. (226); *Schlaich/Korioth,* Bundesverfassungsgericht (Fn. 3), Rn. 40; *Joachim Wieland,* in: *H. Dreier,* GG. Bd. III, 2000, Art. 94, Rn. 14 m.w.N

(97)　*Wieland,* Art. 94 (Fn. 96), Rn. 15. も参照。例えば、ニーダーザクセンにおいては、ニーダーザクセン州憲法五五条二項に基づき、州議会が本会議において国事裁判所の裁判官を三分の二の多数で、ただし、出席議員のみの三分の二の多数で選出する。このことは、部分的に、議員の過半数以上に達しなければならないという定足数によって歯止めがかけられている。

(98)　*Klaus Kröger,* Richterwahl, in: BVerfG und GG Bd. I, 1976, S. 76 ff. (92 f.). さらに *Majer,* Auswahl (N. 57), S. 192; *Geck,* Wahl (N. 39), S. 34 ff. 参照。

(99)　BVerfGE 40, 356 (360 ff.); JöR 6 (1957), S. 194 ff. (202 Fn. 26) における連邦憲法裁判所の態度表明も参照。学説における重要な意見はこの手続方法を同様に合憲であると判断している。例えば、*Willi Geiger*, BVerfGG, § 6, Rn. 2; *Adolf Arndt*, Das Bundesverfassungsgericht, DVBl. 1951, S. 297 ff. (298); *Kröger*, Richterwahl (N. 98), S. 92. さらに、*Christoph Gusy*, Das Parlament als Wahlorgan, Gesetzgeber und Prozeßpartei im Verhältnis zum Bundesverfassungsgericht, in: *Schneider/Zeh* (Hrsg.), Parlamentsrecht und Parlamentspraxis, 1989, S. 1619 ff. (1628 f.); *Franz Klein*, in: *Maunz/Schmidt-Bleibtreu/Klein/Ulsamer*, Bundesverfassungsgerichtsgesetz, § 6 (1993), Rn. 4.

(100)　一九二五年にはじめて公聴会が実施されたが、一九五五年のハーラン（*Harlan*）の任命以降ようやく公聴会がつねに実施されるようになった（*William G. Ross*, The Questioning of Supreme Court Nominees at Senate Confirmation Hearings, Tulane Law Review 62 (1987), S. 109 ff. (116 ff.). を見よ）。また、一九二九年までは、決定も非公開の会議で下されていた（*Paul A. Freund*, Appointment of Justices: Some Historical Perspectives, Harvard Law Review 101 (1988), S. 1146 ff. (1157). を見よ）。公衆の関与の歴史的展開について一般的に、*Ross*, Participation (N. 53), S. 3 ff.

(101)　*Zätzsch*, Unabhängigkeit (N. 11), S. 149 ff.; *Tribe*, God (N. 92), S. 93 ff. 参照。

(102)　BT-Drs. 11/73. つまり、連邦憲法裁判所法六条三項改正案はこのようには考えていない。これについては、とくに、*Ulrich K. Preuß*, Die Wahl der Mitglieder des Bundesverfassungsgerichts als verfassungsrechtliches und -politisches Problem, ZRP 1988, S. 389 ff.を参照。改革案については、*Thomas Trautwein*, Bestellung und Ablehnung von Bundesverfassungsrichtern, 1994, S. 35 ff. も見よ。

(103)　憲法の諸規定の制定史については、*Charles Warren*, The Making of the Constitution, 1928, S. 213, 327 ff., 640 ff. を参照。政党政治的諸利益も考慮することの適法性については、歴史的に、*James E. Gauch*, The Intendend Role of the Senate in Supreme Court Appointments, Univ. of Chicago Law Review 56（1989）, S. 337 ff.（346 ff.）も参照。

(104)　*Tribe*, God（N. 92）, S. 93 ff., 106 ff. も参照。これに対して批判的なのが、*Stephen Carter*, The Confirmation Mess. Harvard Law Review 101（1988）, S. 1185 ff.（1196 f.）; また *ders.*, The Confirmation Mess, 1994, S. 57 ff., 85 ff. 参照。上院における様々な範疇の質問について詳しくは、*Ross*, Questioning（N. 100）, S. 123 ff.を参照。

(105)　「裁判官の任命は、大統領のもっとも長く残る遺産となり得る」。引用は、*Majer*, Auswahl（N. 57）. S. 215 によるが、しかし、そこでの出典掲示は間違っている。

(106)　*Laufer*, Verfassungsgerichtsbarkeit（N. 69）. S. 207.

7 憲法裁判における裁判官

工藤達朗

一 問題の所在

憲法裁判権、すなわち、憲法問題を裁判手続で拘束力をもって決定する国家作用は、「裁判（Rechtsprechung）」であって、司法形式の政治的決断ではない。(1) ドイツではもちろん、日本国憲法上もこれが出発点である。その根拠として、形式的には、憲法典を引き合いに出すことができる。基本法は、憲法裁判のために特別の章を設けることなく、それを「裁判」の章の中に含め、その九二条において、連邦憲法裁判所は他の裁判所とともに「裁判権」を行使するものと規定している。同じく日本国憲法も、その八一条において、最高裁判所は法律その他の国家行為の憲法適合性を審査する権限を有する終審裁判所であると定めるが、この規定を「司法」の章の中に置いている。他の裁判所も、司法権の範囲内で法律等の憲法適合性を審査することができるのである。それ故、両憲法とも、憲法裁判を「裁判（司法）」の一部としていることは明らかである。[2]

しかし、この形式的理由だけでは十分ではない。実質的な根拠が必要である。裁判としての憲法裁判は、「憲法の優位」を前提とする。憲法もまた法であって、最高法規としてすべての国家権力を拘束する（参照、基本法一条三項）。したがって、裁判官は憲法に拘束され、裁判官は憲法を基準に裁判する。だからこそ、裁判官は法を語ることになるのである。裁判官の憲法的被拘束性こそ、裁判官の独立の基礎であるとともに、憲法裁判を裁判たらしめる基礎である。日本国憲法も、自分自身を「国の最高法規」であると宣言し（九八条一項）、「すべて裁判官は……この憲法及び法律にのみ拘束される」（七六条三項）と定めている。この故にこそ、日本国憲法上も、憲法裁判は「裁判」なのである。

しかしながら、裁判官は「法を語る口」にとどまるものではない。法の解釈は、法の具体化であり、法の導出である。[3] したがって、憲法裁判は、少なくとも部分的には、憲法の制定なのである。[4][5] 憲法のテキストは、将来に対して開かれているというその性質上、必然的に抽象的であり、したがって具体化の必要性は他の法領域よりもはるかに大きい。憲法裁判官には、かなり広い範囲で憲法を形成する余地が認められるのである。そうであるとすれば、誰が憲法裁判官であるかによって、現実の憲法の姿が異なってくるのである。

あらゆる国家権力は国民から発すべきものであるから（基本法二〇条二項一文。参照、日本国憲法前文および一条）、裁判も民主的正当化を必要とする。そこで、裁判官に対する民主的コントロールが問題となる。しかし、裁判官は、その職権の行使において、独立である。裁判官による憲法の具体化を外からコントロールすることはできない。裁判を律することができるのは、裁判官自身、裁判官の法的良心だけなのである。裁判官の民主的コントロールは、必然的に、裁判官の独立と緊張関係に立つ。

そこで、基本法は、憲法裁判官の選出方法を民主化した。これに対して、日本国憲法は、最高裁判所裁判官の国民審査を定める。これらの制度によって憲法裁判も民主的正当性を与えられるが、このような民主的コントロールの必要性は、同時に、憲法裁判権は本当に裁判権以外の何ものでもないのか、それとは異なる何かなのか、という疑問を生じさせるのである。[(6)] これは、ドイツでは、憲法機関と裁判所の間の連邦憲法裁判所という周知の問題であるかもしれないが、日本の最高裁判所に対してはほとんど論じられることのなかったテーマである。[(7)]

二　最高裁判所の組織と権限

日本の最高裁判所は、日本において憲法問題に拘束力をもって最終的な判断を下す裁判所である。その地位と権限はドイツの連邦憲法裁判所と相当に異なっている。例えば、最高裁判所の権限は、基本法九三条や一〇〇条で広範な権限を与えられている連邦憲法裁判所とは比較にならないほど小さいから、比較すること自体に無理があるようにみえるかもしれない。しかし、視点を変えてみれば、逆に最高裁判所が連邦憲法裁判所以上の権限を有する場合もあるのである。

1　組　織

最高裁判所は、長官一人と判事一四人、あわせて一五人の裁判官によって構成される。この人数は連邦憲法裁判所の一六人に近いが、最高裁判所は「双子」（連邦憲法裁判所法二条一項参照）ではなく、「一人っ子」である。それ故、一五人全員で一個の大法廷を構成する。事件数の増大に対処するため（最高裁判所も、年に四〇〇〇件以上の事件を処理しているのである）、大法廷の他に、五人の裁判官の合議体である三つの小法廷がある。この小法廷は、連邦憲法裁判所の部会（Kammer）に対応するものである。[(8)]

事件を大法廷と小法廷のいずれで扱うかは、最高裁判所自身が決定することができるのが原則であるが、(a)当事者の主張に基づいて新しい憲法判断をするとき（以前の大法廷の裁判と同意見の場合は別である）、(b)法律等の違憲判断をするとき、(c)判例を変更するときは、必ず大法廷を開かなくてはならない（裁判所法一〇条）。

今日、大法廷の裁判はきわめて例外的で、年に一、二件にとどまる。ドイツで、憲法異議のほとんどの事件が部会で処理され、法廷（Senat）の裁判が例外になっているのと同様である。日本の最高裁判所も、過重負担に苦しんでいるのである。

2 権限

(1) 上告

最高裁判所および下級裁判所は、司法権を行使する（憲法七六条一項）。司法権とは、一切の法律上の争訟を裁判する権限であり（裁判所法三条一項）、法律上の争訟には、民事・刑事事件のほか、行政事件も含まれる。最高裁判所は、これらすべての事件についての上告審である。最高裁判所は、最終的な憲法解釈権とならんで、国内のすべての法領域の解釈を統一するという機能を有している。それ故、最高裁判所は、ドイツの連邦通常裁判所や連邦行政裁判所の役割も同時に担っているのである。

ドイツでは最高の裁判所は一つではない。それぞれの管轄事項ごとに異なる最高裁判所が存在する。そのため、連邦憲法裁判所が他の裁判所の判決に対する憲法異議を認容すると「超上告審」という非難が投げかけられる場合があるが、日本の最高裁判所は本来すべての法領域における上告審なのであるから、他の裁判所の判決を審査し、ひっくり返すことができるのは当然なのである。日本では他の最高裁判所との間での権限をめぐる争いはありえない。最高裁判所が国内で唯一の最高裁判所であることには、何の疑問もない。他のいずれの裁判所にも優位した地位にあることが争いない点は、最高裁判所は連邦憲法裁判所より明確である。

(2)　規則制定権

日本国憲法七七条一項によれば、「最高裁判所は、訴訟に関する手続、弁護士、裁判所の内部規律及び司法事務処理に関する事項について、規則を定める権限を有する」。規則制定権が憲法上明文で認められているのである。最高裁判所は、民事訴訟規則、刑事訴訟規則、裁判所傍聴規則、最高裁判所裁判事務処理規則などを現に制定している。

これに対して、連邦憲法裁判所に規則制定権を認める規定は、基本法にも連邦憲法裁判所法にも存在していなかった（連邦憲法裁判所法一条三項は、一九八五年の改正で導入されたものである）。しかし、連邦憲法裁判所は、明文の根拠がないにもかかわらず、一九七五年、連邦憲法裁判所法一条一項の「憲法機関」の文言をてこにして、いわば「奇襲攻撃的に(9)」規則を制定した。最上級の憲法機関は論理必然的に規則制定権を有するというのである。もし、規則制定権は、純然たる裁判所には認められず、裁判所を超えた憲法機関に固有の権限だとすると、最高裁判所は、日本国憲法上憲法機関としての地位を認められていることになろう。これは憲法裁判権が通常の裁判権とは異なるものであることを前提とするものである。

(3)　司法行政監督権

明治憲法は、ドイツと同じく、司法行政を司法大臣の権限としていた。これに対して、日本国憲法は最高裁判所の権限とした。憲法上明文の規定があるわけではないが、上述の規則制定権のほか、下級裁判所の裁判官は、最高裁判所の指名した者の名簿に基づいて、内閣が任命すること（憲法八〇条一項）、裁判官の懲戒処分を行政機関が行うことはできないこと（憲法七八条）などから、当然の前提と考えられている。つまり、最高裁判所は、裁判機関であると同時に、行政機関なのである。

最高裁判所は、裁判官会議によって司法行政権を行う。裁判官会議は、裁判官一五人で構成され、長官が議長となる（裁判所法一二条）。裁判官会議による司法行政を補助する機関として、事務総局がある（裁判所法一三条）。事務総局は「庶務を掌」るとされているにすぎないが、実質的にみれば、司法行政に対するその影響力は、きわめて大きいと推測される。

学説は、最高裁判所による司法行政権の掌握を行政権からの司法権の独立を強化するものと肯定的にとらえてきた。ところが、皮肉なことに、司法行政権からの独立が裁判官の独立の重要なテーマの一つとなっているのである。[10] 下級裁判所の裁判官に対する最高裁判所の影響力は、それほど大きいのである。

以上のように、最高裁判所は、他の裁判所の判決を破棄するという点だけでなく、規則制定権や司法行政監督権によっても、他の裁判所に優位する。日本の最高裁判所の権限はドイツの連邦憲法裁判所よりもはるかに小さいものであるにもかかわらず、他の裁判所との関係では、最高裁判所が連邦憲法裁判所よりも優位している側面があるのである。

三　最高裁判所の裁判官

1　選出手続

最高裁判所の長官は、内閣が指名し、天皇が任命する（憲法六条二項、裁判所法三九条一項）。判事は、内閣が任命し、天皇がこれを認証する（憲法七九条一項、裁判所法三九条二項、三項）。天皇の国事行為はすべて内閣の助言と承認に基づく形式的・儀礼的なものであるから（参照、憲法三条、四条一項）、実質的な決定権は内閣にあることになる。最高裁判所の裁判官の選出について他の機関の意見を聴くことは、憲法上も法律上も要求されていない。内閣は完全に自由である。

ここに含まれる問題の第一は、手続の民主的正当性である。裁判官の選出に、議会は発言権をもたない。内閣は議会から自由に裁判官を決定することができる。確かに、内閣総理大臣は国会議員の中から国会の議決で指名され（憲法六七条）、国務大臣も原則として国会議員の中から選出され（憲法六八条一項）、そして内閣は行政権の行使について国会に連帯して責任を負うから（憲法六六条三項）、そのかぎりでは内閣による決定にも民主的正当性がないわけではない。しかし、議会自身または議会の委員会による選出と比べると、民主性の程度は弱いといわざるを得ない（ただし、国民自身による事後的なコントロールによって補われているが、この点は後述する）。

第二の問題は、きわめて党派的な任命がなされる危険である。連邦憲法裁判所の裁判官の選出には、連邦議会（裁判官選出委員会）でも連邦参議院でも、三分の二という特別多数が必要である（連邦憲法裁判所法六、七条）。そのため、議会における多数派は、少数派にも配慮せざるをえず、極端な党派的人事は阻止することが可能である。これに対して日本では、内閣は少数派の意見を聴く必要はない。議会多数派と憲法観を共通する裁判官ばかり選ばれる可能性がある。そうなれば当然に、法律の違憲判断も少なくなってしまうだろう。[11]

一九四七年、最高裁判所の発足に際して、裁判官の最初の指名と任命は、裁判官任命諮問委員会の諮問を経た。しかし、この委員会による裁判官候補者の推薦は、この一回限りであった。というのは、内閣が委員会の提案をそのまま受け入れなければならないなら、裁判官の任命権が内閣から委員会に移ったことになり、憲法上疑義があると批判されたため、諮問委員会は廃止されてしまったからである。

しかし、学説上は、裁判官任命諮問委員会の復活を望む声は強い。この学説は、委員会は一定数の裁判官候補者を推薦し、内閣の指名権・任命権を拘束しなければ違憲ではないと主張する。この学説のねらいは、二つ考えられる。いずれであるかに応じて、裁判官任命諮問委員会の構成も変わってくるはずである。

一つは、裁判官の政治的中立性の確保である。最高裁判所は純然たる司法裁判所なのであるから、内閣の政治的な配慮によって裁判官が選出されるのは望ましくない。このように考える場合には、委員会は非政治的な法律専門家によって構成されるべきことになろう。もう一つの可能性は、最高裁判所裁判官には政治的判断力が不可欠であると考えたうえで、最高裁判所裁判官の選出に対して、すべての主要な政党に議会での議席数に比例する影響力を付与すること、つまり、政府与党だけではなく、野党にも最高裁判所裁判官の選出について意見を述べる機会を与えることである。この場合には、委員会のメンバーには政治家が参加すべきもので、連邦議会の裁判官選出委員会（参照、連邦憲法裁判所法六条）に近い構成となろう。

ただし、裁判官任命諮問委員会設置のねらいが後者であるとすると、定期的な政権交代が行われれば、ねらいはほぼ達成できることになる。その時々の政権党によって裁判官の選出がなされれば、政治的にバランスのとれた構成になるからである。したがって、後者をねらいとする学説は、ほとんど政権交代の行われない日本の特殊事情を前提とした議論であるが、しかし、裁判官任命諮問委員会をめぐる問題には、最高裁判所の性格を法的なものとみるか政治的なものとみるかという基本的な対立がその背景にある点で興味深い。

2　裁判官の資格

最高裁判所の裁判官は、識見の高い、法律の素養のある年齢四〇年以上の者の中から任命する。そのうちの少なくとも一〇人は、法律家として一定年限の経歴を有する者でなければならない。具体的には、裁判官、検察官、弁護士、大学の法学教授として二〇年以上の経験を積んでいることが必要である（裁判所法四一条）。最高裁判所は、最終審として下級審の裁判を審査し、法令解釈の統一を図る使命を有するので、裁判官の多数は高度の法的知識と能力が必要であるが、五人は、法律の素養がありさえすれば、法律専門家でなくともよい、つまり素人裁判官でもかまわないとするのである。それでは、素人裁判官にはどんな能力が期待されるのか。単なる一般常識でないとするなら、政治的判断力ということができよう。最高裁判所が純然たる司法裁判所とは異なる存在であるとすれば、最高裁判所裁判官に、政治的判断力という、厳密な法の解釈と適用の能力以上のものが必要とされることも理解できる。

ただし、現実には、内閣は素人裁判官の選出というこの規定の可能性をまったく利用していない。おそらく内閣は、最高裁判所裁判は純然たる司法裁判所であるべきであり、裁判官に政治的判断力は不要だと考えているのだと推測される。

この点、連邦憲法裁判所法にも、連邦憲法裁判所の裁判官は、年齢四〇年以上で、一定数は連邦裁判所の裁判官から選ばれなければならないなど、日本と同様の規定がある。ここで注目したいのは、同法三条二項の改正である。[12]現行規定は、「裁判官は、ドイツ裁判官法上の裁判官資格を有していなければならない」というものであるが、従来、連邦憲法裁判官の任命資格として、「公法における特別の知識」と「公的生活における経験」が要求されていたものを、一九六一年のドイツ裁判官法の改正でこの要件を削除したのである。この改正は、政治的な裁判官ではなく政治的に中立的な裁判官が連邦憲法裁判所にはふさわしいという考えに基づくものであり、したがってまた、連邦憲法裁判所の性格を憲法機関としてではなく裁判所として把握することにつながるように見える。[13]そのかぎりで、日本の裁判所法とは対照的であり、実務とは共通である。

3　実際の選出の特徴

最高裁判所裁判官の選出に関する憲法および法律上の規定はこのとおりであるが、実際の選出にあたっては、次の二点が特徴として指摘されている。[14]

まず第一は、最高裁判所裁判官の出身層の枠である。一九四七年、最初の選出の際、裁判官五人、弁護士五人、検察官・外交官その他五人であった。このような裁判官の出身枠は今日でも基本的に維持されており、それぞれの出身層の世襲相続財産のような観を呈している。

第二に、すべての裁判官が（相対的に）高齢である。最高裁判所裁判官の定年は七〇歳であるが、ほとんどの裁判官は六〇歳を超えてから選出されるため、最高裁判所に在職する期間はほんの数年である。最高裁判所裁判官の地位が出世の最終地点として年功序列的な選出がなされる結果、最高裁判所は高齢者に独占されることになるのである。

憲法と法律の規定では、内閣はまったく自由に裁判官を選出できるはずであるが、現実にはこのような拘束に服しているのである。このような拘束は、必ずしも政治的なものではない。日本社会全体の特質だともいえるものである。現在の制度のままでは、社会それ自体が変わらないかぎり変わりそうもない。

4　国民審査

日本では、裁判官を議会が任命したり、あるいは公聴会を開催するなどの形で関与することはなく、その意味で事前のコントロールがないかわり、事後のコントロールがなされる。一つは国民自身が行う直接民主主義的なコントロールであり、もう一つは、議会がかかわるものである。

最高裁判所の裁判官の任命は、その任命後はじめて行われる衆議院議員総選挙の際、国民の審査に付し、その後一〇年を経過した後はじめて行われる衆議院総選挙の際さらに審査に付し、その後も同様とする。その場合に、投票者の多数が罷免を可とするときは、その裁判官は罷免される（憲法七九条二項・三項）。

最高裁判所裁判官国民審査法の定めるところによれば、衆議院議員の選挙権を有する者が審査権を有する（四条）。国民審査の投票用紙には、審査に付される裁判官の氏名を印刷する。氏名の順序はくじで決める（一四条）。審査人は、罷免を可とする裁判官があれば、用紙のその裁判官の上欄に自分で×の記号を記載して投票し、そうでない裁判官には何も記載しないで投票する（一五条）。×のついた投票の数が何も記載されていない投票の数より多い場合、その裁判官は罷免されたものとされる（三二条）。

一九四九年一月に実施された国民審査に対して、違憲無効の訴えが提起された。このような審査方法が、罷免を可とするか否か分からない者に棄権の自由を認めず、またいずれとも分からないので何の記入もせずに投票したものに対して罷免を可としないという法律上の効果を付与するもので、憲法違反であるというのである。

これに対して、最高裁判所は、この制度はその実質においていわゆる解職の制度であるとしたうえで、投票を積極的に罷免を可とするものとそうでないものに二分し、積極的に罷免を可とするものについてのみ×印をつけ、それ以外の裁判官については何も記載せずに投票させ、罷免を可としない投票に数えたのは、憲法の規定する国民審査制度の趣旨に合致するものであって、憲法に違反するものではないとした[15]。

連邦憲法裁判所の裁判官選出手続について、基本法九四条一項二文にもかかわらず、連邦憲法裁判所法六条は、連邦議会が憲法裁判官を本会議ではなく、選出委員会で決定するものとしている。学説上は違憲説もあるが、ホイン（*W. Heun*）教授は、連邦憲法裁判所の違憲判決は、自己の組織を違憲とすることになるため、考えられないとのべている[16]。その意味では、日本におけるこの事件についても、違憲判決は考えられないところであったかもしれない。しかし、そもそも最高裁判所に裁判する権限があったのか、最高裁に判断させるのがふさわしいのか、疑わしい事件であった[17]。

国民審査制は、少数意見制と結びついている。最高裁判所裁判官は、個別意見の表示を義務づけられる（裁判所法一一条）。これは、日本では、最高裁判所だけにあてはまる。従来の日本では、多数意見だけが表示され、少数意見は秘密とされたから、少数意見の表示はほとんど「革命的」といってよいほどの変化である。にもかかわらず、国民審査制があるかぎり、裁判官に対する国民の判断の資料を提供するために、少数意見制は不可欠だと考えられている。

ただし、最高裁判所の国民審査は、現実にはまったく機能していないといわれる。批判者が、国民の多くは最高裁判所の裁判官の氏名すら知らず、裁判官の能力を評価できるはずもない、というのに対して、擁護者は、国民審査は裁判官の「識見」を審査するもので、裁判官の専門的能力を判定するものではないから、裁判官の判断が民意とずれているかどうかだけを審査することでよいとする。いずれにせよ、いまだ国民審査で罷免された裁判官はおらず、×の数も一〇%程度にとどまっている。

なお、最後に付け加えておくと、GHQは裁判官を国会が任命するか、任命を国会が承認する制度を提案した。日本側が国民審査制に否定的意見を述べると、GHQは裁判官を国会が任命するか、任命を国会が承認する制度を提案した。日本側は国民審査制の方がまだ「弊害」が少ないとして現在の制度になったのである(18)。何をもって弊害と考えたかは明らかでないが、国民審査制は最初から機能しないことが期待されていたのかもしれない。最高裁判所が純然たる司法裁判所であると考える人々からすれば、機能しない方が望ましいからである。

5　公の弾劾

憲法は、公の弾劾による裁判官の罷免を定める（憲法七八条、六四条）。訴追委員会が罷免の訴追をなし、弾劾裁判所が裁判する。両機関とも、国会の各議院でその議員の中から選挙された同数の構成員で構成するが、国会の機関ではない。弾劾による罷免事由は、(a)職務上の義務に著しく違反し、または職務をはなはだしく怠ったとき、(b)その他職務の内外を問わず、裁判官としての威信を著しく失うべき非行があったとき、である（裁判官弾劾法二条)。議会が関与する制度であるが、ここでの説明は省略する。

四　結　論

憲法裁判権を行使する裁判官に対して、裁判官の独立と矛盾しないコントロールが必要である。そのため、ドイツでは、議会が裁判官を選出する。これに対して日本では、国民が裁判官を審査する。そのかぎりでは、どちらの裁判官も民主的正当性を有する。しかし、これで十分なのか。

この問題は、結局、憲法裁判権を他の裁判権と異ならないものとみるか、それとは異なるものとみるか、憲法裁判官は他の裁判官と同じ裁判官として法の解釈適用能力が何よりも重要なのか、それとも広い視野と政治的判断力がより重要なのか、そのどちらの道を進むかにかかっている。裁判官が常に法を語るものであるならば、民主的コントロールとはなじみにくいし、政治的な機能を行使するものなら、より強力な民主的コントロールが必要である。

日本国憲法や裁判所法は、最高裁判所を他の裁判所とは異なる特別の存在としていると考えることができるが、実際の運用は、最高裁判所を純粋な司法裁判所にとじこめようとしてきたようにみえる。学説の多くも、最高裁判所の違憲審査権の行使が消極的すぎると嘆きながらも、最高裁判所が純粋の司法裁判所の枠を超えて活動することに対して警戒的であった。しかし、果たして純粋の司法裁判所が憲法の期待する最高裁判所なのか、最高裁判所の憲法上の性格づけから考え直す必要があろう。最高裁判所の制度改革も、裁判所の性格づけをぬきにすることはできないと思われる。(19)

（1）*Klaus Stern*, Staatsrecht der Bundesrepublik Deutschland, Bd.II, 1980, S. 940は、シュミットを批判してこのように述べている。シュミット憲法裁判理解については、*Carl Schmitt*, Der Hüter der Verfassung, 2. Aufl., 1969, S. 36 ff. 川北洋太郎訳『憲法の番人』（第一法規、一九八九）五六頁以下を参照。

（2）基本法における「裁判（Rechtsprechung）」を日本国憲法の「司法」と同一視することができないことは、抽象的規範統制が前者には含まれるが、後者には含まれない（通説によれば）ことをみても明らかである。

（3）この表現は、*Konrad Hesse*, Grundzüge des Verfassungsrechts, 20. Aufl., Rn. 60. 阿部照哉ほか訳『西ドイツ憲法綱要』（日本評論社、一九八三）三〇頁。ただし、わたし自身は、憲法の規定からそれと同等の形式的効力を有する準則を引き出す意味で用いているので、憲法制定というのと意味は変わらない。ヘッセの憲法理解を受け容れるか否かとは無関係である。なお、工藤達朗「憲法判例は憲法より出でて憲法よりも高し」法学教室二六八号（二〇〇三）三七頁以下。

（4）この「憲法制定（Verfassungsgesetzgebung）」という表現は、シュミットに由来し、現在でもベッケンフェルデの使用するところである。*Schmitt*（N. 1), S.36, 45; *Ernst-Wolfgang Böckenförde*, Verfassungsgerichtsbarkeit. Strukturfragen, Organisation, Legitimation, in: *ders.*, Staat, Nation, Europa, 1999, S. 167. 古野豊秋訳「憲法裁判の構造問題・組織・正当性」初宿正典編訳『現代国家と憲法・自由・民主制』（風行社、一九九九）一九五頁。

ベッケンフェルデは、枠秩序としての憲法理解と国家共同体の法的基本秩序としての憲法理解を二者択一的なものとして対置し、前者の立場をとる。具体化としての憲法解釈は前者の憲法理解とはなじまないようにみえる。しかし、こう考えることができよう。実際の連邦憲法裁判所の活動は、枠の確定にとどまっているわけではない。枠秩序としての憲法理解は、憲法裁判所は枠の確定にとどまるべきだという実践的提言でもあるが、憲法裁判所の活動が枠の確定を超えているからこそ、この憲法理解からすると、憲法上の準則を裁判所が作り出していることになり、憲法の具体化であり憲法の制定であるとみえるのである。

なお、日本では、最高裁判所の違憲審査権が枠の確定にとどまるべきだという考えは、学説上はあまり見られないように思われる。おそらく、ドイツでは連邦憲法裁判所が行き過ぎないようにおさえる必要があると考えられているのに対して、日本の最高裁判所はあまりに消極的で、活動の抑制は問題になっていないからであろう。しかし、それだけではなく、法解釈学論争以来、法の解釈が法の枠の確定にとどまらず、新しい準則の創造であることが広く受け容れられているからだと思われる。

（5） 憲法裁判が結果的に憲法制定という機能をもつことはありうるが、それはあくまで事実上の結果にすぎないのであるから、理論上も解釈論上も、憲法解釈が憲法制定であるというのは間違いだ、という批判がありうる。憲法自体は裁判官の法創造を認めておらず、裁判官は完全に憲法に拘束され、憲法を語っているにすぎないと考えているのだ、というわけであろう。

しかし、裁判官が完全に憲法に拘束されて憲法を語るのであれば、憲法が民主的に制定されているかぎり、裁判官の裁判は民主的正当性を有しており、それ以上の民主的コントロールは不要なはずである。ところが、憲法は裁判官の民主的コントロールにかかわる規定をおいているのである。これは、裁判官の完全な法的被拘束性は理想ではあっても現実には不可能であることを憲法自体が知っているからこその規定であろう。つまり、憲法は裁判官が憲法自体をつくることを前提としているのである。

（6） *Schlaich/Korioth*, Das Bundesverfassungsgericht, 5. Aufl., 2001, Rn. 25ff.; *Gerd Rollecke*, Aufgaben und Stellung des Bundesverefassungsgerichts im Verfassungsgefüge, in: *Isennsee/ Kirchhof* (Hrsg.), Handbuch des Staatsrechts, Bd. II, 1987, § 53 Rn. 8ff. 光田督良「連邦憲法裁判所の地位」工藤達朗編『ドイツの憲法裁判』（中央大学出版部、二〇〇二）六五頁以下。

(7) 従来の研究では、和田英夫『憲法と最高裁判所』（学陽書房、一九七五）が注目される。同書は、最高裁判所の性格を「審判機関としての最高裁判所」と「司法行政機関としての最高裁判所」に区別し、これらが現実に組み入れられたときに生じる問題を「法と政治の中の最高裁判所」として検討する。ただし、これらは最高裁判所の機能の分析であって、憲法上の地位の観点から論じられているわけではない。

(8) 参照、小野寺邦広「部・合同部・部会」工藤編・前掲注(6)八七頁以下。

(9) *Klaus Schlaich*, Die Verfassungsgerichtsbarkeit im Gefüge der Staatsfunktionen, in: VVDStRL 39, 1981, S. 102.

(10) いわゆる寺西判事補戒告事件をきっかけに、司法大臣が司法行政権を有するドイツの裁判官の方が、司法行政権が最高裁判所にある日本の裁判官と比較して、はるかに自由であり、かつ、裁判官の独立も強く守られていると紹介されている。参照、高見澤昭治（木佐茂男監修）『市民としての裁判官』（日本評論社、一九九九）三一頁以下。

(11) 連邦憲法裁判所の裁判官の選出については、川又伸彦「連邦憲法裁判所の裁判官」工藤編・前掲注(6)八三頁以下、同八四頁注三九の文献のほか、岡田俊幸「ドイツ連邦憲法裁判所裁判官の選出手続をめぐる最近の議論」社会科学研究一巻一号（一九九七）九三頁、同「ドイツ連邦憲法裁判所裁判官の選出手続の改革をめぐる議論について（1）」和光経済三三巻二・三号（二〇〇一）五五頁; *Wilhelm Karl Geck*, Wahl und Status der Bundesverfassungsrichter, in: *Isensee/ Kirchhof* (N. 6), § 55 Rn. 4ff.

(12) 参照、川又伸彦「ドイツ連邦憲法裁判所の性格と裁判官像」法学新報九八巻九・一〇号（一九九二）一三七頁以下。

(13) *Lechner/Zuck*, BVerfGG, 4. Aufl., § 3 Rn. 6.

(14) 田中英夫「最高裁判所の裁判官の任命と国民審査」法学セミナー増刊『最高裁判所』（日本評論社、一九七七）八四頁以下。

(15)　最大判昭二七（一九五二）・二・二〇民集六巻二号一二二頁; *Eisenhardt* u.a.（Hrsg.), Japanische Entscheidungen zum Verfassungsrecht in deutscher Sprache, 1988, S. 458ff.

(16)　本書一六二頁参照。

(17)　兼子一＝竹下守夫『裁判法（第四版）』（有斐閣、一九九九）二四(七)頁注七参照。

(18)　高柳賢三＝大友一郎＝田中英夫『日本国憲法制定の過程II』（有斐閣、一九七二）二四〇頁。

(19)　日本の最高裁判所とドイツの連邦憲法裁判所を比較研究する場合、(a)両裁判所はともに憲法機関で共通である、(b)両裁判所はともに純然たる司法裁判所で共通である、(c)連邦憲法裁判所は憲法機関であるが、最高裁判所は司法裁判所で異なる、のいずれであるかによって、比較の意義・方法も異なってくるだろう。

V　憲法裁判と政治

Verfassungsgerichtsbarkeit und Politik

8 憲法裁判と議会との関係——法と政治のはざまの憲法裁判・日独の比較による考察

永田秀樹

一 はじめに

一九九五年一一月、十字架像判決で憲法裁判所への批判の嵐が吹き荒れていたとき、庇護権裁判(1)の傍聴の機会を与えられた。憲法訴願訴訟において当時のカンター(*M. Kanther*)内務大臣が直接カールスルーエまで来て法廷で政府側の正当性について発言したことが印象に残っている。日本で、たとえば教科書裁判において大臣が被告席から弁論を行ったという話は聞いたことがない。

ドイツの例を政治の過剰な法化あるいは司法の政治領域への過剰な介入とみるか、それとも両者の統治における共同作業とみるかはともかく、カールスルーエの連邦憲法裁判所が政治過程において独自の位置を占めていることは事実であり、そのことを確認できただけでも実りある傍聴であった。

二　違憲審査制の正当化根拠

(1)　違憲審査制は、憲法の優位（Vorrang der Verfassung）の思想、あるいは憲法の最高規範性を具体化したものである。これは法段階説を持ち出すまでもなく、法体系において上位法は下位法に優先するということから説明することができる（日本国憲法九八条、ドイツ基本法二〇条三項、一条三項）。この限りでは純粋に法的な説明ですむが、ただし、民主的に選挙された機関である立法部の決定（法律）をくつがえす審査権限を裁判所という第三権に与えることについては、別の論理が必要である。フェデラリスト（ハミルトン（*A. Hamilton*））の主張は、司法部が他の2権に比べて弱いとか権力をもたないとかいうところに求めているが必ずしも説得的とはいえない。

(2)　違憲審査制の導入は、議会主権（paliamentary supremacy, paliamentary sovereignty）との関係でいえば万能の議会主権に対する修正であり、民主主義の観点からいえば、多数者支配に対する修正であるということができる。これは、ふつう、人間の尊厳をはじめとする人権（基本権）は多数決民主主義になじまず、それに先行するからであると説かれることが多い。しかし、議会内で多数者と少数者が争う民主制においては、政治権力一般に対するチェックではなく多数者の独走をチェックして少数者の利益を擁護することが憲法裁判の重要な機能であることを説いていたケルゼン（*H. Kelsen*）の説にも注目すべきである。ケルゼンは、民主主義の本質は多数者と少数者との妥協の中にあるとみており、そのような役割を担うものとして違憲審査制を位置づけている。(2) ケルゼンはその意味で憲法裁判のもつ政治的機能を肯定しかつ期待していたといえる。これは人権の保護機能に解消されない。

(3) 近時、司法審査の役割を人間の尊厳といった実体的権利の価値実現ではなく、民主主義の政治的プロセスを保障することのみに限定しようとする学説が登場している[3]。この説によれば、これによって多数者支配を原理とする民主主義と、選挙によって民主的に選ばれてはいない裁判官による違憲審査権との原理的衝突が回避できるとする。しかし、この説は、違憲審査の役割を限定しすぎていると思われる。実際には、どのような選挙制度が憲法上要請されるかあるいは許容されないかというプロセス的権利の問題を考えても、立法者の憲法解釈との確執をめぐってその憲法解釈には裁判官の政治的判断が混入せざるを得ない[4]。

また、プロセス的権利だけでなく社会国家（日本の場合は社会権）や連邦国家（日本の場合は地方自治）なども憲法原理であり、「憲法の優位」を維持するためにそれらの原理に反する法律を排除することも、当然、違憲審査権の仕事に含まれなければならない。プロセス的司法審査論は、裁判官は本来民主的正当性をもたないので政治の世界に介入すべきでないという考え方を前提としており、その点では日本の多くの学説に見られる違憲審査理解と共通する弱点をもっている。

三 政治的なるものと法的なるものの架橋としての違憲審査

(1) 日本では、違憲審査制が政治的機能を果たしていることを事実上は認めつつも、正面からその意義を承認しようという学説がほとんど存在しない。故芦部信喜教授は司法の形成的・政策的機能を重視していたが[5]、むしろこれは例外に属する。裁判所に対して「法原理機関」とか「法原理部門」という呼称を与えて法と政治との異質性を強調し、司法の政治からの独立や隔絶を説く立場のほうが有力である。日本では付随的違憲審査制の正当性を説明するに当たって、政治と無関係な人権訴訟に司法審査の対象を限定しようする主張がよく見られる。統治行為（政治問題）は司法審査の対象外だとする判例を支持する学説も多い。憲法裁判の対象が多くの場合、政治と関係していることを考えれば、統治行為論は違憲審査を否定しかねない極めて問題の多い理論である。

これは、違憲審査制の導入にもかかわらず、日本の支配的学説がヴァイマル時代のシュミット（*C. Schmitt*）理論の呪縛、すなわち法的なるものと政治的なるものとは互いに架橋不可能な世界に属しており、その二元的対立・矛盾は克服できないことを前提として、裁判官・裁判所は本質的に政治的決定になじまないので政治的領域に介入すべきではない、という呪縛から解放されていないことを意味している。シュミット理論(6)はいうまでもなく裁判所による違憲審査制導入拒否の学説であった。日本の違憲審査制が不活発で、最高裁判所が極端な消極主義に陥っていることを批判する人が同時に他方で、最高裁判所（の担い手、人物）に対する不信から最高裁判所が積極主義に転ずることに対して非常に強い警戒心を示す理由も、この呪縛にあると私は考える。人権訴訟を含めてある種の違憲審査が政治的機能を有するからという理由で司法積極主義に警戒的な姿勢をとるのは、結局のところ臆病で自己保身的な裁判官を励ますことにしかならず、ひいては違憲審査権を裁判所に付与した戦後の司法改革の意義を根底的に否定することにしかならないだろう。

シュミット的二元論は機能と担い手との一致、すなわち政治は政治的機関が行い、司法は法的機関が行うというところに理論的根拠をおいている。これを断ち切るためにどうすればよいかであるが、まず考えられるのはドイツ型の憲法裁判所制度の導入である。私も戦後の司法改革の時点でアメリカ型をモデルとしたのは誤りであったと思うが、しかし、現時点で憲法裁判所を設置するとなると憲法改正を伴う大改革となり、抵抗がある。下級審の違憲審査権を奪うことにも批判が出ることが予想される。したがって時間がかかるが司法制度改革を積み重ねるなかで司法官僚制を克服し、国民から信頼される裁判官を養成していくほかないだろう。いずれにしても担い手の改革を行わなければシュミット的二元論は永久に克服できないだろう。

(2)　ドイツでは、ケルゼン・シュミット論争以来の理論的蓄積を踏まえつつ、第一段階において、最高裁判所ではなく憲法裁判所に違憲審査権が付与されたこと、そして憲法裁判官としてはどういう人物がふさわしいかがナチス司法の反省のなかで模索されたこと、第二段階において、憲法裁判所の地位に関する初期の論争を通じて、裁判所が他の政治機関と並ぶ同等の権威をもつ最高の憲法機関として承認されたことで「法的なるもの」と「政治的なるもの」との峻別論が克服されていった。その際、地位報告の中でライプホルツ（*G. Leibholz*）が「憲法は政治的法であり憲法争訟は政治的法的争訟である」という理論を主張したこと、そしてその理論が基本法における憲法裁判の役割を明確化するものとして広く受け入れられたという事実が重要である。この理論は日本でも紹介されたが、(7) 違憲審査制度の違いが強調されたためか日本の学界の受け入れるところとはならなかった。

このように、ドイツの場合、基本法で予定された以上に憲法裁判所が（危険な賭でもあったと思われるが）積極的・攻勢的に政治過程に関与していくことによって、自らの存在意義すなわち憲法裁判所が政治制度の構成部分であるということについての社会的認知を高めていったということがいえるのに対し、日本の場合、最高裁判所は大審院時代からの伝統である「非政治的機関」という自己認識をもちつづけた。

(3)　連邦憲法裁判所の政治過程への深い関与については、対立する二大政党がともに政治的目的達成のための手段として基本法および連邦憲法裁判所を利用しようとしたということがある。ここに、憲法の外で左右が激突したヴアイマル時代との違いがあり、連邦憲法裁判所が批判を浴びつつも根底において期待と信頼を失わない理由があると考える。

日本の場合、社会党、共産党は違憲審査権を政府の政策変更のために利用しようとした（警察予備隊違憲訴訟、朝日訴訟、家永教科書訴訟など）が、自民党は下野する機会がほとんどなかったためでもあるが、違憲審査制を積極的に利用するということはなかった。自民党は、むしろ日本国憲法廃止・自主憲法制定の運動に力を入れた。しかし、戦後の政治史においてドイツのように政権交代がいくどか起きていればどうなったか分からない。たとえば70年代に社会党が単独であるいは共産党と連立して政権を握り、社会民主主義的な経済政策を推進したりしていれば、それに対する対抗策として自民党が憲法訴訟を提起した可能性がないとはいえない。

四　議会との関係および政治過程への影響

(1)　数量に現れた決定的な差

バイメ（*K. V. Beyme*）によれば一九五一年から一九九一年までの政治的重要法律一五〇件のうち、四〇%が訴訟の対象となり、そのうちの約三分の一が無効、一部無効あるいは違憲と宣告された。(8) また、ロイター（*W. Reutter*）によれば、一九五一年から一九九九年までの訴訟において無効とされたり違憲と確認された法令は連邦で三六一件、州で一五三件、全体で五一四件ある。(9)

日本の場合、最高裁判所に限れば六件ないし七件の法律だけしか無効ないし違憲とされたものがない。それも、日本の政治・社会に決定的な影響を与えたものはないといえる。しいて挙げるならば、不均衡な議員定数配分規定に関する二件の最高裁判所による違憲確認判決か。同じ問題で違憲確認判決ではなく議会に対して放置すれば違憲になるという警告を発した警告判決もある。しかし、選挙の平等（結果価値）に関するこれらの判決も日本政治にとって歴史的なインパクトを与えたものだとまではいえない。

したがって、ドイツのように連邦憲法裁判所があたかも政治機関であるのように振る舞っているという悪口、たとえば、立法代替者ないし副立法者（Ersatzgesetzgeber）とか対抗政府（Gegenregierung）という評価が生まれる余地はない。

このように日本の裁判所は全体として純粋司法機関としての立場に固執しており、議会を積極的にコントロールしようとする意欲に乏しいので、政治過程に関わることがあまりないし政治に与えている影響も小さい。

(2)　違憲審査権行使に対する政府による牽制

しかし、それでも、ときどき政府関係者から「司法のオーバーラン」という言葉が飛び出すことがある。とくに、一九六〇年代の末から一九七〇年代のはじめにかけては「司法の危機」の時代といわれた。政府は、公務員へのスト権付与を認容した最高裁判所の判決（ただし、スト権を禁止していた公務員法規定の違憲無効判決ではなく合憲解釈によって事実上解禁の方向を示唆したにとどまる）に強い危機感を抱き、司法部に政治的な圧力をかけた。最高裁長官の交代を契機として最高裁判所自身がこれに呼応し、悪名高い青法協狩り（左翼的な裁判官の排除と最高裁判所による統制）を行った。公務員スト権認容判決はその後くつがえされて判例変更が行われ、以後、反政府的な判決は全くといっていいほど見られなくなった。下級裁判所でも違憲判決を書くためには特別の勇気が必要であるという状況が生まれた。

しかし、そのことが裁判所の活力を失わせ停滞をもたらす原因にもなった。現在では、最高裁判所も、政治や社会にほとんど影響を与えない裁判所という評価が国民の間に定着すると、国民から支持されなくなるのではないか危機感を持つようになり、「国民の期待に応える司法制度」を作るための改革が政府主導で進められている。その中には裁判員の刑事司法への参加など注目すべきもの含まれているが、現在のところ違憲審査制についての改革の動きはみられない。

った。）

五　分野別にみた憲法裁判と議会との関係——日独の比較

(1)　基本権

A　①ドイツの基本権は古典的な自由権ないし防御権を中心にして構成されており、現代憲法としては極めて謙抑的である。貧弱だといっても良い。（ドイツ再統一の際、社会権や新しい人権の導入も検討されたが[10]、実現しなか

②しかし、連邦憲法裁判所が自由権の擁護のみに力を注いでいたならば、現在ほどの高い信頼を国民から得ることはできなかったであろう。憲法は社会全体の基本秩序を規律しているという立場から第三者効力(Drittwirkung）や客観的価値秩序（objektive Wertordnung）あるいは国家の基本権保護義務（Schutzpflichten des Staates）といった理論によって社会内部の抗争に関して、とくに弱者を救済する立場から積極的に基本権の保護領域を拡大したことが、連邦憲法裁判所の政治的・社会的地位を高めることに貢献したと考えられる。福祉国家の促進という点では、立法の不作為に関する平等権違反の法理なども注目される。

③憲法異議は基本法制定当時、制度としては存在せずその後導入されたものだが、今日では最もよく利用される訴訟類型となっている。いわゆる基本権訴訟がドイツの憲法裁判のうちの大多数を占めているが基本権訴訟は憲法異議だけでなく具体的規範統制や抽象的規範統制によっても提起されることがある。もちろん基本権訴訟だからといって「非政治的」なものばかりとは限らない。大学判決、妊娠中絶訴訟、庇護権訴訟などは政治そのものであり、判決が政治に影響を与えることも多い。ドイツでは肥大化した憲法裁判を抑制するために、抽象的規範統制を廃止すべきだということがときどき主張されるが、これによって連邦憲法裁判所の政治的機能を減退

させることは難しいだろう。仮に抽象的規範統制を廃止しても基本権が関係する限り憲法異議によって事件を連邦憲法裁判所に持ち込むことが可能であり、その限りで連邦憲法裁判所が政治的争いに巻き込まれることは避けられないからである。

Ｂ　①　日本国憲法において人権のカタログは基本法より豊富に備えられているにもかかわらず、社会権領域における展開が全くといっていいほど見られない。最高裁判所はプログラム規定説のような時代遅れの学説にしがみついて時代の要請する新しい憲法解釈を提示せず、そのためにこの分野での社会的な貢献を行うことができなかった。社会権領域は平等権が関係することが多い。不合理な福祉政策を、プログラム規定説による反駁を受ける心配のない平等権違反の問題としてとらえ、是正しようとした例が下級審の判決には見られるが最高裁判例にはない。とくに堀木訴訟で最高裁判所が議会への白紙委任に近い立法裁量論に基づいて社会権領域での憲法裁判の道を事実上封じてしまったことは、その後の司法の発展にとって大きなマイナスをもたらした。

②　平等権については、選挙権の平等の実現に関して実績があるほか、刑法の尊属殺人規定違憲判決がある。女性の雇用関係等における地位の向上に関しては裁判所も一定の役割を果たしており、評価できる。外国人の指紋押捺制度の廃止、難民保護などはすべて立法、条約から立ちおくれ、裁判所が立法や政策をリードしたものはほとんど見あたらない。ただし、外国人の地方参政権付与に関する最高裁判決に関しては、合憲判決ではあるが立法を促進する効果を持った（ただし法律未制定）と評価することができよう。

③　プライバシーと自己決定権については、明文の規定がないにもかかわらず基本法二条一項に相当する日本国憲法一三条の解釈を通じて認められた。積極的な憲法解釈の展開という点では個人の尊重と幸福追求権について規定する一三条が最も進んでいるといえよう。プライバシー保護を優先させて出版の差止を認めた例もあるが、この領域でドイツの国勢調査判決のような立法に対する違憲判決はない。妊娠中絶については、他の先進国と違

い日本では昔から厳しい法律的規制がないためにあまり問題になっていない。

④ 精神的自由（宗教の自由、良心の自由、意見表明・出版の自由、学問の自由、集会の自由、結社の自由、その他）に関しては、訴訟の数は多いがほとんどが立法者や内閣の決定・判断を肯定する合憲判決なのでみるべきものが少ない。政教分離に関して、ある県知事が靖国神社への玉串料を公費から支出したことに対する最高裁の違憲判決が注目される程度である。

⑤ 経済的自由に関してはドイツの薬局判決（Apothekenurteil）の明らかな影響が見られる薬事法違憲判決がある。この判決は、市場の自由化を促進する効果という点ではドイツと同様社会的インパクトがあったといえよう。(11)

(2)　外交、安全保障、平和主義

A　ドイツの場合でも全体として外交、安全保障の領域では連邦憲法裁判所の自己抑制が働いているといわれているが、それでも日本から見ると相当深く政治過程に関与している。センセーションを巻き起こす判決も少なからず存在する。

① 連邦憲法裁判所が発足したばかりのときに再軍備、NATO加盟という政治的争点の解決を迫られた。両政治勢力からの提訴合戦、さらには大統領の勧告的意見の申請もあったが、一方の立場に偏することなく、ある程度の自制によって危機を乗り切ったということがいえる。いずれも憲法改正という形をとって政治的決着がつけられたため司法機関としての最終的な判断は行わずにすませることができた。(12)

② 基本条約（一九七二年）、PKOの域外派遣等においても連邦憲法裁判所は、両政治勢力間の調整的役割を演じた。前者は歯止め的性格が強く後者は追認的性格が強い。判決で示されているのは基本法解釈による法的判断ではあるが、結果を見れば極めて政治的な判断であるということもできる。

③　ヨーロッパ統合問題

ドイツの主権を制限・移譲してでもヨーロッパ統合を推進するという基本的立場に立ちながらも、いわゆる第一次ゾーランゲ判決ではヨーロッパ共同体法（二次法）に対して基本権に基づく違憲審査を留保する見解をとった。その後、統合の進行に合わせて協調的態度を示している。基本権について留保するという解釈は、ヨーロッパ基本権憲章誕生に貢献するという副産物をもたらした。

Ｂ　①　再軍備・自衛隊発足、安保条約締結に関して日本の与党はドイツと異なり憲法改正に成功しなかった。国民の間の平和主義志向がドイツより日本のほうが強かったためであると考えられる。そのために政府は憲法解釈の変更によって外交・防衛政策を正当化しようとしたが、これは当然それに反対する側からの憲法訴訟を引き起こすことになった。安保条約と米軍の存在について一件（砂川事件）、また自衛隊についても一件（長沼事件）それぞれ地方裁判所において違憲判決が下され、両方ともセンセーションを巻き起こした。しかし最高裁判所は、高度に政治的な行為については違憲審査になじまず、政治機関の判断にまかせられるという理論（統治行為論）によって違憲判断を回避した。

②　以後、自衛隊・米軍については明確な司法判断が示されないまま今日に至っており、憲法九条の規範力が疑われている。この領域では「内閣（厳密には内閣法制局）が憲法だと称するものが憲法である」ということになっている。現在でも内閣法制局は有権解釈者として権威をもっており、日本の海外派兵を行おうとしている政治勢力は、これに否定的な見解を示している内閣法制局に見解を変更するように圧力をかけている。最高裁判所ではなく、内閣法制局が憲法の番人として攻撃目標とされているところに特殊日本的な現象が現れている。

③　条約一般については統治行為でない限り理論的に違憲審査の対象となる。しかし、実際には外交・条約が裁判所によって見直されたり無効とされたりしたことはない。

(3)　統治機構

A　①　ドイツでは民主制、連邦国家、法治国家、政党国家等の統治の原理に関する憲法規定に関しても数多くの憲法訴訟が提起されており、いくつかの画期的な判決が存在する。連邦憲法裁判所の役割が一番大きかったのは政党国家に関するものであろう。この領域では、連邦憲法裁判所の判決が最初の政党法の制定（一九六七年）の段階から立法を指導してきたということがいえる。判決の内容も、立法者に対して歯止めをかける阻止的なものというよりははるかに形成的で政策的なものを含んでおり、立法代替者（Ersatzgesetzgeber）という表現はオーバーだとしても、立法協力者（Mitgesetzgeber）と呼んでもおかしくないほど判決の内容自体が政策的である。

②　人権領域だけでなく、統治機構の分野でも連邦憲法裁判所が大きな役割を果たしたのは、抽象的規範統制や最高国家機関間の訴訟が認められており、日本よりは憲法訴訟が成立しやすいという事情がある。しかし、訴訟制度上の理由だけでなく、ここでも、連邦憲法裁判所での解決を求めそこで下された判決には従うという、対立する政治勢力間の合意が存在していることに注目すべきである。政治の法化（Verrechtlichung）、無責任といわれようとも法的論争によって決着をつけようという法文化が形成されていることが重要なのである。

B　日本の場合、付随的違憲審査制の枠のなかでの憲法裁判という制約もあって統治機構に関しては提起された憲法訴訟そのものの数が少なく、下された重要判決も少ない。不信任決議を契機とせず、かつ首相が正式の閣議を開くことなく主観的な政治判断に基づいて衆議院を解散したことが憲法の規定に適合するかどうかが争われた訴訟が有名である。しかし、最高裁判所は、これについても解散に関する憲法規定の解釈を示すことなく衆議院と内閣の政治的な争いだとして統治行為論を根拠に司法判断を拒否してしまった。その結果、不信任決議は衆議院の解散の要件ではないとする憲法慣習が成立している。日本では議会の議事手続についても司法審査の対象外だとした最高裁判例があり、学界のなかにもこれを支持する見解がある。しかし、法律内容の審査ができるのに成立手続（形式要件）について審査ができないとするのはいかにも不自然であり、ここにも理由のない自己抑制が働いていると見ることができよう。

（1）　BVerfGE 94, 49.

（2）　*H. Kelsen*, Wesen und Entwicklung der Staatsgerichtsbarkeit, VVDStRL, Heft 5, 1929, S. 80 f.

（3）　松井茂紀『日本国憲法』（有斐閣、一九九九）九五頁以下。プロセス的司法審査論を批判的に検討したものとして、市川正人「違憲審査制と民主制」佐藤幸治ほか『憲法五十年の展望II』（有斐閣、一九九八）二九七頁以下参照。

（4）　たとえば、ドイツでの超過議席判決に現れた、小選挙区比例代表併用制の理解に関する法廷意見と反対意見の相違。法廷意見は小選挙区部分を重視するのに対して反対意見は本質的に比例代表選挙であることを重視する。BVerfGE 95, 335. 拙稿「超過議席の合憲性」自治研究七四巻八号（一九九八）一二七頁参照。

（5）　たとえば『憲法〔第三版〕』（岩波書店、二〇〇二）三〇八頁では、「裁判には法創造ないし法形成の機能と一定の範囲内で積極的に営むことが期待されているのである。その意味で、司法は一定の立法的な作用を含む」と説かれている。

（6）　シュミットの理論については、田中宏・原田武雄訳『大統領の独裁』（未来社、一九七四）所収の「憲法の番人」参照。

（7）　たとえば阿部照哉「憲法裁判と政治」法学論叢八八巻一・二・三号六三頁、ゲルハルト・ライプホルツ（小林直樹訳）「ドイツ連邦共和国の憲法裁判所と政治に対する司法判断」国家学会雑誌七九巻十一・十二号六三四頁、ゲルハルト・ライプホルツ（大串兎代夫訳）「ボン基本法における民主法治国の憲法裁判権」名城法学四巻三・四号、五巻一号、六巻一・二・三・四号

（8）　*Klaus von Beyme,* Der Gesetzgeber, 1997, S. 302 ff.

（9）　*Werner Reutter,* Das Bundesverfassungsgericht als Teil des politischen Systems der Bundesrepublik Deutschland in: *Glaesner/Reutter/Jeffery,* Verfassungspolitik und Verfassungswandel, 2001, S. 113.

	法令		個別規定		合　計
	全部	一部	全部	一部	
連邦	25	16	104	216	361
州	16	2	54	82	153
全体	41	18	158	298	514

（10）　クラトリーウム編（小林孝輔監訳）『21世紀の憲法』（三省堂、一九九六）参照。

（11）　*Alfred Rinken,* the Federal Constitutional Court and the German Political System, in: *Rogowsky/Gawron* (ed.), Constitutional Courts in Comparison: The U.S. Supreme Court and the Federal Constitutional Court, 2002, p. 79.

（12）　これについては拙稿「西ドイツにおける憲法裁判と政治(2)」大分大学経済論集三九巻二号九〇頁以下参照。

VI

各国の憲法裁判

Verfassungsgerichtsbarkeit in anderen Ländern

9　韓国における憲法裁判の発展と現状

許　營
國分典子　訳

一　はじめに

大韓民国には一九四八年の建国以来、憲法裁判が存在している。憲法裁判の中心問題たる規範統制は近代憲法の成立と密接に関わっているので、韓国においても規範統制の問題が、一九四八年七月一二日の憲法制定以来アクチュアルな問題になったのは当然のことであった。

しかし、韓国の五四年にわたる憲法史のなかで韓国憲法の規範統制制度はたびたび改変を経験してきた。このことは、とりわけ、憲法が権力交代のたびに根本的な変更を経験するのが常であるという韓国の政治スタイルと関連している。詳しくいえば、権力者が規範統制の法制度の形成を自らの権力の展開にとって重要であると考えるために、何が何でも思い通りに変更しようとし、そのため、権力交代のたびに制度が新しい形態になるということと関連しているのである。

この結果、韓国における規範統制の制度は四〇年以上にわたって多かれ少なかれ名ばかりのもの（Papier-Institut）となり、制度が短命であったためにしっかりした実務も形成され得なかった。規範統制制度が何度も新たに作り直されたために学問的にもわずかな議論しか起こらなかった。それゆえ、当時韓国においてとり上げるに値する規範統制判決がなかったことも不思議ではなかった。

こうした状況は一九八七年に初めて変化した。なぜなら、一九八七年憲法に基づいて憲法裁判所が韓国に設立され、(1) 予期に反して成果を収め始めたからである。憲法裁判所の精力的な仕事によって(2)憲法裁判は大きく前進し、憲法裁判の問題についての活発な議論が起こった。

二　韓国における憲法裁判の歴史

一九四八年の大韓民国最初の憲法は、憲法保障のためにフランス型の、一一人から成る特別な憲法委員会の設立を予定していた。この憲法委員会は、(3) 法律に対する司法上の審査権限が認められている法院の訴えに基づいてのみ、具体的規範統制の任務を果たすことができた。すなわち、憲法委員会は法院の提請に基づいて法律の合憲性を判断する権限を有していたのである。憲法には以下のように規定されていた。「法律が憲法に違反するか否かが裁判の重要な前提となるときには、法院は手続を休止し、憲法委員会の判断を請う(4)」。法律の違憲性の判断には憲法委員会の構成員の三分の二の賛成が必要であった。(5) この憲法委員会は最初の段階でしか活動し得なかった。すなわち一九五二年に憲法委員会が法律の違憲無効を宣言した二つの事例があったのみである。(6) ともかく、憲法委員会は不能であったので、一二年間で七事例しか扱うことができなかった。

一九六〇年の四・一九革命の後に成立した一九六〇年六月一五日の第二共和国憲法は、(7)憲法委員会を廃止し、代わりにドイツ型の拡大された憲法裁判権をもった憲法裁判所を憲法の番人に予定した。そして憲法裁判所に違憲な法律を斥ける独占的な権限が委ねられた。(8)それは李承晩大統領が一二年に亙るその支配の間に繰り返し行なった憲法違反に対する制度的な反作用であった。しかし、憲法裁判所が設立される前に、憲法はその規範力を失ってしまった。なぜならば、「五月の軍事叛乱（五・一六クーデター）」の結果、憲法は一九六一年に失効させられたからである。

軍事政権は一九六二年一二月二六日に新しい憲法を制定し、(9)憲法上から憲法裁判所についての規定を削除し、規範統制機能を大法院に附与した。(10)これによって、韓国憲法史上最初で最後のアメリカ型の違憲審査制が導入された。これは、韓国憲法がわずか一五年足らずの間に経験せねばならなかった規範統制制度の三度目の改変であった。けれども、第三共和国における規範統制の実務は成功しなかった。大統領は大法院を完全に手中に収めた。それは、とりわけ、かれが、大法院の裁判官職を自由裁量で配置し、その裁判官を一時的に任命する権限を有したことによる。(11)その結果、大法院は政治に配慮せずに規範統制を適切に行使する状況にはなかった。大法院が政治的圧力にもかかわらず、思い切って権力を支えている法律を違憲と宣言し、その適用を停止してみても、それは多くの場合、不快な帰結をもたらした。その顕著な例は次のようなものである：大法院は一九七一年、兵士と警察官の被った損害を国家による損害賠償から排除する国家賠償法(12)を違憲無効と宣言した。この事件は、大統領が一年後憲法改正の際に、大法院の規範統制権を廃止し、前に否定的な決定に賛成した九人の裁判官全部の再任をさせないようにするきっかけとなった。(13)

一九七二年一二月二七日の憲法は、規範統制およびその他の憲法裁判のための九人の構成員からなる憲法委員会を設立した。(14)これをもって憲法裁判について新たに、大陸――ヨーロッパ、フランス型が導入された。これは韓国憲法史上、法院ではなく特別な憲法機関に規範統制を附与する二度目の試みであった。憲法委員会の構成員は六年の任期で大統領によって選ばれたが、大統領は構成員のうちに、国会によって選ばれた三名と、大法院長によって指名された三名を任命しなければならなかった。大統領はさらに憲法委員会の構成員のなかから委員長を選んだ。憲法委員会において法律の違憲性についての決定、弾劾についての決定、あるいは政党の解散の決定が下される場合には、少なくとも六人の構成員の賛成が必要であった。[15]

この憲法委員会は第五共和国（一九八〇－一九八七）でも特段の組織変更なく存続した。[16] けれども相変わらず実際には「眠れる憲法機関」であった。なぜなら、設立後一五年以上一つの事例も係属していなかったからである。このことは法院がただ大法院を通してのみ憲法委員会の判断を求めることができ、また大法院は下級審の規範統制の提請を理由なくして却下する権限を有していたことに関連していた。政策に非常に従属的であった大法院は下級審のすべての規範統制の提請に対して、これを叱責する意見つきで却下したため、憲法委員会には下級審の裁判官提請は提出され得なかった。こうした理由から法律は一度も憲法委員会の規範統制の対象にならなかった。

一九八七年の「六月の抵抗」[17] 後、憲法改正権力は今一度、憲法裁判所制度を選択しており、一九八七年一〇月二九日の憲法は、[18] 憲法裁判所のために特に一章を設けた。[19] 韓国の憲法史上こうして再度、憲法裁判所が憲法裁判の機関とされたのである。現行憲法の憲法裁判所は、第二次世界大戦後西ヨーロッパで設立された憲法裁判所と多くの類似性を示しているが、[20] 独自の解決の方法を放棄しているわけではない。ここで、以下にそれを扱うことにする。

三　憲法裁判所の組織と管轄

1　憲法裁判所の構成と構成員の選出

憲法裁判所は大統領によって任命される九人の構成員から構成され、かれらは「憲法裁判官」という官職名を有する。しかし、構成には三つの国家権力すべてが参与し、九人の構成員中三分の一は国会によって、三分の一は大法院長によって指名された者が任命される。憲法裁判所の長は構成員中から国会の同意を得て大統領によって任命される。

憲法裁判所の構成と構成員の職務形態はスペインやイタリアの憲法裁判所のそれに似ている。というのも、スペインでもイタリアでも韓国でも三つの国家権力すべて、すなわち立法、行政、司法が憲法裁判官の選出手続に関与するからである(21)。

憲法裁判官の職務期間は六年であり、法律の定めるところに従って、再選が可能である(22)。

憲法裁判官の資格については特別な条件が挙げられる。憲法はそれについて明白に、憲法裁判官は法官の資格を有していなければならないと規定している。これによって事実上ほとんどの大学教員、著名な憲法学者にも憲法裁判官に任命される道は閉ざされている。なぜならば、韓国では、ドイツ、日本、アメリカといった多くの国の実務とは対照的に、法学の教授職に就く道と裁判職に就く道とは全く分離され複線的になっており、その結果、ほとんどの大学教員は裁判官になる資格をもっていないからである。こうした構造的欠陥のために憲法裁判所の活動は実際不備なところが多い。憲法裁判官に選ばれた裁判官、検察官、弁護士は通常、憲法について充分な専門的知識を駆使することができない。

憲法裁判官の職務には他の公的、私的活動と齟齬を生じるものがある。憲法裁判所の構成員の職務は政治職や政党の機能と相容れない。

その職務の執行にあたっては、憲法裁判官は独立であり原則として免官されない。憲法裁判官は弾劾もしくは刑法上の自由の剝奪に基づく以外は解雇されない。その他の懲戒手続には憲法裁判官は服さない。

2　管　轄

憲法は憲法裁判所に広範な管轄権を委ねており、それは具体的規範統制、弾劾、政党の解散、権限争議、憲法訴願の五つに分類することができる。[23]

(1)　具体的規範統制

ある法律が憲法に違反するか否かの判断が裁判手続の前提となった場合、職権によってであれ訴訟当事者の申請によってであれ、その法院は憲法裁判所に申し出なければならず、手続は憲法裁判所の決定に基づいて進められねばならない。[24]

訴訟当事者が当該法院に憲法裁判所への提請の申請をするならば、法院はその申請を審査し、決定によって提請するかしないかを決める。訴訟当事者は提請しないという法院の決定に異議を申し立てる権限はない。[25] しかし、当事者には提請しないという決定から一四日以内に憲法訴願によって直接憲法裁判所に請求し、法律規定そのものを無効とする可能性が残されている。[26]

このことは間違いなく韓国の憲法裁判所制度のナンセンスな規定とされるべきものであろう。なぜなら、憲法裁判所法は一面では法院の判断に対する憲法訴願（いわゆる判決についての憲法訴願）を認めないのに、[27] 他面では、法院が行なった、提請しないという決定に対して、法規についての憲法訴願を認めるからである。この点については憲法訴願の章で詳しく述べることにする。

憲法裁判所への法官による提請は提請書の送達をもって行われる。提請書にはとりわけ法院が違憲であると解釈する法律または法律の条項、違憲であると解釈される理由が附されなければならない。[28]

憲法裁判所への提請後、当該法院は手続を憲法裁判所の決定まで停止する。とはいえ、提請をした法院は特に急を要する事件については訴訟手続を続行することができるのだが、終局裁判を行うことはできない。[29] 下級審の憲法裁判所への提請は形式上、大法院を通してなされねばならないが、[30] 大法院は下級審の法官の提請を独自に審査し却下する権限は有していない。それゆえ、法官の提請の際の大法院の関与は司法行政法上の意味をもつにすぎない。第四共和国および第五共和国が具体的規範統制および、下級審の法官提請を独自に却下し憲法委員会に回さないという大法院の権限をもって行なった負の経験は具体的規範統制の形成に際して反面教師として役立ったといってよいであろう。

裁判手続に関連のない抽象的規範統制は、韓国憲法にはない。

憲法裁判所は、当該法律が憲法とは一致しないという確信をもつならば、その法律ないし法律の個々の条項を違憲と宣言する。[31] 問題になっていない法律の条項が問題となっている条項と機能上不可分に結び付いているか、ひとつの法律がすでに確定された部分違憲の決定に基づいてもはや適用され得ないというのでなければ、憲法裁判所は当該法律あるいは当該法律条項のみを違憲と宣言せねばならない。[32] 一方、そのような関連性がある場合には、憲法裁判所は問題となっていない法律条項をも審査し、場合によっては違憲と宣言し得る。

具体的規範統制で出された憲法裁判所の決定はすべての公権力を拘束し、その公布の日から無効（将来に向けての効力）であり、一般的効力を有する。憲法裁判所によって違憲と宣言された刑法規範は遡ってその効力を失う（遡及的効力）。違憲と宣言された規範に基づく確定した刑事判決は刑事訴訟法の規定に基づいて訴訟の再審が認められる。[33] その他の点では、憲法違反と宣言された規範に基づくもはや取り消しえない判決は手をつけないまとされる。

(2)　弾　劾

憲法裁判所は、韓国憲法六五条に規定される大統領、その他の高位の公職に従事する者[34]に対する国会の弾劾についで判断する。弾劾の決定に関わる者の権限の行使は、憲法裁判所の弾劾についての判断が出るまで停止する。[35] 憲法裁判所は決定において、被請求人が憲法違反、法律違反について責任があるかどうかを確定する。責任ありとした場合には、憲法裁判所は、被請求人がその職を失うことを宣告する。[36] 職務喪失の宣告によって民法上、刑法上の責任から解かれるものではない。[37] 決定の宣告をもってその職を喪失を受けた者は五年経たなければ再び公職に就くことができないことになる。[38] 今日まで憲法裁判所にはひとつの弾劾も提起されていない。

(3)　政党の解散

政党の設立は自由であり、複数政党制が憲法上保障されている。[39] しかし、政党はその目的、組織、活動において民主的でなければならず、国民が政治的意見形成に参加するのに必要な組織をもたなければならない。[40] 政党は法律の定めるところに従って国家の保護を受け、国家の財政援助を受ける。[41] 政党の目的または活動が民主的基本秩序に反する場合にのみ、政府は憲法裁判所に解散を提訴することができ、政党は憲法裁判所の決定によって解散される。[42] 政府はこれまで憲法裁判所に政党の解散の提訴をしたことはない。

(4)　権限争議

憲法裁判所はさらに、憲法および法律で定められた国家および地方自治体の管轄権と任務領域に関する争議についで判断する。前提となるのは、権限紛争が

―二つ以上の憲法機関相互
―国家と一つあるいは複数の地方自治体
―二つ以上の地方自治体相互
の間で起こっていることである。(43)

このなかでは、国家と地方自治体の間の権限争議が重要であろう。韓国は以前から統一国家ではあるものの、一九八七年憲法と地方自治体法は、国の構成部分である一六の地域［Region 道、特別市、広域市と呼ばれる（訳者注）］と二三二の自治体［Gemeinde 市、郡、区と呼ばれる（訳者注）］に地方自治の権利を保障している。それゆえ、国と確実に設置されねばならない地方自治体との間の権限紛争が生じ得る。

加えて、憲法機関相互の憲法争議を国会、政府、法院、中央選挙管理委員会の間の権限紛争のみに限って規定する韓国憲法裁判所法の規定は(44)、憲法裁判上の明確化を必要とするものであった。というのも、国会の野党議員団が国会議長に対して権限争訟を提起する権限を与えられているか否かが争点となったからである。憲法裁判所は最初この問いに否定的に答えたが(45)、その後の決定では肯定した(46)。そこで憲法裁判所は、今では、国会の議長、議員団、個別の議員は疑いなく憲法機関であり、したがって、憲法裁判所法がこれらの機関を名指ししていなくとも、権限争議において当事者となる資格を保持しているものとしている(47)。

(5)　憲法訴願

韓国憲法史上初めて導入された憲法訴願制度は、憲法上極めて簡単に規定されている。憲法は短く、特に憲法裁判所が憲法訴願をも管轄としており、それについては法律で詳しく規定されるとのみ、定めている(48)。それゆえ、憲法訴願については一九八八年八月五日の憲法裁判所法(49)によってはじめて詳細な形態が形作られたのである。

それによると、憲法訴願は、自らの基本権を公権力によって侵害されていると主張することによって、誰でも憲法裁判所に提起することが可能である。[50] 基本権の侵害のみが憲法訴願の根拠となり得る。しかしながら、法院の判決に対しては原則として憲法訴願は認められない。憲法裁判所は最高上告審ではないのである。

基本権がその本質上適用され得る限り、あらゆる自然人と私法上の法人が訴願を認められる。[51] これに対して公法上の法人は憲法訴願を提起することができない。国家からの独立が保障されているか、[52] 部分的に私法的性格が認められうるような公法上の法人には、[53] 例外が妥当する。前者は例えば、憲法裁判所の判示によると、研究と教授の自由（二二条）と大学の自治（三二条四項）の基本権に関して国立大学の招聘に妥当し、[54] 後者は例えば、法律によって強制的に公法上の組合として組織されている中央畜産協会に妥当する。[55]

公権力のあらゆる積極的ないし消極的行為が憲法訴願の対象となり得、一定の条件のもとに法律もその執行以前に対象となり得る。訴願提起者は公権力の行為自体に直接かつ現在、関わっていなければならない。民衆訴訟はない。原則としてまずその際果たしうる法的手段を尽くすことが求められる（憲法訴願の補完性原理）。[56]

このことは法律に対する憲法訴願にもあてはまる。それゆえ、法規自体によって直接――すなわち法律の執行なくして――かつ現在、基本権のひとつを侵害されている者は、通常妥当するそのほかの法的手段が使えない場合にはじめて法律に対して憲法訴願を提起することができる。

憲法裁判所は、さらに、不明確な憲法一〇七条二項の規定にも関わらず、[57] 一九九〇年以来裁判を通じて、[58] 命令、規則、地方自治体の条例に対する憲法訴願も、それらが訴願提起者の基本権を直接かつ現在侵害している限り、認めている。憲法裁判所のこの決定は大法院を刺激し、両機関はその後、権限争いに陥った。この争いはしかしそのうちに、学説の関与のおかげで憲法裁判所に有利に収給した。大法院は、憲法一〇七条二項によると、係属中の裁判においてその妥当性が問題となっている法律より下位の規範についての排他的規範審査権限を有する。憲法裁判所もまたそこで、法律より下位の規範についても、それが執行や裁判手続からは独立して直接かつ現在、できる。

基本権を侵害する場合、憲法訴願手続においてその合憲性について審査し、必要とあれば違憲と宣言することができる。

あらかじめ法的手段を尽くしていることが要求されるために、圧倒的な数の憲法訴願がそれぞれの最終審の法院の判決に対するものである。しかしながら、前述のように、憲法裁判所法は明白に、法院の判決に対する憲法訴願（判決憲法訴願）の導入を排除している。(59) この結果、実務上、特に、通常の法的手段が使われるほとんどの行政機関の行為が全く憲法訴願の対象となり得ないことになった。一方で、法的手段をあらかじめ尽くすことが必要とされ、他方で判決憲法訴願が排除されることは、相互に相容れないものである。

こうした制度的ナンセンスが生まれたことについては、一九八七年の憲法裁判所の設立に際して、その設立により自らの第三権としての地位が脅かされるとみて現状を何としても守ろうとした司法権の大きな抵抗を克服しなければならなかったのだという理由からのみ説明できる。(60) このようにして生じたシステムの不調和はとりわけ、憲法裁判所と大法院の地位を巡る永続的な不和の直接的なきっかけでもある。両機関の地位ないし権限を巡る不和は、一九九七年以来、劇的に先鋭化した。

憲法裁判所は一九九七年、法院の判決を憲法訴願の対象から排除している憲法裁判所法の規定を訴えた法規憲法訴願を認め、同規定は法院が憲法裁判所の違憲と宣言した法律を適用し、それによって基本権を侵害した場合でも、法院の判決を憲法訴願の対象から排除する限りで、憲法一〇七条(61)および一一一条(62)と合致しないと、判示した。(63) この決定で、憲法裁判所は同時に大法院の判決を破棄した。なぜならば、大法院は、憲法裁判所が以前に別の事件で合憲的解釈をもって、限定違憲と宣言し、内容について部分的に無効とした法律(64)を適用し、法律の無効な内容に基づいて判決を出したからである。(65) 憲法裁判所はその際、法院判決が憲法裁判所によって違憲ないし部分違憲と宣言された法律を適用しそれによって基本権を侵害するならば、憲法裁判所法六八条一項にもかかわらず、その判決を判決憲法訴願の対象とし得ることを強調し、詳述した。憲法裁判所のこの判決によって憲法裁判所と大法院の間に重大であからさまな不和状況がおこり、それは今日までも続いている。

大法院は、特に法律を合憲的に解釈して限定違憲とする憲法裁判所の判決をその後も無視している。大法院は、憲法裁判所が合憲的法律解釈という口実で大法院に法律解釈を命じてはならないのであるから、憲法裁判所は韓国憲法裁判所法の文言に忠実に、法律を合憲ないし違憲と宣言すべきで限定違憲とする判決を出してはならないという立場をとっている。(66) この考え方によれば、法律解釈と法律適用はもっぱら訴訟を扱う法院の問題であり、それが故に最終的には大法院の管轄である。そのため、大法院は、明白かつ一義的に違憲の宣言をする憲法裁判所の判決のみを尊重し、その拘束力を認めることができるのだとされる。大法院のこの立場に下級審のすべての法院も賛成していることは驚くに当たらない。

この対立は、つまる所、憲法裁判所と大法院の間でのあからさまに露見した面目争いであって、憲法裁判所の設立以来生じ、国の法治主義に重大な負の作用を及ぼし、それゆえにできる限りはやく終わらせなければならないものである。

大法院の強情な態度はばかげており、その議論は学界ではほとんど支持されていない。なぜなら合憲的解釈は他の西洋諸国において問題なく実践されているように、憲法訴訟（Verfassungsjustiz）においてまさに憲法上の要請であるからである。合憲的解釈は、解釈の余地を憲法に描かれたものに限定するというまさに憲法裁判所に与えられた権限である。合憲的解釈は違憲とされた法律を保持することを可能とするもので、それが故にこのやり方は立法者に優しい解釈方法として妥当する。とはいえ、韓国における憲法裁判所の合憲的解釈の目下の実務が無条件に憲法裁判の理念型に相応するかどうかを吟味することは非常に意義のあることのように思われる。

結局のところ、憲法裁判所と大法院の関係が明白に規定され、両機関の争いが解消されるように、立法措置をとることが立法者の責務であるというべきであろう。なぜなら、この争いは日常の法的安定性を麻痺させる作用を有するからである。

憲法訴願は受理を要する。三人の憲法裁判官からなる委員会（三人委員会［指定裁判部と呼ばれる（訳者注）］）は、憲法訴願が、出訴期限、[67] 法的手段を尽くすこと、および代理人選任義務についての規定を無視するか、そのほか形式上の不備があるか、[68] または認容される見込みが全くない場合、全員一致で請求を却下することができる。それ以外の場合には請求は審判に回付される。憲法訴願の請求後、三〇日以内に却下されない場合には、審判に回付されるものとみなされる。[69] そして、憲法裁判所の全員裁判部が憲法訴願についての判断を行う。

憲法訴願は、少なくとも六人の憲法裁判官が認容し、理由があると認めた場合に、認容される。この場合、憲法裁判所はいかなる基本権がいかなる公権力の行使ないし不行使によって侵害されたかを確定する。そして、憲法裁判所は基本権を侵害する公権力の行使は取り消し、基本権を侵害する公権力の不行使は違憲と確認する。憲法訴願が法規範に対して提起される場合、違憲無効と宣告される。同じことが、憲法訴願が公権力の行使に対して提起される場合にも妥当する。なぜならば、取り消された行為が憲法に違反する法規範に基づくからである。違憲の宣告ないし確認の作用に関して、規定は具体的規範統制に合致する形で適用される。[70]

一九八八年の憲法裁判所の職務開始以来ずっと、憲法訴願の数は増加しており、憲法裁判所の大きな負担になってきている。[71] しかし、考慮すべきは、非常に多数の憲法訴願が全く憲法問題に関係なく、単に、否定的に終わった行政手続に別の方向性を与えようとする訴願提起者のやけくその試みに過ぎないということである。これまで提起された七四〇四件の憲法訴願のうち、二六三六件（三六・二％）は審査するか否かの事前審査手続において既に却下された。この数は、請願として濫用された憲法訴願であるということの雄弁な証拠である。統計がこのように間違った方向に進んでいることを示しているものの、憲法訴願は具体的規範統制よりも憲法裁判所の職務の中心にある。そしてわずかばかりの認容された憲法訴願は個別事例を超えて大きな影響力を有している。国民の法意識は憲法訴願の制度によって強めれた。このことは法治国家の実現に非常にポジティブに作用するものである。

例えば、判決憲法訴願の導入、代理人選任の強制の廃止、限定違憲決定についての明示的規定、憲法訴願手続における仮命令についての条文化[72]、等の憲法訴願の制度的改良によって、憲法訴願は基本権の保護にとってもっと有効な法的手段となり得よう。

四　おわりに――評価と展望

最後に、憲法裁判所が一九八八年以来、韓国において極めて成功してきたことを確認してよいであろう。憲法裁判所の職務において、特に意義があるのは、基本権の内容と限界が明らかにされ、平等条項[73]や法治国原理から重要な手続法上および実体的な正義の原理が引き出されたことである。このことは疑いなく憲法裁判所の賞賛に値するポジティブな成果である。もちろん、憲法裁判所の基本権に関する判断に対しては、もうおよそ一四年にもなるその成果の歴史のなかで暗黙のあるいは声高な怒りの声も繰り返しあった。にもかかわらず、憲法裁判所が特にその初期に、基本権に関する判断を通じて国民の間で一定の権威を獲得したということは、躊躇なく認められるところであろう。

とはいえ、憲法裁判所の名声が、最近、政治的に重大な意味を有する（brisant）裁判における自身の躊躇した姿勢によって非常に揺らいだということもはばからずに言ってよいであろう。憲法裁判所が――政治的――でありたくないがために、これまで、政治的権力を巡る戦いを憲法の目指す方向に導くための何の勇気も示さず、何の方法も見出さなかったことには、非常に失望せざるを得なかった。一九九五年に「広く響き渡った」過去の克服において[74]、そして一九九八年に大統領と国会の多数派との間の激しい権限闘争において示した[75]、相反し、ときに矛盾する憲法裁判所の態度は、国民を非常にがっかりさせた。韓国における最近の政治的展開[76]を見るにつけ、憲法裁判所のこうした点は非難され得る。なぜなら、憲法裁判による政治的権力の統制は、広く世界で発展しつつある、段階化された政治秩序システムのなかで、その秩序の正当性にとって日に日に重要になりつつある要因と認められるからである。三二年にわたる軍事支配の間の政治的なるものの歴然たる解体が、憲法裁判所設立の本来的な理由であったという事情を振り返って考えるならば、裁判においてまさにそうした機会がある場合、政治的弊害を除去することが、憲法裁判所に期待され得るであろう。憲法裁判所は望んだならば、明らかに誤った政治の展開に対し、必要だと思われることを述べ、修正を行う方途をも見出したであろう。先に述べた二つの事例を実質的に憲法を遵守して判断することも疑いなく可能であったろう。躊躇した、あるいは日和見的な決定は、憲法裁判所がまだ政治よりも法の優位を貫徹するだけの立場にないというテーゼを全くよく証明するものである。例として挙げた二つの致命的な憲法裁判所の決定は、その機能と力の限界をわれわれに目の当たりにさせるものである。必要な憲法の規範力なくしては、憲法裁判によって得られるものは少ない。であるからこそ、まさに憲法裁判所が、憲法裁判によって憲法の規範力を強化する立場にあるべきなのである。そのように見ると、韓国憲法裁判所の憲法訴訟の処理は特に政治的問題において非常に遺憾である。韓国の憲法裁判所は厳しい憲法政治の試練にまだ耐えなかった。

また、憲法裁判の一四年間の経験は、憲法裁判所が今までより有効にその職務を遂行することができるためには、多くの制度的改良やかなりの法律改正が必要であることを明らかにした。これまで数多くの改革が議論に上ったが、そのなかで特に、重要なのは、憲法裁判官の任用方式の変更、専門的な適格性を重視した憲法裁判所の構成、判決憲法訴願の導入、仮命令の拡大、弁護士強制の廃止ないし制限、憲法裁判所がこれまで法律上の基礎づけなく実務上発展させてきた多様な判決形式の法律的な根拠づけである。さらに非常に歓迎すべきは、法律に対する抽象的規範統制の導入であろうが、これには憲法改正が必要である。とりわけ、憲法裁判所と大法院の関係は憲法上はっきり規定させねばならないので、どのみち、憲法改正は必要である。

憲法裁判のさらなる発展とそれに伴なう韓国憲法裁判所の将来はおそらく、一面では必要な憲法ないし法律の改正が近い将来実際に実現するか否かに、他面では憲法裁判所が、決定をより精緻に基礎づけ、政治的に難しい事例の処理においても法の優位を貫徹する努力を続けることによって、これまで獲得した権威と国民の間で名声を得ることで享受した注目を守り、あるいは高めることができるか否かに、かかっている。憲法裁判所の固有の権力は小さく、政治的な力はない。それゆえ憲法裁判所は、つまるところもっぱら、憲法からのみ導出し得るその論拠が確信するに足る力を有しているということによってのみ、存続するのである。憲法の番人として憲法裁判所は憲法を守護し、また憲法だけが憲法裁判所に対してその存続と憲法を発展させる法宣言（Rechtsprechung）の権限とを授与するのである。

（1）　憲法裁判所は一九八八年九月一日に、設立後初めてその職務を開始した。

（2）　憲法裁判所は二〇〇二年五月の終わりまでに具体的規範統制と憲法訴願の両手続において三四七の法規範を違憲、無効と宣言した。憲法裁判所公報二〇〇二年六月二〇日付六九号四頁の公式統計参照。

（3）　憲法委員会は、この委員会の委員長を務める副大統領［副統領（訳者注）］、五人の大法院の裁判官［大法官（訳者注）］、五人の国会議員から成る。一九四八年七月一二日制定の大韓民国憲法八一条三項参照。

（4）　韓国憲法八一条二項はこのように述べている［原文は「法律が憲法に違反するか否かが裁判の前提となるときに

は、法院は憲法委員会に提請し、その決定に依って裁判する（訳者注）」となっている」。

（5）　韓国憲法八一条四項。

（6）　農地改革法と非常事態における犯罪に関する法律の幾つかの規定についてであった。

（7）　韓国ではフランスの例にならって、憲法史を序数で時代わけするのが一般的である。そこで、一九六〇年の「四月革命」後の時代は第二共和国と呼ばれる。

（8）　一九六〇年六月一五日の大韓民国憲法八三条の三および八三条の四参照。

（9）　この憲法は「第三共和国憲法」と呼ばれている。

（10）　一九六二年一二月二六日の大韓民国憲法一〇二条一項参照。そこでは以下のように規定されている、「法律が憲法に適合するか否かが裁判の前提となるときには、大法院はこれを最終的に審査する権限を有する」。

（11）　一九六二年一二月二六日の大韓民国憲法九九条および一〇〇条参照。大法院長は六年、その他の法官は一律一〇年の任期で任命された。

（12）　二条一項二文。

（13）　これが第四共和国のいわゆる「維新憲法」であり、実際には大韓民国設立後七度目の憲法改正を意味するものである。

（14）　憲法委員会はまた弾劾と違憲な政党の解散も管轄していた。

（15）　一九七二年一二月二七日の大韓民国憲法一〇九条から一一一条まで参照。

（16）　一九八〇年一〇月二五日の大韓民国憲法一一二条から一一四条まで参照。

（17）　一九八七年六月、特に大都市の住民が軍事政権に対して激しい抵抗を行なった。なぜなら、国民は権力者があらゆる手段をもって回避しようとしていた直接選挙をどうしても実現したいと考えていたからである。

(18)　この憲法は第六共和国憲法と呼ばれているが、私個人はこの呼び方に賛成していない。この憲法は今日に至るまで効力を有している。この憲法の詳細については、条文（英文）を附した *Y. Huh*, Die Grundzüge der neuen koreanishcen Verfassung von 1987, JöR 38, 1989, S. 565 ff. 参照。
(19)　一九八七年一〇月二九日制定の韓国憲法第六章、一一一条から一一三条まで参照。
(20)　この点につき、*Ch. Starck/A. Weber* (Hrsg.), Verfassungsgerichtsbarkeit in Westeuropa, 2. Bde., 1986 参照。
(21)　一九七八年一二月二九日のスペイン憲法一五九条一項（一九九二年八月二七日の文言による）、一九四七年一二月二七日のイタリア憲法一三五条一項（二〇〇〇年一月二〇日の文言による）。
(22)　憲法裁判所の一四年間の歴史のなかで一度だけ再選の例があった。
(23)　韓国憲法一一一条一項参照。
(24)　韓国憲法一〇七条一項参照。憲法裁判所の公式統計によると、一九八八年九月一日から二〇〇二年五月終わりまでに計四二七の法官提請が憲法裁判所に係属した。このうち、一八件が形式的理由に基づいて却下され、九八件が取り下げられ、一〇九件が違憲とされ、一七一件が合憲とされた。三一件は二〇〇二年五月末時点でまだ係属中である。憲法裁判所公報二〇〇二年六月二〇日付六九号四頁。
(25)　韓国憲法裁判所法四一条四項参照。
(26)　韓国憲法裁判所法六八条二項および六九条二項参照。
(27)　韓国憲法裁判所法六八条一項参照。
(28)　韓国憲法裁判所法四三条参照。
(29)　韓国憲法裁判所法四二条一項参照。
(30)　韓国憲法裁判所法四一条五項参照。

(31)　韓国憲法裁判所法四五条一文参照。
(32)　韓国憲法裁判所法四五条二文参照。
(33)　韓国憲法裁判所法四七条参照。
(34)　国務総理（首相）、国務会議の構成員、各省庁の長、憲法裁判官、法官、中央選挙管理委員会の構成員、監査委員、およびその他の法律で定められた公務員である。
(35)　韓国憲法六五条三項および韓国憲法裁判所法五〇条参照。
(36)　韓国憲法裁判所法五三条一項参照。
(37)　韓国憲法六五条四項二文および韓国憲法裁判所法五四条一項参照。
(38)　韓国憲法裁判所法五四条二項参照。
(39)　韓国憲法八条一項参照。
(40)　韓国憲法八条二項参照。
(41)　韓国憲法八条三項参照。
(42)　韓国憲法八条四項および韓国憲法裁判所法五五条から六〇条まで参照。
(43)　韓国憲法一一一条一項四号および韓国憲法裁判所法六一条から六七条まで参照。
(44)　韓国憲法裁判所法六二条一項一号参照。
(45)　一九九五年二月二三日の憲法裁判所決定、憲法裁判所判例集七巻一集、一四〇頁以下参照。野党議員団は国会議長に対して、かれが立法手続上、野党の関与する権利をひどくないがしろにしたとして、権限訴訟を提起した。
(46)　一九九七年七月一六日の憲法裁判所決定、憲法裁判所判例集九巻二集、一五四頁以下（一六四頁）参照。
(47)　これまで憲法裁判所には、合わせて一七件の権限争議が係属したが、そのうち二件が認容され、三件が却下され、六件が棄却され、二件が取り下げられた。四件はなお係属中である。もちろん一七件の権限争議のなかには、国と地方自治体の間の権限争議もあった。憲法裁判所公報二〇〇二年六月二〇日付六九号四頁参照。

(48)　韓国憲法一一一条一項五号参照。

(49)　同法はこれまでに五度、最近では二〇〇二年一月二六日に、多少改正されている。

(50)　これについては韓国憲法裁判所法六八条―七五条の各条文参照。

(51)　例えば、憲法裁判所判例集三巻（一九九一年）二八九頁以下（二九五頁）参照。憲法裁判所判例集八巻一集（一九九六年）一九九頁以下（二〇六頁）。

(52)　例えば憲法裁判所判例集四巻（一九九二年）六五九頁以下参照。

(53)　例えば憲法裁判所判例集一二巻一集（二〇〇〇年）六八六頁以下参照。

(54)　憲法裁判所判例集四巻（一九九二年）六五九頁以下（六七〇頁）参照。

(55)　憲法裁判所判例集一二巻一集（二〇〇〇年）六八六頁以下参照。

(56)　韓国憲法裁判所法六八条一項二文参照。

(57)　韓国憲法一〇七条二項は以下のような文言になっている：「命令、規則または処分が憲法または法律に違反するか否かが裁判の前提になった場合には、大法院は、これを最終的に審査する権限を有する」。

(58)　憲法裁判所判例集二巻（一九九〇年）三六五頁以下参照。

(59)　韓国憲法裁判所法六八条一項一文参照。

(60)　この点に関して詳しくは *Y. Huh*, Sechs Jahre Verfassungsgerichtsbarkeit in der Republik Korea, JöR 45, 1997, S. 535 ff.（550f.）参照。

(61)　重要な一〇七条一項は以下のような文言になっている、「法律が憲法に違反するか否かが裁判の前提になった場合には、法院は憲法裁判所に提請して、その審判により裁判する」。

(62) 重要な一一一条一項の条文は、既に先に詳細に述べた憲法裁判所の五つの管轄について規定する。

(63) 憲法裁判所判例集九巻二集（一九九七年）八四二頁以下（八五九頁）参照。

(64) 憲法裁判所判例集七巻二集（一九九五年）六一六頁以下参照。

(65) 一九九六年四月九日大法院判決九五ヌ一一四〇五参照。税法上の規範の適用が問題とされた。これについて詳しくは、*Y. Huh*, Entwicklung des Verfassungsrechts in der Republik Korea, JöR 48, 2000, S. 471 ff.（476）参照。

(66) 韓国憲法裁判所法四五条一項参照。

(67) 憲法訴願は基本権侵害を知ったのち六〇日以内、または基本権侵害があったのち一八〇日以内に提起されなければならない。法律によって何らかの法的手段が与えられているならば、憲法訴願はその法的手段による決定通知を受けたのち三〇日以内に提起されなければならない。韓国憲法裁判所法六八条二項による法規憲法訴願は、法官による提請の請求が棄却されたのち一四日以内に提起されなければならない。韓国憲法裁判所法六九条参照。

(68) 必要とされる訴状の個別の内容については、韓国憲法裁判所法七一条参照。

(69) 韓国憲法裁判所法七二条参照。

(70) これに関しては、韓国憲法裁判所法七五条の個別の条項参照。

(71) 一九八八年九月一日から二〇〇二年五月末までの間に七、四〇四件の憲法訴願が係属していた。そのうち、三、四九二件（四七・一％）が却下され、二、六八六件（三六・二％）が既にいわゆる三人委員会の回付手続に入っており、八〇六件は全員裁判部で審理中である。二二七件は却下され、四件は他の方法で解決した。四七五件がなお、憲法裁判所に係属中である。全員裁判部によって三、二〇六件が実体的に審査され、そのうち、三九六件（一二％ないし七四〇四件中の五％）だけが認容された。二、三三三件は全員裁判部によって棄却され、四七七件が合憲とされた。

法規憲法訴願の割合は、これまで扱われた全七、四〇四件の憲法訴願の約一三％（九九四件）である。法規憲法訴願の認容率は、約一九％（一九八訴願）である。これについて、個別には憲法裁判所公報二〇〇二年六月二〇日付六九号四頁の公式統計参照。

(72)　憲法裁判所は憲法裁判所法が規定していないことを省みずに既に仮命令を出したことがある。憲法裁判所判例集一二巻二集（二〇〇〇年）三八一頁以下参照。

(73)　韓国憲法一一条参照。

(74)　憲法裁判所は、一九七九／八〇年に血まみれの軍事叛乱によって権力を分かち合って掌握し、前後一三年間、国を独裁的に統治した前大統領二人に対する刑事訴追が正当か否かを判断せねばならなかった。

(75)　憲法裁判所は、憲法八六条一項が国務総理「代理」を予定していないにもかかわらず、国会の同意なくして国務総理「代理」に誰かを任命する大統領の行為が憲法上許され得るかどうかについて判断しなければならなかった。憲法八六条一項は次のように規定している：「国務総理は、国会の同意を得て、大統領が任命する」。この事件の経過については、*Y. Huh* 注（65）、S. 480 ff. 参照。

(76)　大統領は二〇〇二年六月中旬、再び大きな批判を無視して張裳（チャン・サン）教授を国会の同意なくして国務総理「代理」に任命した。しかし、この任命の二週間後、彼女はやめなければならなかった。なぜならば、国会が同意を拒否したからである。

10　台湾における憲法裁判

許　宗力
宮地　基　訳

一　司法院と大法官

一九四七年に公布され、今日でもなお台湾において施行されている中華民国憲法は、すでに特別の司法機関による法律の合憲性審査制度を持っている。この特別の司法機関は、「司法院」と呼ばれる。(1)そこでまず、この司法院の機構と権限を検討することが必要となる。

憲法七七条および七八条によると、司法院は国家最高の司法機関であり、民事、刑事および行政訴訟、公務員の懲戒、ならびに憲法解釈、法律および命令の統一的解釈を管轄する。憲法七九条によれば、司法院は、院長、副院長および若干名の大法官によって構成される。これらの規定を見ると、司法院はアメリカの最高裁判所をモデルとして作られているようにも見える。しかしこの印象は誤りである。実際には、大法官は憲法七九条二項により、もっぱら憲法解釈、法律および命令の統一的解釈だけを管轄する。民事、刑事、行政訴訟、ならびに懲戒事件の処理は、それぞれ司法院の下に設置された最高法院、最高行政法院および公務員懲戒委員会によって行われる。大法官によって行われる憲法解釈、法律および命令の統一的解釈の他に、司法院の重要な任務として、全国的な司法行政がある。これには主として職務監督、人事権、予算および統計などが含まれる。院長は司法院を指揮する。したがって司法行政は院長のみの責務である。大法官は司法行政の実施に参加する権限を持たない。司法院の院長および副院長は、大法官に含まれないので、憲法解釈の機能に参加することはできない。奇妙なことに、司法院の院長は大法官による最終評議において議長を務める。しかし院長は、表決権を持たない。これにより院長はおそらく苦しい立場に置かれていたであろう。幸いなことに、一九九七年に行われた憲法改正により、院長はこのような苦しい立場から解放された。憲法修正追加条文五条により、二〇〇三年からは司法院は一五名の大法官から構成され、この中に院長および副院長も含まれることになった。ついに、司法院の院長および副院長も、大法官としての資格を有し、したがって憲法解釈に参加できることになったのである。

二　大法官の任命および資格

憲法修正追加条文五条によれば、一五名の大法官は総統によって指名され、議会、すなわち立法院の同意によって任命される。大法官の任期は八年である。再任は禁じられている。かつては、再任は許されていたばかりか、原則として再任が保障されていた。再任が大法官の独立を脅かしかねないことは明らかである。再任の禁止は、大法官の独立性が脅かされることを避けることを目的としていた。しかしこの新規定は一方で激しい批判にもさらされている。近年に任命された大法官は、再任が禁じられているため、まだ十分に仕事をする能力のある年齢で退職を余儀なくされることになるとの意見が主張されている。また、これらの大法官らが、自分の将来の経歴を心配することになれば、これもまた大法官の独立性を脅かす可能性があるかもしれない。[2] これらの批判は、根拠のないものとはいえない。これを解決する一つの方法は、任期を長くして、たとえば一二年あるいは一五年にすることである。任期の延長という手段をとらないのであれば、私見では、五五歳未満の者を大法官に任命することはなるべく避けなければならない。

司法院構成法四条によれば、大法官は以下のいずれかの資格を満たさなければならない。

(1)　最高法院において一〇年以上勤務し、かつ卓越した評価を有する者

(2)　立法院議員として九年以上勤務し、かつ特別な業績を有する者

(3)　重要な法分野に関する法律学教授として一〇年以上勤務し、かつ当該分野に関する卓越した著作を有する者

(4)　国際司法裁判所裁判官として勤務した者、または公法もしくはそれに準ずる法律学の分野に関する標準的著作を有する者

(5)　法律学を修め、豊富な政治的経験を有し、かつ高い名声を有する者

上記の各資格のうち、一つのカテゴリーから任命された大法官の数は、全体の三分の一を越えることはできない。これまでの大多数の大法官は、(1)、(3)、(4)、および(5)のカテゴリーから任命されている。

三　大法官の権限および手続の種類

上述のように、大法官は憲法解釈、ならびに法律および命令の統一的解釈の権限を有する。一九九二年に公布された憲法修正追加条文一三条二項により、大法官には新たな権限が与えられた。すなわち違憲の政党の解散である。以下では、憲法解釈、および違憲の政党の解散の権限についてのみ取り扱う(3)。

1　憲法解釈

司法院大法官の手続に関する法律（以下では大法官手続法という）五条によれば、憲法解釈の権限は五種類の手続に分けられる。

(a)　憲法の適用に関する疑義の解釈

大法官は、中央または地方の機関がその職務執行の過程で憲法の適用につき疑義を持った場合に、憲法を解釈しなければならない（大法官手続法五条一項一号）。ほとんどすべての国家機関が、憲法のある規定について単なる疑問または不明な点があれば、直ちに解釈の申し立てをすることができるため、大法官は他の国家機関の憲法上の助言者に成り下がってしまうおそれがある(4)。したがって、多くの法学者、また大法官自身もが、この権限の廃止を支持していることは、驚くべきことではない(5)。

(b)　機関争訟

中央または地方の機関は、その権限の行使にあたって憲法の適用に関して他の機関との間に意見の相違があった場合には、憲法の解釈の申し立てをすることができる（大法官手続法五条一項一号）。この手続に関する管轄権は、当然、憲法に定められた国家機関の権利義務に関する争いがあることを要件とする。

(c)　抽象的規範統制手続

中央もしくは地方の機関、または立法院議員の三分の一が、その職務の執行の過程で適用すべき法律または命令の憲法との適合性について疑問を持った場合には、大法官は抽象的規範統制を行う。

(d)　具体的規範統制手続

ある一般裁判所が、手続において適用すべき法律の合憲性に疑問を持った場合には、手続を中断し、大法官の判断を求めなければならない（解釈第三七一号）。大法官手続法五条二項によれば、本来、最高法院の各法廷だけが、手続を中断して大法官の判断を求めることができるものとされている。大法官は、このような規定では満足しなかった。一九九五年に言い渡された解釈第三七一号において、大法官は、大法官手続法五条二項を違憲であると宣言し、適用すべき法律の合憲性に疑問がある場合に大法官に申し立てをする権利を、すべての審級のすべての裁判所に拡張した。

(e)　憲 法 異 議

市民もしくは法人または政党は、憲法上保障された自己の権利を違法に侵害され、一般裁判所に訴えを提起してもなお、確定した裁判において適用された法律または命令の憲法適合性について疑問がある場合には、憲法の解釈の申し立てをすることができる（大法官手続法五条一項二号）。したがって審査の対象は法律および命令だけであって、判決は対象とならない。すなわち台湾では、判決に対する憲法異議は存在しない。

2　違憲の政党の解散

一九九一年に公布された憲法修正追加条文五条五項によれば、政党の目的もしくはその行為が、中華民国の存在あるいは自由民主の憲政秩序に危険を及ぼす場合は、その政党は違憲である。明らかにこの新規定は、ドイツ基本法二一条二項に強く影響を受けたものである。当時の国民党政府は、徐々に力をつけていた野党民進党に対し、新しい台湾共和国設立の主張に警告を与え、場合によっては民進党を解散させることを意図していた。しかし民進党の無視し得ない政治的な勢力を前に、国民党政府は、民進党の違憲性に関する判断を大法官にあえて申し立てることはしなかった。民進党は今や政府与党となった。今日では、民進党が中華民国および中華民国憲法の正当性をすでに承認していることは、注目に値する。今では民進党は、台湾はすでに独立国家であり、しかもその正式名称は中華民国台湾であると主張している。したがって、新しい台湾共和国を建国することは不必要になる。このため、民進党が中華民国の存在に危険を及ぼすとの批判は、ある程度和らげられた。これまでのところ、大法官は違憲の政党の解散の権限を行使する機会を持たなかった。違憲の政党の解散の権限は、実際には単なる紙上のものとなったといえる。(6)

それぞれの種類の手続における若干の相違を別にすれば、台湾における憲法裁判は、全体としてみれば連邦憲法裁判所が行っている憲法裁判に類似しているということができよう。

四　大法官の審理と決定

大法官は、憲法解釈、法律および命令の統一的解釈、ならびに違憲の政党の解散の権限を有する。憲法解釈、ならびに法律および命令の統一的解釈を行う場合には、大法官は合議体として審理を行うが、通常は公開による裁判形式の手続は行われない。違憲の政党の解散を裁判する場合には、大法官は憲法法廷を組織することが義務づけられており、この場合には裁判としての手続が適用されなければならない（大法官手続法一九条以下）。しかし憲法法廷の訴訟法によれば、大法官が憲法解釈を行うにあたって口頭弁論が必要と考える場合にも、憲法法廷の手続に関する規定が準用される。この結果、憲法解釈の場合に憲法法廷を組織するか否か、いつ組織するかについても、自由に決定することが認められることになる。通常大法官は、当該事件が議論の対象となっている場合、複雑である場合、または政治的に大きな影響のある場合に、憲法法廷を組織することに決めている。

大法官の決定については、大法官手続法一四条が定めている。これによると、憲法解釈を行う場合には、少なくとも全体の三分の二の大法官が出席していなければならない。決定を下すには、すべての出席者の三分の二の多数が必要となる。ただし命令を違憲と宣言するだけの事件においては、出席者の過半数の賛成で足りる。

五　政治過程における大法官の意義

1　台湾における政治の民主化および自由化にあたっての大法官の役割

大法官はすでに一九四八年にその活動を開始した。しかし当初は、憲法秩序および基本権の保護に関しては、大法官は主に形式的な機能しか果たしていなかった。一九八七年になって戒厳令が解除されて初めて、大法官は、自らに信託された義務を真剣に果たし始めた[7]。検討に値するのは、台湾における政治の民主化および自由化に対する大法官の寄与である。大法官の果たした役割をわかりやすく示すために、三つの解釈を挙げてみよう。

(a)　解釈第二六一号

立法院の第一期の任期は一九五一年に終了した。当時は中国大陸部における新議員の選挙は明らかに不可能であったため、総統の要請を受けて、当時の議員は引き続き職務にとどまることを決定した。大法官は、一九五四年に発せられた解釈第三一号により、「事態が続く限りは」との条項（clausula rebus sic stantibus）を付してこれを合憲と宣言した。この結果、一九四八年に中国大陸部で選出された議員は、中国で新議員の選挙が行われるまでの間、その職にとどまることが許されることになった(8)。一九九〇年の解釈第二六一号において、大法官はやっと解釈第三一号における立場を修正した。この解釈おいて大法官は、以下のような態度を明らかにした。「現在の事情に適合させるため、……定期的に再選されていない第一期中央代表機関の議員は、一九九一年一二月三一日以前にその権限の行使を終了しなければならない。さらに中央政府は、……憲法体系の機能を守るために、全国を代表する第二期中央代表機関議員の選挙を行わなければならない。」この解釈は、民主化へ向けた重要な一歩を画することになった。なぜなら、この解釈がなければ、民主主義にとって不可欠の議員の再選挙は引き続き不可能なままであっただろうから。

(b)　解釈第四七九号

結社法は、全国的な結社が「台湾」という名称をつけることを禁じている。したがって、台湾における全国的な結社はすべて、たとえ台湾の領域内でしか活動していないとしても、「中華」、「中華民国」、「中国」といった名称をつけることを義務づけられている。その理由は、当時の国民党政府が、中華人民共和国と同様に、いわゆる「一つの中国政策」に固執し、台湾を中国の一部と見なしていたことにある。一九八七年以降の政治的自由化が進展するにつれて、多くの全国的結社が次第に、構成員の総会の決議によって結社の名称を中国から台湾に変更することに成功した。台湾における最大の法律家団体に「中国比較法学会」があった。筆者は現在その理事長を務めているが、この会の名称も、「台湾法学会」に変更された。しかし内務省は、「台湾法学会」という新名称の登録を拒否し、しかも学会に対して名称変更の決議を破棄するように要求した。長年にわたる訴訟の末、「台湾法学会」は大法官に対して憲法の解釈を申し立てた。一九九九年に発せられた解釈第四七九号において、大法官は、問題となった結社法の規定を違憲と宣言した。大法官は、憲法一四条は結社の形成を保護していると説示している。結社の名称の自由な決定は、結社の目的、構成員の合意形成および同一性の維持に関わるものであるから、この規定は、結社の名称の自由な決定を含んでいる。結社の名称の決定の自由を制限している結社法の規定は、結社の自由を不必要に制限したものであり、したがって違憲である。私見では、この解釈は台湾における政治の自由化および地方化（「台湾化」）にとっての画期をなすものである。

(c)　解釈第四四五号

集会法によれば、屋外で集会を開催するには、事前に警察の許可を必要とする。集会法一一条によれば、法律上の拒絶事由が存在しない場合には、警察は許可を与えることを義務づけられる。大法官は、事前の許可制自体については、これを違憲とは判断しなかった。むしろ、この制度の合憲性は、立法者が列挙している拒否事由が正当化されうるか否かにかかっている。これに続けて大法官は、個々の拒否事由の合憲性の審査を開始した。

本法一一条一号によれば、集会が共産主義または国土の分裂を主張するものである場合には、集会の開催許可の申請を拒否しなければならない。この法律にいう国土の分裂の主張とは、大陸中国との合併を拒否する主張、ないし新しい台湾共和国の設立の主張に他ならない。解釈第四四五号において、大法官はこの拒否事由を違憲であると宣言した。その理由は、集会の開催の許可を付与するか否かは、その時、場所および形態のみによって決せられるべきものであって、集会の目的ないし内容によってこれを決することは許されないというものであった。

集会法一一条二号および三号によると、予定されている集会の開催が、国家の安全、社会の秩序および公共の利益に対する危険を生ずること、または身体の安全、身体の自由および財産に危険を及ぼすことを証明しうる事実が存在する場合にも、集会の開催許可の付与を拒否しなければならない。大法官は、これら二つの拒否事由についてもこれを違憲であると宣言した。その理由は、これらの構成要件があまりにも不明確であって、明確性の要請を満たしていないからというものであった。集会法九条によると、自然発生的な集会についても許可が必要とされ、しかも許可の申請は開催の二日前までに提出しなければならない。大法官は、この規定についても違憲であると判断した。その理由は、自然発生的な集会は、開催の二日前までという期限に間に合うようにその許可の申請を提出することはできないから、事実上自然発生的な集会が不可能になるというものであった。

2　政治の司法化（Juridifizierung）か

一九九三年の解釈第三二八号では、大法官はアメリカの「政治問題の法理」に依拠して、国家の領域の確定を拒否したが、大法官は必ずしも常に政治に対して謙抑的な態度をとっているわけではない。その最も有名な例は、二〇〇一年に発せられた解釈第四九九号である。この解釈では、憲法改正手続きにしたがって議決された憲法の修正追加条文の合憲性の審査が問題となった。これは憲法改正の限界に関わるものである。審査の対象となったのは、二〇〇〇年に公布された憲法修正追加条文一条三項および四条であった。これらの条文によると、議会改革のために、国民大会および立法院の現在の議員の任期をそれぞれ約一年および二年間延長するものとされた。そのほかに、実際に行われた憲法改正の手続の合憲性も審査された。というのは、これらの追加条文は、異例の秘密投票によって議決されたからである。憲法改正の限界についても、憲法改正の場合の記名投票についても、憲法には定められていないにも関わらず、大法官はこれらの追加条文を民主主義の憲法原理に違反するとの理由で違憲であると判断した。憲法改正権に限界があるか否かの問題は、台湾で激しい議論の的となっている。これに関しては、台湾の法学界においても意見が分かれている。(9)たとえ大法官がこの解釈においてこれを肯定する答えを出したにせよ、学界における議論はなお続くことになる。

六　憲法裁判の改革

1　改革の背景

大法官によって行われる憲法裁判は、現在改革の動きにさらされている。上述のように、一九八七年以来、大法官はめざましい働きをして、台湾政治の民主化および自由化に多大の貢献をなした。だから、いかなる理由で憲法裁判が司法改革のテーマとなるのかという疑問が出されるのも無理はない。その理由は以下のように説明できる。

憲法七七条によると、司法院は民事、刑事および行政訴訟、公務員の懲戒、ならびに憲法解釈、法律および命令の統一的解釈の権限を有する。しかし実際には、司法院自体は司法権を行使していない。民事、刑事および行政訴訟、並びに懲戒事件は、それぞれ司法院の下に設置される最高法院、最高行政法院および公務員懲戒委員会によって行われる。司法院が行う唯一の司法的機能は、大法官によって行われる憲法の解釈である。憲法解釈の権限を除くと、憲法院は、主として職務監督、人事権、予算、統計などのみを管轄する、一種の司法行政機関になる。そのため、あたかも司法行政が司法の上に位置するかのような印象を招く。(10) したがって、司法院がとりわけ職務監督および人事権を利用して裁判官の独立に干渉することが危惧されるのである。このようなおそれそのものは、一九八七年以前には根拠のないものとはいえなかった。(11) 政治的自由化の進展につれて、事態ははるかに改善された、今では、裁判官の独立に対する侵害という話は全く聞かれなくなった。それでもなお、司法院の地位は依然として司法改革のテーマに含まれている。司法院が民事、刑事、行政訴訟および懲戒事件を自ら取り扱わないという事実だけでも、憲法七七条に違反する可能性が極めて高い。

弁護士の側からの政治的な圧力もあって、一九九九年に司法改革会議が開催された。この会議の参加者のほとんどは、弁護士、裁判官、検察官および法学教授であり、そのほかに若干の議員および利益代表も加わっている。司法改革の重点は、本来、刑事訴訟制度の新方針にある。刑事訴訟制度の新方針に関連するその他のテーマも、同時に扱われている。その中に、依然として司法院の地位の問題も含まれているのである。

2 三つの選択肢と司法改革会議の決議

司法院の地位に関しては、検討する価値のある三つの選択肢が準備委員会において用意され、会議参加者の審議の対象となった。これら三つの選択肢は以下の通りである。

a 司法院を一般的な最高裁判所へと改組し、それぞれ憲法解釈、民事、刑事および行政訴訟を担当する複数の法廷で構成する。これまでの最高法院、最高行政法院および公務員懲戒委員会は廃止して、司法院に統合する。

b 司法院をアメリカの最高裁のように改組し、一三から一五人の大法官から構成し、一般的に最高の司法権を有するものとする。

c 司法院を純粋の憲法裁判所に改組し、従来通り大法官によって構成する。最高法院、最高行政法院といった他の終審裁判所には、変更を加えない。

cの選択肢が現状に最も近く、したがって改革のコストは最も少なくてすむ上、現在大法官が行っている憲法裁判がめざましい働きをしているにもかかわらず、司法改革会議はbの選択肢、すなわちアメリカモデルの司法審査制の導入を採用することを決定した。これを採用するに至った主な考慮は、bの選択肢が憲法制定当時に制憲者らが意図した状態に近く、したがって多大な精力を費やさなければ実行できないような憲法改正は、できる限り避けられるべきであるというものであった。別の理由として、出席していた弁護士、裁判官および検察官の多くは、アメリカへ短期留学した経験を持っており、その結果アメリカの司法審査モデルを支持したとも考えられる。最後に、裁判官らが、司法院の判断を求める義務を負うだけにとどまらず、自ら審査して判断を下す自信を次第に強めてきたことも挙げられる。

とはいえ司法改革会議は議会ではないから、その決定は当然のことながら法的には拘束力を持たない。しかしながらその政治的な影響力の強さは無視できるものではなく、しかも司法院だけではなく、議会をも拘束している。会議の決定から根本的に逸脱すれば、確実に政治的な混乱が生ずるであろう。私見によれば、アメリカモデルの司法審査制の導入の決定は、もはやほとんど変更の余地がない。

この決定の結果、これまでの最高法院、最高行政法院および公務員懲戒委員会は廃止され、憲法裁判を行うことを特に管轄する特別の司法機関も、もはや存在しなくなる。将来的には憲法裁判は通常の裁判所に帰属することになる。言い換えれば、下級裁判所裁判官が司法院の判断を求める義務はもはやなくなることになる。そのかわり、裁判官は、適用すべき法律が違憲であると考える場合には、裁判においてその法律を適用しない権限を持つことになる。アメリカの最高裁をモデルに改組された司法院は、最終審裁判所として、適用すべき法律の合憲性をやはり付随的にのみ審査することになる。当然のことながら、現在あるその他すべての種類の手続、たとえば憲法の適用に関する疑いについての解釈、抽象的規範統制手続、機関争訟および憲法異議も、もはや存在しなくなる。

会議の終了後、ある有名なコラムニストが新聞に論説を書き、その中で台湾の法制度に対する伝統的なドイツ法の影響が徐々に弱まってきたと論じた。さらに彼は、台湾の法制度がますます強く「アメリカ化」されていくだろうと予言している。彼のいうことはもちろん誇張されている。しかし、最近の一〇年間にアメリカ法の影響が強まってきたことは明らかである。それはインターネット法、経済法および商法といった分野だけでなく、刑事訴訟制度および憲法の分野にも及んでいる。そして今や、アメリカモデルの憲法裁判の導入である。

私見によれば、台湾において行われようとしている司法改革は、大陸法体系の土壌の上に、アメリカ法という植物を植えようとする試みに他ならない。この試みは、おそらく一九四〇年代の終わりに日本において行われた改革に比較しうるものであろう。このときも、ヨーロッパ大陸的な法体系の基礎の上に、アメリカモデルの司法審査制が導入された。しかしながら、日本の最高裁判所は、アメリカの最高裁判所に匹敵する権限を与えられているにもかかわらず、比較的謙抑的な態度をとっている。日本の最高裁判所が、アメリカの最高裁判所ほど成功を収めていない理由については、すでに文献において詳細に論じられている。[12] 筆者は部外者ではあるが、あえてもう一つの理由を付け加えてみたい。それは、日本の最高裁判所が、憲法と全く関係のない民事、刑事および行政訴訟にあまりにも大きな負担をかけられていることである。[13] 現在計画中の台湾における憲法裁判の改革が成功するか否かは、私見によれば、将来アメリカの最高裁判所をモデルとして改組される司法院が、特別のかつ基本的な憲法上の重要性を持った事件だけをもっぱら取り扱うという権限を与えられるか否かにかかっている。

3　最近の展開 —— 混合モデルの導入

司法院は、一〇年以内に司法改革会議の決定を実施することを政治的に義務づけられている。これに応じて司法院は、会議の決定を具体化し、必要なすべての法律改正案を準備する任務を有する委員会を設置した。筆者もこの委員会に所属している。二〇〇一年二月末に、司法院の院長である翁岳生博士は、委員会の会議において、アメリカモデルの枠内において抽象的規範統制手続を維持することを提案した。翁博士は、抽象的規範統制手続はこの一五年間きわめてよく機能しており、この手続を廃止すべき理由はないという意見である。もしこの提案が最終的に受け入れられれば、将来の司法院における憲法裁判は二重の機能を果たすことになる。一方で司法院は、最終審裁判所として、手続において適用されるべき規範の合憲性を付随的に審査する。したがって規範の有効または無効の宣言は、当該事件についてのみ拘束力を有する。他方で司法院は、それぞれの機関の申請に基づいて、しかも裁判所に手続が係属しているかどうかに関わりなく、規範の合憲性を審査する。したがって規範の有効または無効の宣言は、一般的な効力を有する。この新しい提案は、ドイツ・オーストリアモデルの支持者からの反撃と思われる。この新しい提案が、第三の道となるのか、単なる袋小路に終わるのかは、まだ議論の余地がある。私見では、この提案には特に問題がないと考えるが、委員会のメンバーには、この提案に懐疑的な者もいる。

七　まとめ

改革の正当性は、通常の場合、現実の危機、あるいは誤認された危機から導き出される。憲法裁判の改革についても事情は同じである。私自身は、憲法裁判について深刻な危機が存在するとは考えていない。改革の必要があるのは本来司法院の地位であって、司法院に所属する大法官が行っている憲法裁判ではない。憲法裁判が司法改革のテーマに上ったのは不幸なことである。アメリカモデルの司法審査制の導入が決定されたことは、さらに大きな不幸である。安全な土地を去って、見知らぬ安全とはいえない新天地に足を踏み入れることになるからだ。だから筆者は、将来の改革について大きな不安を抱いている。改革を失敗させないためには、十分な準備と予防措置が講じられなければならない。私見によれば、改革を成功させるための最も重要な条件は、司法院の権限を、もっぱら憲法上特別のかつ基本的な重要性を持った事件の裁判だけに限定することである。司法院が、単に下級審裁判所の裁判が正しいかどうかを再審査する必要は全くない。もし司法院がその権限を下級審裁判所の裁判の

付　録

司法院の現状

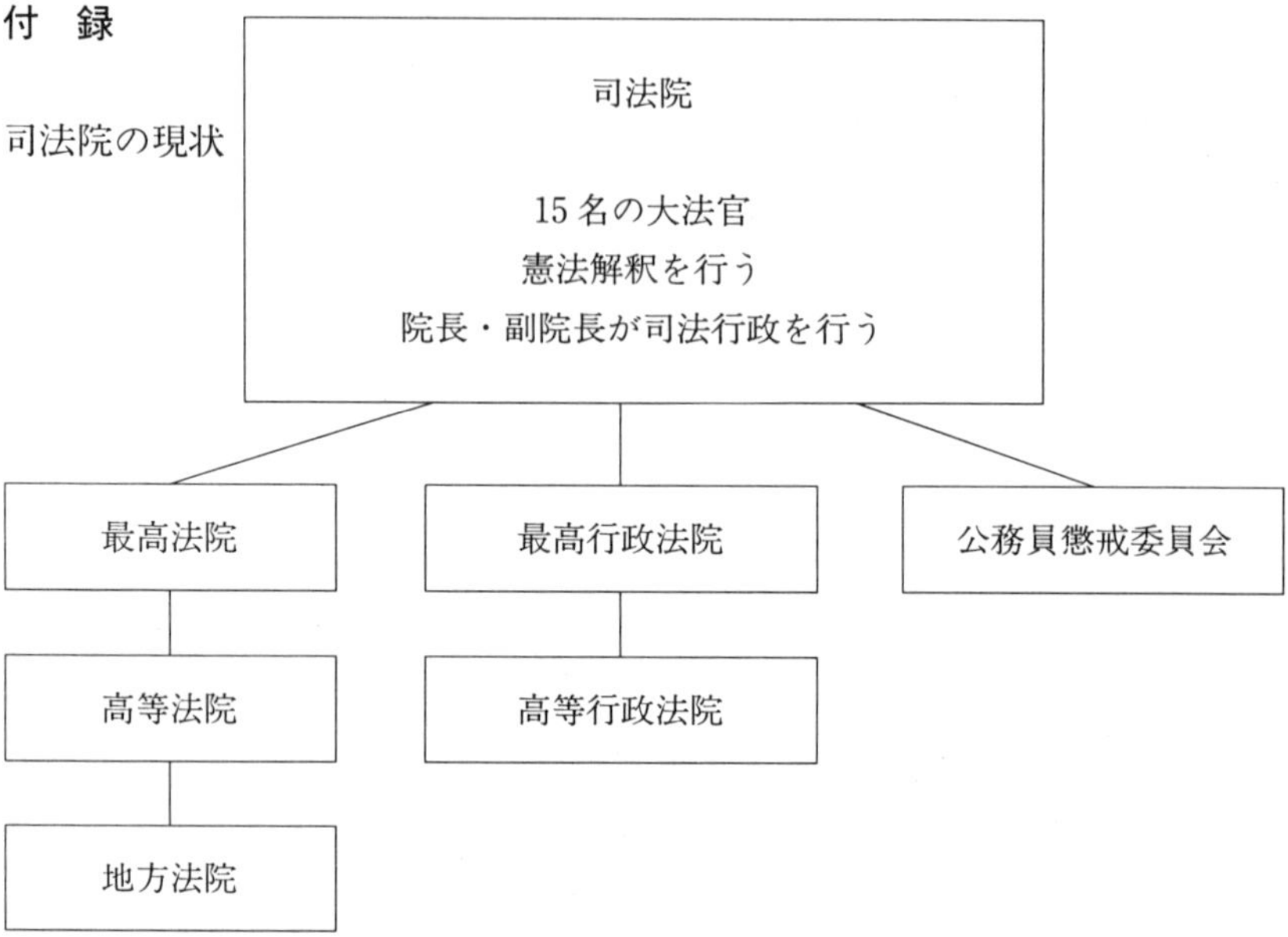

司法院改組の選択肢A

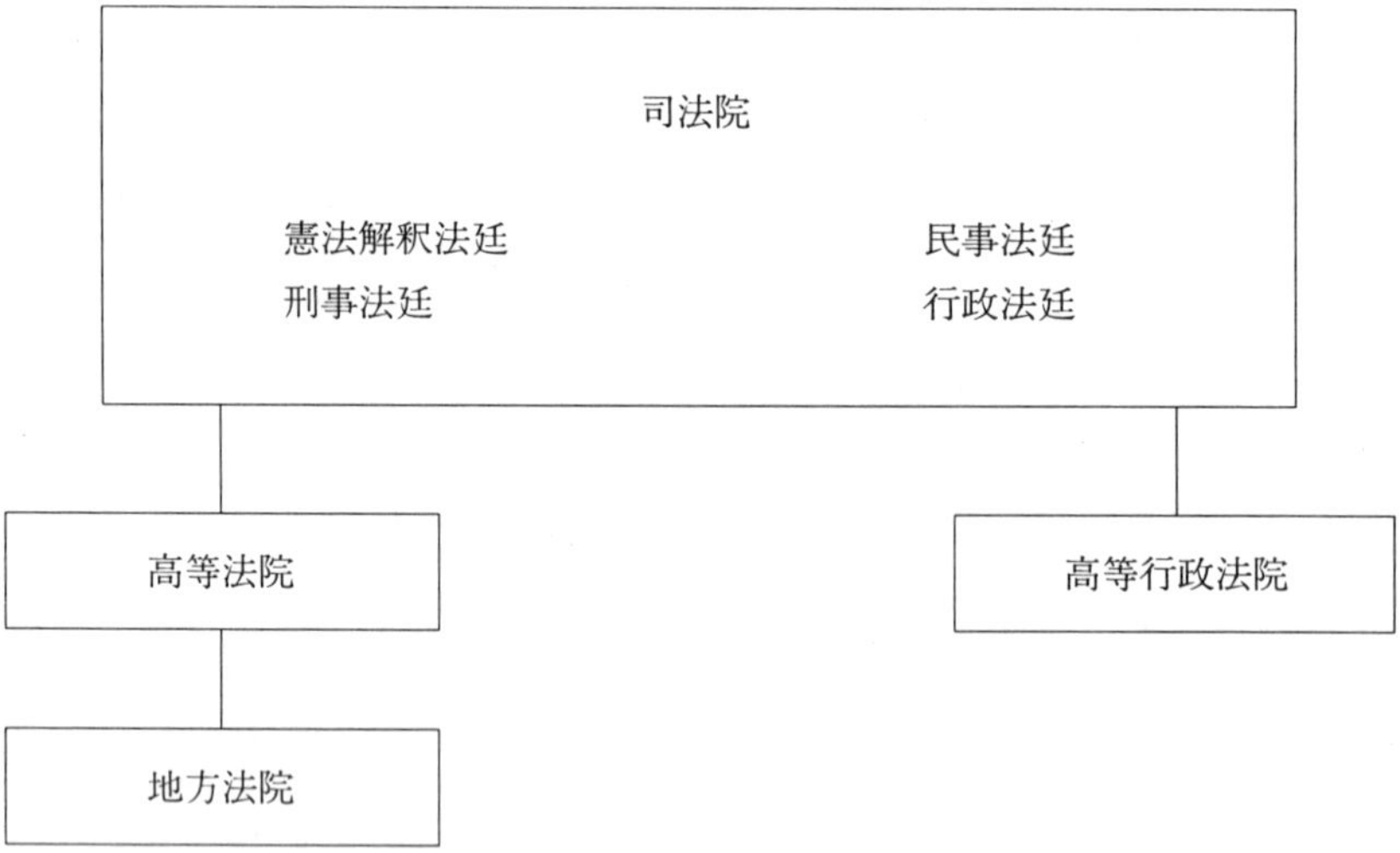

司法院改組の選択肢B

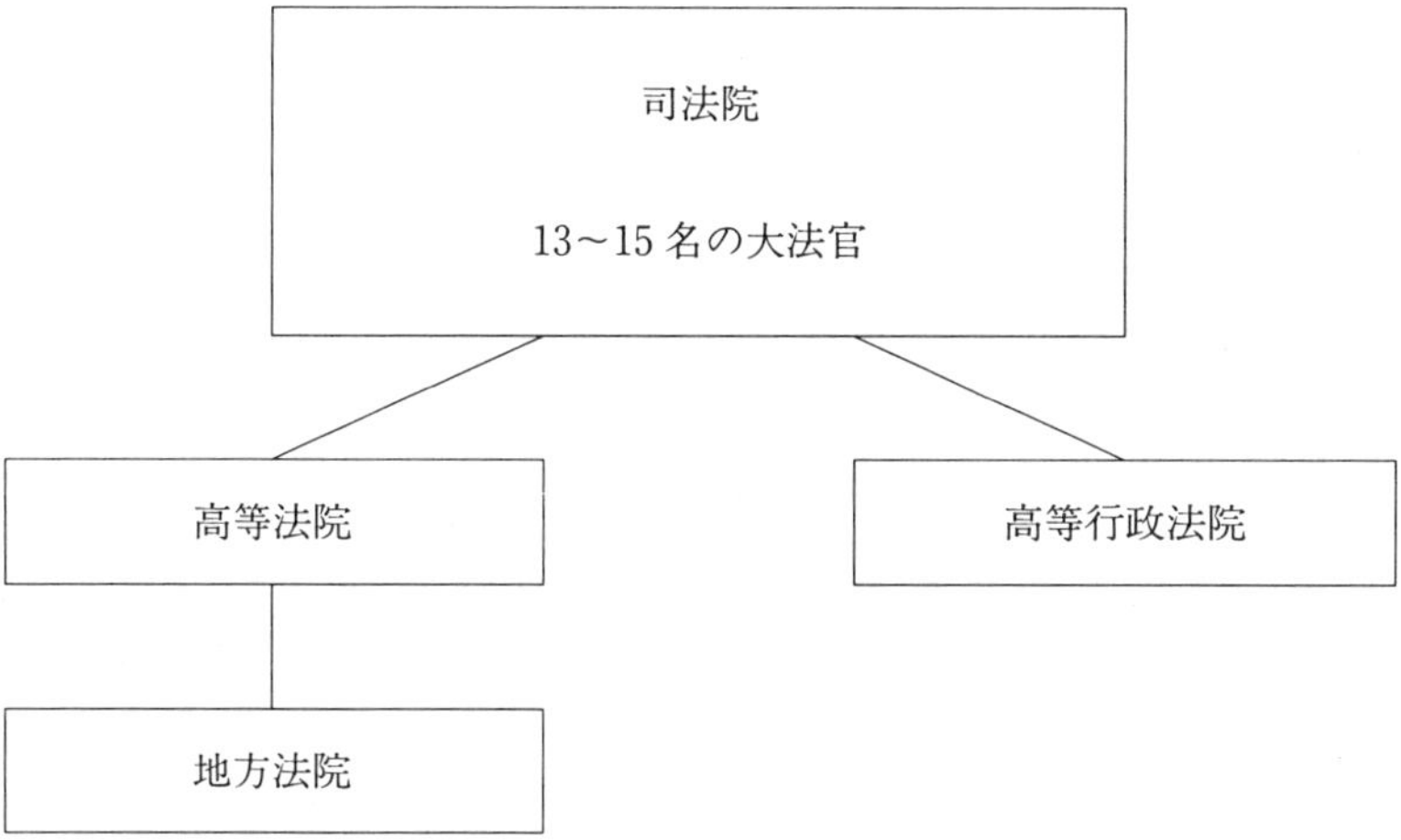

司法院改組の選択肢C

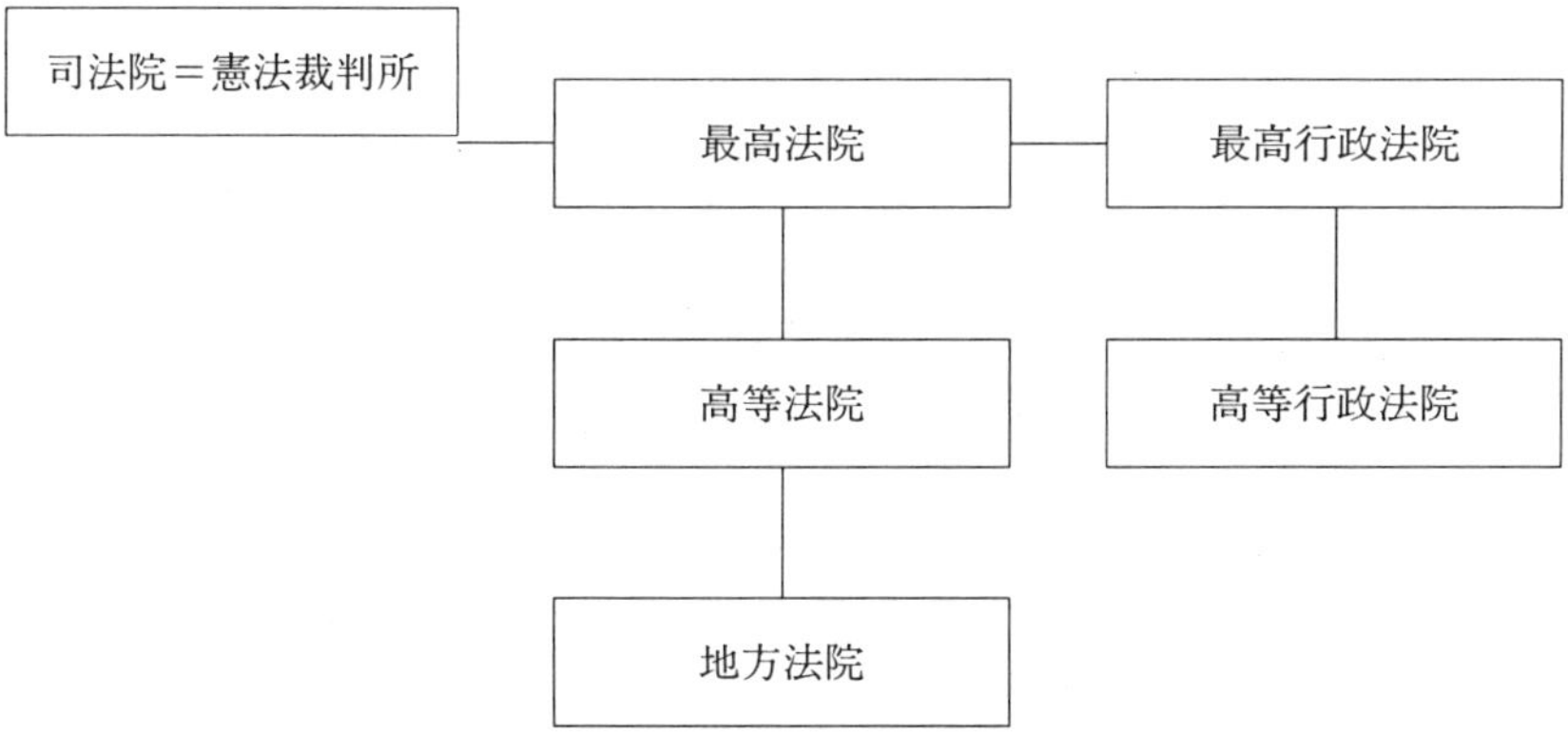

合憲性審査だけに限定したとしても、憲法裁判所としての実質を失うことにはならないであろう。

（1）中華民国憲法によると、国家権力は五つの国家機関、すなわち行政院、立法院、司法院、考試院、監察院に区分される。司法院はその一つである。このいわゆる五権憲法については、*Tzong-li Hsu*, Die Idee der Gewaltenteilung in China, in *Christian Starck* (Hrsg.), Staat und Individuum im Kultur- und Rechtsvergleich, Baden-Baden 2000, S. 115 ff. 参照

（2）*Chien-liang Lee*, Die Verfassungsgerichtsbarkeit und Grundrechtsentwicklung in Taiwan, in *Christian Starck* (Hrsg.), Staat und Individuum im Kultur- und Rechtsvergleich, Baden-Baden 2000, S. 148.

（3）司法院大法官の手続に関する法律七条によると、解釈の統一の申し立てをなし得るのは、以下の場合である。
ａ）中央または地方の機関が、その職務の執行にあたって、法律または命令の解釈について、他の機関の見解または当該機関の以前の見解と異なる見解を持った場合。ただしその機関が、自身または他の機関の解釈に拘束される場合、または自身または他の機関の解釈を変更しうる場合は、この限りではない。

ｂ）市民ないし法人および政党が、自己の権利を不法に侵害され、かつ終局判決において適用された法律または命令の解釈が、他の裁判機関の解釈と異なっている場合。ただし、法律の定める手続によって不服の申し立てができる場合、または後の判決が以前の判決の解釈を変更した場合は、この限りではない。

（4）この種類の手続が利用しやすくなっている理由は、憲法制定後の初期においては、ほとんどの公務員が法学教育を受けておらず、したがってその権限を行使するにあたって憲法の規定を適用しなければならない場合に、疑問を抱くことが多かったということにあると考えられる。*Su, Yeong-chin*,『憲法統制の理論と実際（中国語）』、一九九四年台北、一六四頁：*Chen, Yi-kai*, Die Verfassungsgerichtsbarkeit in Taiwan, in *Kim/Nishihara* (Hrsg.), Vom paternalistischen zum partnerschaftlichen Rechtsstaat, Baden-Baden 2000, S.114. 参照。

(5) 許宗力「大法官の憲法解釈権の手続および範囲（中国語）」、同『憲法と法治行政（中国語）』一九九九年台北、一一五頁以下参照。

(6) 現在台湾には、「労働党」というあまり影響力のない小さな政党があり、この政党は、北京政府の主張する「一国二制度」の政策を支持している。「一国二制度」の政策は、中華民国憲法の廃止と中華民国政府の解散を意味するものに他ならない。私見によれば、この政党の違憲性は明らかである。しかしながら、台湾では、誰もこの政党の違憲性の裁判を大法官に申し立てようとはしていない。すなわちこの政党は、政府からも、すべての重要な諸政党からも、黙認されているのである。

(7) 大法官の「目覚め」の社会政治的な背景については、*Yue-sheng Weng,* Die Reformierung des Justizsystems der Republik China, AöR 121 (1996), S. 580 ff. 参照。

(8) これについて詳しくは、*Yue-sheng Weng,* Die neuere Entwicklung des national-chinesischen Verfassungsrechts, JöR 27 (1978), S. 552 f.; *Wolfgang Lasars,* Rückkehr zur Verfassung, Reform der Verfassung oder Erlaß einer neuen Verfassung? Ein Zwischenbericht über die demokratische Reform im national-chinesischen Verfassungsrecht, in Verfassung und Recht in Übersee, 1992, S. 131f., 145. 参照。

(9) これについては、許宗力「反乱鎮圧動員期における暫定規定の法的諸問題（中国語）」中国比較法学会雑誌九号（一九八八）二〇頁以下、*Hwang, Jau-yuan*「憲法改正限界説の再検討（中国語）」*Lee, Hong-hsi* 教授記念論文集（一九九七）一七九頁以下参照。

(10) *Lee, Chien-liang,* Die Verfassungsgerichtsbarkeit und Grundrechtsentwicklung in Taiwan, in *Christian Starck* (Hrsg.), Staat und Individuum im Kultur- und Rechtsvergleich, Baden-Baden 2000, S. 148.

(11)　*Yue-sheng Weng,* Die Reformierung des Justizsystems der Republik China, AöR 121 (1996), S. 583. 参照。

(12)　*Hiroshi Nishihara,* Gerichtliche Kontrolle der Staatstätigkeiten in Japan, in *Kim/Nishihara,* Vom paternalistischen zum partnerschaftlichen Rechtsstaat, Baden-Baden 2000, S. 99 f. 参照。

(13)　私見によれば、アメリカの最高裁は付随的に活動する憲法裁判所に他ならない。なぜなら最高裁は、「サーシオレイライ」の制度を用いて主として憲法上特に重要性のある事件だけを選び出しているからである。

11 憲法裁判のオーストリア・ドイツモデルのスペインにおける継受

マリア　ヘスス・モントロ＝チナー
ハインツ・シェーファー
古野豊秋　訳

一　憲法裁判の観念の成立と普及

1　憲法裁判の観念の成立

憲法問題の裁判官によるコントロールは、国家のすべての裁判所に付随的に委ねられる（分散的ないし非集中的制度）か、または憲法問題に対して特別の集中的な裁判所に統一させられる（集中的制度）かのどちらかである。憲法問題の付随的コントロールの観念は、イギリス法（例えば、一六一〇年のボンハム事件）[1]に根ざし、そして司法審査のアメリカ型へと発展した（とくに、一八〇三年のマーベリー対マディソン事件以降）。規範統制の集中的制度においては、唯一の中心的な裁判所（一般には、特別の憲法裁判所）が法律規範の合憲性を審査し、違憲の場合には、適用せず、あるいは法状態から排除する（廃止または無効の宣言を行う）権限を有している。その他の裁判所は、法律の審査を委ねられている裁判所に依頼し、係属している具体的事件との関係で判決にとって重要な規範の合憲性の問題をその裁判所に移送することができるし、あるいはそのようにしなければならない（移送手続）。

ヨーロッパ、とくにドイツ語圏では、一九世紀の中葉、立憲国家および法治国家の実現、ならびに実施可能な権利の実現が関心の中心であった。(2) 発展史的には、国事裁判所での個人的責任の追求（有責の憲法違反(3)を理由とした「憲法の保障」を目的とする弾劾）による瑕疵ある行為の制裁が発端であったとすれば、それ以後は、連邦国家における連邦上の諸関係もまた重要な憲法問題であり、それが憲法裁判所の決着を必要としたのである。しかし、これに加え、とくにオーストリアでは、すでに一八六七年以降個人の実効的な基本権保障がなされた。憲法裁判は、規範統制の制度でもって首尾一貫した完結をみた。この規範統制の制度でもって初めて、憲法に適った秩序が客観的に保障され、そして憲法の高められた効力が確保されるのである。

まさしく、憲法裁判の中心的な機能、つまり法律の審査制度は、法治国家の頂点として、そして国家生活の領域における二〇世紀の僅少な「画期的な創造」の一つとして呼ばれる。このことは、もともとは、個別的な行為（判決、行政行為）だけに係わる法治国家的要請、すなわち合法的な国家の行為だけが存在しなければならないという要請が首尾一貫して発展したものである。「オーストリア的解決」の理念史的基礎および法理論的根拠づけは、純粋法学しかも瑕疵ある国家行為の理論と法秩序の段階説（これは、メルクル（*A. Merkl*）によって発展させられ、そしてケルゼン（*H. Kelsen*）によって受容されたもの）に由来する。このような理論的な洞察に基づいて、一九二〇年のオーストリア連邦憲法は、国家機関の瑕疵ある行為をコントロールするために、徹底した構成を行った。その場合、正面では、違法な規範に対する安全対策（手続コントロール）がなされている。そして、それに補足して、有責な違法の場合、機関における個人的責任の追求の可能性（行為コントロール――このコントロールは、今日では実際上影が薄い）が設けている。とにかく、立憲国家は、最高の規範つまり憲法が違憲の立法や執行の行為に対して一定の存続の安定を保障できて初めて、安泰していると見なされうるということは、画期的な認識である。

2　オーストリア――規範統制をもった集中的憲法裁判の成立

オーストリアの憲法裁判権は、制度史的にはオーストリア・ハンガリー君主制の一八六七年一二月憲法に遡るが、この憲法は、部分的には（ドイツの）フランクフルトのパウル教会憲法草案および（オーストリアの）一八四九年のクレミジール憲法草案を手本としたものである。[4]

オーストリアにおける立憲国家の成立と共に、突破口が開かれた。オーストリアが様々な憲法闘争の後、一八六七年にある憲法をもち、そして大審院を設立したとき、それによってヨーロッパで最初の憲法裁判所が生まれたのである[5]（それは、権限争議や公の財産問題に対してばかりでなく、とりわけ基本権侵害を理由とする国民の訴願に対しても、権限を有していた[6]）。公行政の基本権侵害に対する判決は、確かに宣言的でしかなかった。しかし、大審院の高い権威は、その判決がほとんど例外なく尊重され、遵守される結果をもたらした。しかし、まだ規範統制は存在していなかった。法律家の間（例えば、一八六三年の第四回ドイツ法曹会議）では、一般の裁判官が法律を違憲と見なし、それゆえその法律を無視しうるかについて激しい議論が戦わされた。

・実際には、もっぱら周知の必要性から、正式に公布されていない法律は遵守する必要はないという見解が一般に通用していた。
・議会の規則違反が議会の単なる内輪のことでしかないのかどうかは、明らかではなかった。
・立法者による基本権の侵害は、未だ制裁が可能ではなかった。この点については、社会の代表である議会が依然として信頼されていた。

旧オーストリア・ハンガリー君主制が崩壊した後、新生の共和国は、一九二〇年に連邦憲法を設けたが、それは、多くの点で模範的であった。憲法裁判所は、大審院の権限を継承したものであり、そしてそれは、さらに（連邦とラント）の法律の合憲性を連邦政府またはラント政府の申立てにより、あるいは職権で審査する権限を有していた。[7]憲法裁判所は、明らかに「連邦国家のかすがい」と見られ、そしてそのように呼ばれた。憲法裁判所の権限は、権限問題に限定されていなかったが、この点は現在でもそうである。まさに議会の優位を目の当たりにしての規範統制の導入において、第一次共和国の憲法制定者の基本的決定、すなわち穏当な要素、いわば新しい権力の分立を導入せんとする決定が示されている。[8]

このような憲法裁判所に集中した法律の審査は、有力で、全く独特な改革として広く一般に歓迎されたものである（オーストリアの「ペースメーカー」機能）。後に（一九二九年）、他の最高の裁判所、すなわち行政裁判所と最高裁判所に憲法裁判所へ法律の異議を唱える権利が認められた。当初から、オーストリアの憲法裁判所は、一般的な効力をもって違憲の法律を廃止し、そしてこの廃止の実施について場合によっては、期限を設ける権限を有していた。[9]民主主義的な生活環境や憲法裁判所までもが排除された（一九三三年）後、そしてオーストリアが占領された（一九三八―一九四五年）後、オーストリア共和国は、一九四五年に復興した。第二次大戦後第一次共和国憲法が復活し、そしてこの憲法の番人としての憲法裁判所も同じく活動を再開した。憲法裁判所の権限は、時代の経過の中で体系的に広く構築されてきた（例えば、一九六四年の条約に対する規範統制、一九七五年の個人ないし国会議員の三分の一による法律の異議）が、基本的構想は同じであった。権限（争議の）裁判権と規範統制は、いずれにせよ力の衝突による政治的争いを憲法を基準にして決着がつけられる法的な争いへと変えるケルゼンの構想の特別な表れである。それによって、オーストリアの憲法裁判所は、法と政治との対立状況の中に公然と立ち入っている。これに対して、最高の裁判所の申立てによる具体的規範統制や憲法異議による基本権保障は、憲法裁判の他の重点を形成するものであり、それらは主に個人の権利保障に資するものである。楕円の図を用いれば、主観的および客観的な法の保障が、オーストリアの憲法裁判権の二つの焦点である。

3　ドイツ――独立の憲法裁判の今日の典型

ドイツでは、政治的展開の中で、憲法裁判は一九世紀においては実現されえなかった。(10)第二次大戦後ようやく、ナチスの無法支配が過去のものになった後、国家の根本的な再建、法治国家および立憲国家としての国家の強化、そして基本権の実効的な保障が問題となったときに、ドイツで憲法裁判が定着をみた。(11)歴史的な経験に対する意識的な対応として、ドイツ連邦共和国は、特別の権威をもった連邦憲法裁判所を設立し、そして世界の中でもっとも広範な憲法裁判へと発展させた。その際、集中的な憲法裁判というオーストリアの基本構想は、原則として受け継がれたが、しかし、あらゆる面においてかなり拡充された。このことは、基本法九三条の重要な規定からもっともよくみてとれる。本条は、オーストリアの連邦憲法と異なり、通常の法律による連邦憲法裁判所の権限の拡大を認めているのである。ちなみに、このことを根拠にして、まず基本権の異議〈憲法異議の制度〉が導入されたが、これは、その有効性が実証されたのちになって初めて、基本法それ自体の中に規定された。機関争訟の補充的な手続は、水平的な権力分立や権限の配列の確保に資するものである。ドイツの制度における抽象的規範統制は、中立権者の範囲が連邦およびラントの政府と並んで連邦議会の三分の一にまで拡大されることによってその重要度を増した。周知のように、ドイツの制度では、すべての裁判所が具体的規範統制の契機となりうる。そして、最後に、公権力のすべての行為に対する憲法異議が認められている。包括的に拡大された権利保護制度の結果、憲法異議はそれゆえ一般に「判決の憲法異議」である。

ドイツの連邦憲法裁判所が初めて集中的な憲法裁判のオーストリアのモデルを包括的な形態でもって追い越したのである。オーストリアでも第二次大戦後、広範な制度的な構築がなされ、部分的には、制度を変更ないし補完する改正がなされた。そのうち、数多くの他の国々が集中的な憲法裁判権のオーストリア・ドイツ的、あるいはヨーロッパ的ともいうべきモデル、とりわけ規範統制の制度をもったモデルを導入した。しかし、その際、大抵はドイツと同様に、違憲の法律の無効という定式が用いられた。

ドイツの連邦憲法裁判所は、その裁判をとおして国家生活に確固とした憲法上の支柱を与えてきた。そして、すべての国家権力に対する憲法の「放射効」を現実化してきた。それは、個々の点では多くの批判があるものの、異論のない権威として実証された。国家生活のあらゆる面を原則としてくまなく照らすその裁判は、外国では至る所で関心をもって、一部ではまさに賛嘆とともに注目されてきた。今日、ドイツは、一般に、法のコントロールの模範国として通用している。

上述した憲法裁判所の役割およびそれによって実現されるすべての国家生活への憲法の放射効は、権威的制度あるいは形式的な民主主義から真の民主主義への移行がなされたか、または、なされつつある諸国に特別の刺激を与えてきた。

4　スペイン――憲法裁判の実現：独自のおよび異質の原因による継受

確かに、スペインは、憲法の各種の草案や憲法の闘争について長い歴史をもっている。(12) そして、一九三一年の第二共和国憲法ではすでに、広範な権限をもった憲法裁判所が規定されていた。しかし、この憲法裁判所は、当時激しい論争に合い、そして第二共和国の短い期間においてその判決がしばしば無視されたため、実際には何らの作用も果たすことができなかった。その当時そして一九三一年憲法の改正作業が進行していたときに、議会の規範は、拘束力もった憲法のコントロールに服さないし、服すべきではないという見解が多方面から主張されていたのである。

法治国家および民主主義が復活した際、スペインは、憲法の優位を保障するために、集中的な憲法裁判権の制度を第二回目として決定し、今度は成功した。その際、憲法裁判所の制度は、憲法制定者によっていわば「ほとんど自明なもの」として見なされた。このことは、基本的には、スペインの法律家の間でなされたドイツ（およびそれと比較したイタリア）の憲法裁判権の研究が与えた好印象に依ったものである。それに応じて、スペインの憲法裁判所（Tribunal Constitucional）の権限も極めて幅広く拡大されている。憲法裁判所は、抽象的規範統制（recurso de inconstitucionalilad: 憲法違反の申立て、一九七八年憲法一六二条一項）、具体的規範統制（cuestion de inconstitucionalidad: 裁判官の移送によるいわゆる憲法違反の問題、憲法一六三条）、憲法異議の決定（憲法一六一条一項）、権限争議の解決（憲法一六一条一項）、中央政府による自律的な自治体の命令や議決の異議に対する決定（憲法一六一条二項）、国際条約の合憲性についての決定（憲法九五条）、そして機関争訟の決定（憲法裁判所組織法七三条から七五条）について権限を有している。

スペインの憲法裁判所は、いずれにせよ民主主義への移行を成功させ、そしてその裁判により、法治国家的生活環境の創設に寄与した。

二　三つの憲法裁判所の比較

1　構成と組織

(1)　オーストリア

根拠法：一九二九年のオーストリア連邦憲法一三七－一四八条（一九二九年の文言：一九四五年以後再施行）、憲法裁判所法（一九二一年制定、今日、数次の改正をみた一九五三年の憲法裁判所法が効力を有する：本法は、一九三〇年の憲法裁判所法に由来し、一九五三年に再告示された）、憲法裁判所規則（憲法裁判所自身によって決定されたもの）。

（a）オーストリアの憲法裁判所は、一四名の構成員（および六名の予備構成員）から成っている。すべての構成員は、法学を修得していなければならず、そして少なくとも一〇年間法律の職務を遂行していなければならない。裁判官の任命は、連邦大統領によってなされるが、連邦大統領は、一定の推薦に基づいてその任命権を行使できるにすぎない。憲法裁判所の長官および副長官ならびに六名の構成員と三名の予備構成員に関しては、推薦権は連邦政府にある（連邦政府によって推薦される裁判官は、裁判官、行政官または法律の教授職から任用される）。その他の推薦権は、以下のように分与される。三名の構成員および2名の予備構成員は、国民議会（下院）の推薦、三名の構成員および一名の予備構成員は、連邦参議院（ラント議院）の推薦による。連邦的ないし地域的観点の考慮に対する最小限の保障は、次の規則によってなされる。すなわち、少なくとも、三名の構成員および二名の予備構成員は、その住所をウイーン以外に定めなければならない。

（b）任期：憲法裁判所の裁判官は、満七〇歳になる暦年の年末までその職に留まる。

（c）憲法裁判官の地位については、オーストリアでは、憲法裁判官は「非常勤の裁判官」だということができる。つまり、通常の裁判権の裁判官は、裁判官のままであり、弁護士は、弁護士のままであり、教授は、教授のままであり、しかもそれと並んで憲法裁判官の職務を遂行するのである（ただ、行政官だけは、退職する）。憲法裁判官は、通常の司法の裁判官と同様に、免官および転官されないという裁判官の独立を享受する。もちろん、広範囲の兼職禁止規定が存在する。例えば、憲法裁判官は、（連邦、ラント、または市町村レベルの）代表議会の議員であることはできない。また、憲法裁判官の職務は、政党の役員または職員の地位とは合わない（党員であることは、構わない）。

（d）その他の組織についていえば、憲法裁判所は、約七〇人のスタッフを抱えており、その内、約二〇人が法律家であり、彼らが、〈憲法裁判官の中の〉常任の報告者（レポーター）をサポートする。憲法裁判所は、独自の予算を有する。職員の勤務に関する法やその他の司法行政（予算措置）の問題は、連邦総理府の責任である。

（e）オーストリアの憲法裁判所は、常設のものではなく、長年の慣行で、長官によって年四回（三月、六月、一〇月、一二月）会議に招集される。憲法裁判所の裁判は、いわゆる「常任の報告者」によって準備される。この常任の報告者は、三年ごとに選出される（再任は可能であり、それが一般的である。現在、憲法裁判所には、九人の常任の報告者がいる）。憲法裁判所は、常設ではないという事情にも拘わらず、それは、もっとも能率的な憲法裁判所の内の一つである。憲法裁判所は、毎年、一五〇〇件以上の基本権の異議や四〇～五〇件の法律の審査、そして一〇〇件以上の命令の審査を取り扱っている。

決定は、原則として、憲法裁判所全体でなされる。部会への細分はない。評決が効力をもつためには、（裁判長を含めて）九名の評決者が出席していければならない。裁判は、単純過半数で行われる。長官は、評決に加わらない（例外的に評決が同数の時にだけ、表決権を有する）。

一定の単純な事件の場合（憲法裁判所法一九条三項および四項参照。例えば、純粋な手続上の裁判。しかし、明らかに何らの権利も侵害されていない場合の異議に対する棄却または却下の場合、あるいは、法的問題が判例において既に明らかにされているような法的事件での決定の場合も同様である）、決定は、非公開で「小メンバー」によって行われる。そのような決定には、長官、副長官および四名の他の構成員（つまり五名の表決者）だけが関与する。実務では、このような仕方で、比較的重要性の少ない事件の大部分が決定されている。

(2)　ドイツ

根拠法：一九四九年の基本法の若干の規定（基本法九三、九四、一〇〇条、さらには、一八、二一、四一、六一、九八、九九、一二六、および一一五条）、一九五一年の連邦憲法裁判所法、〈連邦憲法裁判所〉規則。

（a）ドイツの連邦憲法裁判所は、一六名の裁判官から成っている。

憲法裁判官の半数は、連邦議会（下院）により、残りの半数は、連邦参議院（ラント議院）によって選出される。長官および副長官は、連邦議会と連邦参議院から交互に選出される。

憲法裁判官は、満四〇歳以上でなければならないし、教育を受けて、裁判官職の能力を有していなければならない。連邦憲法裁判所の二つの法廷のそれぞれには、連邦の最高の裁判所の一つで勤務してきた三名の裁判官が属さなければならない。

（b）任期は、一二年である。定年は、六八歳である。独立を確保するために、再選出は許されない。

（c）連邦憲法裁判所のすべての裁判官は、その職務に専念しなければならない。ただし、大学教師としての活動だけは、連邦憲法裁判官の職務と適合する。

（d）その他の組織に関していうべきことは、ドイツの連邦憲法裁判所は、約二〇〇人以上のスタッフを擁しているということである。長官は、裁判所を代表し、行政に対して責任を有する。しかし、裁判官に対しては、何ら指示権を有さない。すべての憲法裁判官は、三名の法律関係の補佐官（通常は、様々な裁判所の部門からの裁判官）を擁している。彼らは、憲法裁判官によって任意に選択され、平均して三年間〈憲法〉裁判所に勤務している。

（e）ドイツの憲法裁判所は、常設の裁判所であり、特別の活動期間は存在しない。法廷は、判決を評議し、決定するために、通常、月に一度、数日間開かれる。

連邦憲法裁判所は、二つの法廷に分かれ、それぞれ八名の裁判官から構成される（二つの裁判所）。法廷は、お互いに同じように組織され、お互いに独立している。すなわち、二つの法廷のそれぞれが、「連邦憲法裁判所」なのである。法廷の権限は、法律で定められている（ある法廷の加重負担の場合には、合同部が調整できる）。基本権の適用に対する決定の重心は、第一法廷にある。

全員の会合は、ある法廷が他の法廷の決定とは違ったものにしようとする場合にだけ、招集される。（法廷での）決定は、一般に、単純過半数で行われる。見解が四対四に分かれた場合には、申立ては、受け入れられないものとして扱われる。何れの法廷も三つの部会を有している。これらは、裁判官の移送の適法性ないし憲法異議の受理に関して決定する。例外的には、これらは、法廷に代わって憲法異議を認めることができる。部会の決定は、全員一致でなされなければならない。

(3) スペイン

根拠法：一九七八年のスペイン憲法九章一五九－一六五条、

憲法裁判所に関する「組織法」（Ley organicia sobre el Tribunal Constitucional, 一九七九年二月の法律。一九八四年八月、一九八五年四月、一九八八年六月、一九九九年七月、二〇〇〇年一月の法律による改正あり）、

組織および職員に関する規則（一九九〇年七月五日、憲法裁判所により決定）。

（a） 憲法裁判所は、一二名の構成員を有し、それらは、国王によって任命される。そのうち、四名は下院によって、四名は上院によって推薦され、二名は政府によって、二名は司法一般評議会（Oberster Rat der Gerichtsbarkeit）によって推薦される。

憲法裁判官には、職業能力について定評のある法律家がその地位に就くことができる。それらは、現に裁判官、検察官、大学教授、官吏または弁護士であるか、または過去にそうであった者であり、その職務を一五年以上遂行してきた者である。

長官は、憲法裁判所の全体会により推薦され、国王によって任命される。裁判所内においては、秘密選挙が行われる。選出は、三年間有効である（一度だけ、再選出ができる）。副長官は、同じ方法でその地位に就く。副長官は、長官が不在または欠員のとき、長官を代行する。通常の職務では、副長官が第二部（Sala segunda）を代表する。

（b）スペインの憲法裁判官の任期は、九年である（三年ごとに、憲法裁判所の三分の一が入れ替わる）。定年はない。続けての再選出は、許されない。

（c）憲法裁判官は、独立であり、免官に対する保障がなされている。厳格な兼職禁止の規律が存在する。憲法裁判官は、他の職務を遂行することは許されない。

（d）憲法裁判所は、調査や補佐の任務を遂行する法律顧問（Letrados）のスタッフや官吏のスタッフを擁している。憲法裁判所の法律、行政、補助の執務は、最年長の法律家によって指揮され、監督される。

（e）憲法裁判所は、常設の裁判所である。

裁判所それ自体（合同部（Plenum））は、長官（場合によっては、副長官）を議長としてすべての裁判官を擁する。合同部の決定は、単純多数でなされ、その決定が有効であるためには、構成員の少なくとも三分の二の出席が必要である。合同部は、憲法違反の問題、憲法上の権限争議、機関争訟、国際条約の合憲性の問題ならびに自治体の命令に対する中央政府の異議に関する決定について、権限を有する。

裁判所は、それぞれ六名の構成員をもった二つの法廷（Salas）に分かれており、憲法裁判所の合同部は、それらの法廷に異議事件を割り当てている。それらの部は、基本権保護のための異議（アンパーロ訴訟 Recurso de Amparo）について決定を下す。合同部または一つの法廷で扱われる事件の判決は、「センテンシア（Sentencia）」と呼ばれる。ある事件の不適法性について、あるいは争いのある決定または法律の規律の執行停止について、理由を付記した合同部または一つの法廷の決定は、審判（「auto」）の形式で下される。

2　三つの憲法裁判所の任務と権限の比較

(1)　オーストリア

オーストリアの憲法裁判所の権限は、次のとおりである。

（a）　権限問題に関する決定

（aa）　憲法上の権限衝突

司法と行政との間、

連邦機関とラント機関との間、

オーストリアに存在する三つの最高の裁判所の間の憲法上の権限争議について。

これらのすべての争議は、積極的または消極的な権限争議でありうる（連邦憲法一三八条一項）。

（bb）　特定の機関争訟（決してすべてではない）について。すなわち、会計検査院と政府機関との間の見解の相違について（連邦憲法一二六a条）、

護民委員会（Volksanwaltschaft）と政府機関との間の見解の相違について（連邦憲法一四八条）。

（cc）　さらに、権限確定手続がある。そこでは、連邦または州の申立てに基づき、立法（または行政）行為が一つのまたは他の機関の権限に属するか否かが拘束力をもって確定される。このことは、いわば一種の予防的規範統制である（勿論、もっぱら権限の観点からであって、何ら内容のコントロールではない）。

憲法裁判所の権限で国法上重要な意義をもつのは、

（b）　規範統制手続

命令審査手続（連邦憲法一三九条）、
〈法規定〉の再施行の審査（連邦憲法一三九a条）、
法律審査（連邦憲法一四〇条）、
条約の審査（連邦憲法一四〇a条）。
規範統制のすべての場合が、抽象的および具体的な規範統制として成立する。（具体的事件と関係なく）抽象的に、ある法律が相対する政府によって（つまり、連邦法律は、ラント政府によって、ラント法律は、連邦政府によって）、ないしは、その法律を制定した議会の議員のそれぞれ三分の一によって、異議が唱えられうる。
オーストリアの場合、興味深いことに、抽象的規範統制にあっては期限が設けられていないことである。したがって、法律は、施行日の定めがない（Legisvakanz）場合、それが具体的に適用が可能とされる前であっても、異議が唱えられうるし、また、それが長期にわたって適用された後であっても、異議が唱えられうる。
具体的規範統制を憲法裁判所が行うのは、裁判所の申立て[13]ないしは独立行政部（すなわち、準裁判所）の申立てに基づく場合であり、そして、一九七五年以降では、さらに（個人が一般的な規範によって直接および実際に侵害されている場合における）個人の申立てに基づく場合である。
裁判所がある規範の合憲性について疑念を持つ場合には、憲法裁判所に移送する義務を負う（原審の当事者は、単に提案権を有するだけであって、規範統制の開始を求める権利を有するものではないし、また憲法裁判所での当事者としての地位も有さない）。
（c）　連邦憲法一四四条による（行政行為に対する）基本権異議についての決定
この異議は、（行政手続上の審級を尽くした後の）最終的な行政行為に対してなされる。オーストリアには、歴史的理由により、従来「判決の憲法異議」は存在しない。判決の違憲性は、むしろ通常の裁判権の審級において主張されねばならない。基本権異議は、量的には憲法裁判所の最も重要な権限のうちの一つであり、そして長い間、特別大きな役割を演じてきた。すなわち、長い間、「事実的職務行為」に対しては、他の争訟の可能性がなかったのである。(14) そのような行政行為の違憲性は、今日ではさしあたり「独立行政部」において争うことができる。もし独立行政部の処置に満足できなければ、いつでも憲法裁判所に訴えることができる。このことは、憲法裁判所の負担をかなり減少させるものであった。

基本権異議の却下の可能性は、オーストリアでは、ドイツに倣って一九八四／八五年になって初めて導入された。

もし基本権の侵害が違憲の規範によって生じ、そしてオーストリアの憲法裁判所が異議申立人の疑念に組みする場合、憲法裁判所は、職権で具体的規範統制を開始して違憲の法律を廃止することになる。

その他：

（d）　連邦憲法一四四条による選挙裁判権（選挙、投票および議席喪失の合法性についての決定）

（e）　連邦憲法一四二、一四三条による国事裁判権（連邦およびラントの最高機関に対する弾劾についての決定）

（f）　連邦、ラントおよび市町村に対する財産法上、公法上の請求で、民事訴訟において、または行政官庁の処分によって決定できないものについての決定（連邦憲法一三七条）

（g）　連邦構成国の協定、つまりラント相互間の協定、または連邦とラント間の協定の存在について、またはその履行についての決定（連邦憲法一三八ａ条）

（h）　最後に言及すべきことは、オーストリアの憲法裁判所は、国際法の違反についても決定しなければならない（連邦憲法一四五条）ということである。しかし、この規定は、そのための施行法律が（一九二〇年以来）存在しないために、適用できないままである。

とくに強調されねばならないのは、オーストリアの憲法が何ら政党禁止手続を設けていないことであり、しかも一九七五年の政党法の導入後になっても然りということである。このことは、憲法制定者の自覚的決定（「寛容的民主主義」の制度）であった。

判決の形式および結果について述べなければならないことは、オーストリアの憲法裁判所が当初極めて厳格な文言解釈を常としていたということ、そして、政治的に捉えると、顕著なほどに司法の自己抑制に徹していたということである（第一次共和国）。しかし、憲法裁判所は、世界観的に争われた問題においても自己の態度を変えなかったために、そのような批判に晒され、その結果、一九二九年に裁判所の構成の在り方が変更され、そしてその機会が利用されて裁判官のメンバーが完全に変えられてしまった。一九三三年に、憲法裁判所は、政府による法律上のたくらみによって、その会合が阻止され、それによって憲法裁判所は事実上排除されてしまった。第二次共和国の初期においては、憲法裁判所は、まさにその厳格な自己抑制のゆえに、憲法およびその中にある政治的な基本的コンセンサスの守護者および保護者として通用した。後になって（二〇世紀の八〇年代の半ば以降）初めて、「新しい判例」が基本権に対して明らかに一歩踏み込んだ実質的な考察と共に始まり、それと同時に立法者との対立関係が折に触れて生ずるようになった。

(2)　ドイツ

ドイツの連邦憲法裁判所は、連邦憲法裁判所法一三条と結びついた基本法九三条による多数の権限を有している。それによれば、連邦憲法裁判所は、次のものについて決定権を有している。

・　基本権の喪失（基本法一八条）、

・政党の禁止（基本法二一条）、
・選挙審査または議席喪失の問題における連邦議会の決定に対する異議（基本法四一条）、
・機関争訟の場合における基本法の解釈（基本法九三条一項一号）。
憲法裁判の中心は、ドイツの場合でも、様々な決定形式における規範統制である。
すなわち、
・抽象的規範統制（連邦政府または州政府の申立て、あるいは連邦議会の議員の三分の一の申立てによるもの）（基本法九三条一項二号）、および
・具体的規範統制（裁判所の申立てによるもの）（基本法一〇〇条一項）、さらには、
・連邦と州との間の憲法上の争訟、つまり連邦と州の権利・義務についての見解の相違（基本法九三条一項三号）、とくに州による連邦法の執行（基本法八三条）、連邦の監督の実施（基本法八四、八五条）の場合、
・その他、連邦上の争訟、しかも上述のような憲法上の性質には限られない（基本法九三条一項四号）、そして、
・憲法異議、しかも個人の基本権異議、ないし自治行政権の侵害を理由とする市町村および市町村組合のいわゆる「自治体の憲法異議」（基本法九三条一項四b号）。
さらに、連邦憲法裁判所は、次の場合にも権限を有している。
・裁判官の弾劾（連邦および州の裁判官に対するもの）（基本法九八条二項および五項）、
・連邦憲法裁判所が州法によって州内部の憲法争訟の決定を委託された場合（基本法九九条）、
・連邦法としての国際法の確認（基本法一〇〇条二項）、
・連邦憲法裁判所と州の憲法裁判所との間、ならびに州の憲法裁判所相互間において法適用の統一性を確保

するために、見解の相違による移送がなされた場合の基本法の解釈（基本法一〇〇条三項）、最後に、

・連邦法として旧法の継続の確認（基本法一二六条）。

(3)　スペイン

スペインにおける憲法裁判所の役割を理解するために、今日の国家の構造とその発展について若干の簡単なコメントを予めしておきたい。

・スペインは一つの中央国家と一七の自治体で構成されている。自治体もまた「国家」である。自治体は、政治的性質をもった領域における公的団体である。すなわち、すべての自治体は、自治的地位、議会および政府を有している。

・スペインにおける司法は、国家的であり、統一的である。

・一九七八年の憲法は、すでに過去において自治的地位を有していた三つの（歴史的な）自治体を考慮して、自治体の創設を可能にした。

・大文字のNationいう語は、スペインに対してだけ用いられる。

・各自治体は、憲法上および自治的地位により、その権限の点で相違が見られたし、そして国家に対しても相違が存在した。一九七八年のスペイン憲法の制定以後二五年間に自治的地位も様々に変化し、そして特定の組織法により、自治体の権限の付与も拡大された。その結果、今日では、通説は、自治体の実質的均一化を問題としている。

今日、スペインは、一般に、疑似連邦国家として呼ばれることがあり、また不均衡な連邦国家とも呼ばれることもある。[15] 私見によれば、この点について正確な表現をするとすれば、スペインは、「複数の自治体が集まった一つの国家」である。[16] 勿論、それは、独自のカテゴリーであって、スペイン国家の形態は正確には連邦制の純粋

なカテゴリーには対応していない。[17]

スペインは、憲法裁判所の典型的で、集中的な権限を実現した。特別の明確さと若干の興味ある新しさにおいて従来の範型を越えたスペインは、少なくともこのような観点の枠内では、注目されるべきである。

（a）　規範統制

先に述べたことにも係わらず、スペインでは、完全に集中化された憲法裁判権については語ることができない。というのは、一般の裁判官であっても基本権の保護者だからである。つまり、憲法五三条は、一般の裁判官（民事・刑事の裁判官、社会裁判官および行政裁判官）に対して、特別の手続による基本権の保護を強いるからである。もし、市民がこの手続によって保護されなかった場合には、憲法異議を提起できる。しかし、少なくも、一般の裁判官の下での基本権の保護ないし保障は終了している。つまり、スペインにおけるすべての裁判官は、憲法裁判所の判例の意味において、法律を解釈しなければならず、このことを判例組織法が命じているのである。それにも係わらず、違憲な法律の廃棄に対する独占権は、憲法裁判所がもっているのである。

スペインでも、規範統制は、具体的および抽象的規範統制から成っている。裁判所の手続において適用されるべき法律規範の違憲性の問題は、法適用の任務をもつすべての裁判官によって、提起されうるし、そして提起されなければならない。何故なら、合憲性は、いわば適用の可能性にとっての前提問題であり、前提条件だからである。それ故、憲法裁判所への「裁判官の移送」、したがって具体的規範統制は、何時でも可能である。[18]

他方では、特定の国家機関によって直接に、（そして、具体的事件と関係なく）法律規範に対する訴えがなされうる。憲法違反を理由とするこのような直接の異議は、抽象的規範統制の原理を実現するものである。[19]この異議は、期限に拘束されており（原則として、二ヶ月以内に提起されなければならない）、そして次の国家機関だけによってなされうる。

・首相、
・オンブズマン（Defensor del Pueblo）、
・下院議員の五〇名または上院議員の五〇名、
・政府または自治体の代表議会（後者の場合は、国家の統治が自治権を侵害するということが異議で主張される場合に限る）。

憲法裁判所法の最近の改正において（二〇〇〇年一月の組織法）、上述の最後の場合のために、興味ある、しかも恐らく極めて合理的な補充がなされている。すなわち、自治体の異議に対して、一定の事前手続が踏まれなければならないのである。国家の法律が自治体の権限と一致するかどうかの問題が「両者の委員会」（Comision bilateral）で取り扱われなければならないのである。これは、例えば、国家の規律の撤回または変更という形で政治的協調に至りうる一種の調停手続であり、それは、場合によっては、憲法裁判所での規範統制の方法による係争を回避するのに役立つものである。しかし、重要なことは、紛争の回避それ自体だけではなく、法律規範が数年後かに「無効」と宣言されるまで、それが何年間も有効であり続けないことである。このようなことは、〈法律の無効が〉遡及する場合や〈法律が無効な場合の〉代替措置を採る場合に極めて困難な問題を引き起こすものである。

最後に、広義の規範統制には、国際条約の合憲性の審査も挙げられる。政府または下院および上院が署名はされたものの、批准はされていない国際条約の合憲性についての判断を要求する場合には、憲法裁判所は、そのような審査を行う権限を有している（この権限の意味において、憲法裁判所は、マーストリヒト条約を批准し、ヨーロッパ連合の法制度を導入せんとする場合には、まずスペインの憲法が改正されなければならないという要請を否定した）。このような性質の判断を憲法裁判所はこれまでの憲法の規定にはない新しい訴訟形式で行ったが、その形式は、

「センテンシア（判決）」としてでもなく、訴訟上の審判（auto）としてでもなく、「宣告（declaracion）」として呼ばれるものである。(20)

この場合重要なのは、権力の分立の原理がどのように憲法に定められているのか、そしてどのように法律に実施され、さらに展開されているのか、そして各種の憲法機関の間なし各種の地域的な自治体の間において尊重されているかである。

（b）憲法上の争議

（aa）国家と自治体との間の権限争議

この争議は、積極的または消極的な権限争議でありうる。この場合、国家の政府ならびに自治体の統治機関は、憲法裁判所でのこの手続を求める権利を有する。(21) 憲法裁判所では、当該決定または措置の停止を求めることができる。命令、決定および権限争議の対象となった行政行為の停止である。

権限争議の手続の開始の効果は、命令、決定および行政行為の停止の観点からは、その争議が憲法裁判所に（中央）国家からもたらされたのか、それとも自治体からもたらされたのかに応じて、異なる。国家の政府が憲法一六一条二項に依拠した場合、権限違反という（主張された）瑕疵をもった自治体の行為は、5カ月（以内）の期間自動的に停止される。憲法裁判所は、この期間内に争議が解決しない場合には、この停止の廃止または延長を命ずることができる。それにも拘わらず、当該自治体は、六カ月の期間の経過前であれば常に、停止の廃止を求めることができる。逆に、自治体には、同じように自動的な停止をもたらす可能性は存在しない。しかし、自治体が憲法裁判所で国家の行為ないし国家の命令の停止を求めることは可能であり、それについては、憲法裁判所は、生じうるあらゆる不都合を考慮した上、自由に決定することができる（憲法裁判所組織法六四条三項）。

（bb）機関争訟手続

次の憲法機関は、この種の争議を憲法裁判所に訴える資格をもっている。すなわち、国家の政府、下院上院ならびに司法一般評議会および会計検査院である。憲法裁判所でのこのような訴えにおいては、その他の機関はその違法な決定の撤回を当然に要求されざるをえない。

(cc)　地方自治権の擁護のための争議

ドイツのモデルに倣い、最近、自治行政の憲法上保障された権利（地方自治権（autonomía local））を擁護するための「自治体の憲法異議」が導入されている。そのような手続が開始されるには、比較的多数の地方団体の申立てが必要である。従来は、このような手続が何ら存在していなかった。

(c)　基本権保護の訴訟（アンパーロ訴訟）

基本権保護のためのこの手続は、スペインでは一定の伝統があり、一九七八年の憲法にも導入されて、その後仕上げられた。官庁が基本権を侵害して、この状態が下級裁判所によって解決されなかった場合においては、特別の広範な訴訟手段が重要である。この訴訟手段の保護領域は、（憲法）第一編第二章第一節（一五―二八条）で定義されている基本権および公的な自由ならびに平等権や良心を理由とした兵役拒否(22)（一四条および一五条）にまで及んでいる。(23)二〇年間に、約五八、〇〇〇件の憲法異議が開始された。そのうち、ただ二、〇〇〇件だけが決定によって裁判された。このことは、異議の大部分が門前払いされたことを意味する。

異議を唱えることができるのは、次のものである。

・国家または自治体の立法機関の形式的な法律の効力をもたない決定、
・国家または自治体ならびに特定地域の、法人格を有しまたは営造物を管理する公共団体ならびにその職員による処分、決定またはその他の違法行為（暴力行為（vias de hecho））で、訴訟の途が尽くされている場合、ならびに

・すべての裁判所の決定または決定の拒否。

異議の申立権を有するのは、正当な利害を提示しうるすべての自然人又は法人ならびにオンブズマン（Defensor del Pueblo）および検察官である。異議を唱えられた決定によって利益を得ている者も、手続の当事者である。

基本権保護手続（アンパーロ手続）が認められるかどうかは、憲法裁判所の各部によって決定される。異議が許されないのは、次の場合である。

— 憲法の内容を明確な仕方で提示していない場合、

— 憲法裁判所が類似の内容の事件について既に判決を下している場合、

— 異議が憲法において保障された権利と関係がない場合、または、

— 異議に治癒のできない手続上の瑕疵がある場合。

憲法裁判所の法廷の構成員がこの見解に全員一致した場合には、異議を理由を付さずに（しかも、「不受理の決定（providencia de inadmisión）」の形式で）却下することができる。その他の場合には、異議申立人および検事総長が憲法裁判所による聴聞を受け、そして引き続き、これに関する決定が理由を付されて行われる（「審判（auto）」の形式で）。

基本権侵害が法律の瑕疵ある適用によるのではなく、法律それ自体の瑕疵による場合には、法廷は、問題を合同部に移送し、合同部が法律の規定を審査し、違憲を宣言する。このような仕方で、保護手続（Amparo-Verfahren）は、具体的規範統制手続の誘因となりうるのである。

3　判決の性質と効力——実際には似通った三つの憲法の裁判所・三つのモデル

(1)　オーストリア

オーストリアの憲法裁判所が権限を有する数多くの様々な手続の種類を見れば、全く様々な判決と判決の効力が存在する。しかし、一般的にいえば、憲法裁判所の決定は最終的なものであり、他の国家機関を拘束するものである。もちろん、拘束力をもつのは、主文だけであり、理由ではない。また、オーストリアの憲法裁判所の判決そのものは、常に、対立的な手続における訴訟当事者に対する拘束力を有する（res judicata jus facit inter partes）個別事件の決定であり、形式的意味では、何ら裁判官法を創るものではない。それ故、何ら一般的拘束力のある規律を設けるものではない。もちろん、憲法裁判所の裁判は、国家の実務に対して高い指導的価値を有するものであり、したがって、ケース・ロー・システムに近いものである。

個々の手続では、憲法上明確に特別の効力が定められている。ここでは、もっとも重要なものだけをピックアップする。

（a）　権限確認手続における決定は、具体的な（法律の）草案を判断しなければならないだけではなく、一般的に定式化された法規を含まなければならない。その法規は、連邦官報で公示されなければならない（憲法裁判所法五六条四項）。この法規は、公示後は一般的な拘束力をもち、連邦およびラントの立法機関をも拘束するものである。それ故、学説は、このような特別の場合には、（法規の）決定が憲法法律のランクを有することを認めている。

（b）　規範統制の場合、その効力は極めて詳細に、そして意義深く定められている（連邦憲法一三九、一四〇条）。

ここで強調されねばならないことは、オーストリアの制度によれば、規範は廃止されるが、しかし無効とは宣言されない。憲法裁判所は、いわば「消極的立法者」である。(24)

（aa）　憲法裁判所によって廃止された法律の規定は、通常、連邦官報で裁判所の決定の公示がなされた日でもってその効力を失う。このことが意味するのは、規範の廃止は確かに一般的効力（Wirkung erga omnes）をもつが、しかしこの効力は一般的には、将来に対して（pro futuro）だけ生ずるということである。

（bb）裁判所は、一定の期間を設けて、失効を後の時点にまで引き延ばすことができる（その場合、違憲と宣言された規範は、この時点までなお適用されなければならない）。このような規律は、特別に意義があり、かつ実際的である。すなわち、立法者は、過度の時間的圧迫を受けずに状況を「修復」することができるのである。なお、代替措置の種類や内容は、立法者の法政策上の裁量に任されている。

（cc）一つ特殊なことは、廃止された規範は、規範統制の端緒となった「当該事件（Anlassfall）」には、もはや決して適用されえないことである。

（dd）例外的な場合、オーストリアの憲法裁判所は、（連邦憲法一四〇条七項の憲法上の授権を根拠として）さらに「別のこと（anderes）」を宣告することができ、それによって実際にはその決定の遡及効を拡大させることができる。実際のところ、裁判所は、この数年、何度も集団訴訟の問題をこの規定でもって次のように処理してきた。すなわち、若干の個別的な事件をいわばテスト・ケースとして決定し、そしてその効力を一〇〇〇件以上の類似の異議事件に拡大する仕方である。

（c）基本権異議の場合、行政官庁は、その正式な行政決定（Bescheid）が廃止された場合には、憲法裁判所の法見解を考慮した新たな決定を行わなければならない（憲法裁判所法八七条二項）。

(2)　ドイツ

ドイツ連邦憲法裁判所の決定の効力は、一部分しか法律で定められているに過ぎず、大部分は、判例で発展させられてきた。

（a）　規範統制

連邦憲法裁判所がその手続（抽象的または具体的規範統制、直接的または間接的に法律に対する憲法異議）において、審査に服している法律が違憲であるという確信に達した場合、法律を無効と宣言する。このことは、連邦憲法裁判所法七八、八二、九五条で定められている。連邦憲法裁判所は、実務において、判決の効力の様々な別の形を発展させてきた。

・原則として、違憲の法律は無効と宣言され、この宣言は遡及効（ex tunc）を有する。法律は、違憲の部分について無効と宣言される（部分無効）。換言すれば、法律の規定において特定の違憲な状況と係わる「限りで」無効と宣言される（このことを定式化することは、難しい）。

・多くの場合、連邦憲法裁判所は、規範が憲法に一致しないと宣言することで満足している。この場合、その規範は、立法者によって廃止されるまではなお適用が可能である。立法者は、憲法に適った規律を設ける義務があると見なされている。憲法裁判所は、立法者に対して、そのための期間を設定しうる。

・しかし、時には、連邦憲法裁判所は、法律は「なお合憲」であると確認しながら、同時に、完全な合憲状態をもたらすために、あるいは将来生ずる違憲性を除去するために行動することを立法者に求めることもある（いわゆる「アピール判決」）。形式的に考えれば、これは、合憲宣言の特別な場合である。必要と思われる規律の「改正」は、立法者に委ねられる。

連邦憲法裁判所の決定は、（連邦およびラントの）すべての憲法機関に対して拘束力を有する。ある規範が違憲と宣言される場合、裁判所のこの決定は、連邦官報で公示され、「法律としての効力」を有する（連邦憲法裁判所法三一条二項）。（同様のことは、裁判所がある規範の合憲性を確認する場合についても当てはまる）。

「無効宣言」の法的効力については、以下のとおりである。後に違憲と宣言された規範に基づいてなされた行政行為や裁判所の判決は、効力を維持する。但し、連邦憲法裁判所での事件の対象となった行為については、例外である。（終結した手続の再審は、刑事訴訟法によれば、次の場合にだけ定められている。すなわち、確定した有罪判決が後に基本法に一致しないか、または無効と宣言された規範に基づいていた場合である。連邦憲法裁判所法七九条）。したがって、理論的な無効のモデルは、実際の作用ではかなり緩和されている。そして、結果的には、オーストリアのモデルに似通っている。

（b）　個別事件における憲法異議

すべての行政行為は、裁判で審査されうるので、個人の憲法異議は、ドイツの制度では一般に、判決に対して向けられる（判決の憲法異議）。攻撃をされた措置が違憲であり、そして基本権侵害がその措置に依拠しているか、あるいは依拠しうる場合には、連邦憲法裁判所は、異議を唱えられた判決を破棄できる。憲法裁判所は、その判決を破棄し、事件を所轄の裁判所に差戻す（連邦憲法裁判所法九五条）。一般に、連邦憲法裁判所は、所轄の裁判所に代わって決定をすることは許されない。すなわち、連邦憲法裁判所は、基本権の保持についてコントロールはするが、しかし「超上告審」ではない。連邦憲法裁判所は、その判例によって基本権解釈および基本権の具体化の発展に対して重要な寄与を果たした。この判例は、ドイツ国民の顕著な基本権意識を根付かせることにも寄与するところが大であった。

（c）　仮命令

国家生活におけるドイツ連邦憲法裁判所の特別な役割は、それが次の場合に、事態を「仮命令」によって暫定的に規律する権限を有することにも依っている。

— 重大な不利益を防止するため、
— 急迫する暴力を阻止するため、
— 他の重大な理由により、

この仮命令が公共の福祉のため、緊急に要請される場合である（連邦憲法裁判所法三二条）。この極めて広範な権限は、原則としてすべての種類の手続、従って規範統制についても当てはまる。

(3)　スペイン

スペインの憲法裁判所の判決の効力については、次のように報告できる。判決（sentencias）は、訴訟当事者に通知され、1ヶ月以内に国家の官報で公示される。（明確な不適法の決定やその他の手続法上の決定は、公示されないのが通例である）。

（a）　規範統制における判決は、終局的なものであり、規範が違憲と判断されれば、当該規律および場合によってはそれと密接な関係があるその他の規律を排除する。決定は、無効（nulidad）を宣言しなければならない（憲法裁判所組織法三九条一項）。そして、それは、一般的（erga omnes）効力をもつ。法律規範の無効を宣言する判決がでれば、原則として、既判力をもって決定された手続を再開することは許されない。唯一の例外が、刑事訴訟および行政刑罰で、無効によって刑罰および行政上の制裁が削減されうる場合である（憲法裁判所組織法四〇条）。

規範統制の判決に関する法律の規律は、何ら存在しない。無効の概念は、始源的なものであり、今日においてもスペインでは原則として遡及効（ex tunc）の観念と結びついている。(25)

しかし、最近の憲法裁判所の判例では、明確な基準もなく、「無効」は、法秩序のすべての分野において同一である必要はないという論証でもって違った取り扱いがなされている。それゆえ、無効のモデルでもって、民事法、刑事法又は行政法において個々の様々な効力が結びつけられた。従って、憲法裁判所は、とくに一九八九年以降の抽象的規範統制において、どのような理由で、ある規定を違憲とし、しかし無効とはしないかという考察を展開してきた（初出は、憲法裁判所判例四五（一九八九年））。既判力でもって決定された事件の他に、法的平等および法的安定性の原理の意味で「固定されたもの」として、そして何ら修正を許されないものとして捉えられるような状況も存在するのである。（具体的な場合として、多年にわたる課税の遡及は、納税者としての個人の信頼や国家の財政上の問題という法的および実際的な理由から排除された）。したがって、そのような状況のために、実際には、一種の将来効（ex nunc）が創出されたのである。判決には、無効宣言の将来の効力（efectos prospectivos）も一緒に含まれているのである。したがって、最近の判例は、細分化されいるが、もちろん未だ厳格で明確な基準はない。そして、時には（必ずしもいつもという訳ではなく）、将来における効力についてだけ宣言し、時には、違憲の効力については沈黙したままでもある。それ故、学説では、それによって、細分化された時間的な効力は通常の裁判所に委ねられているのかどうかについて議論がなされてきた。つい最近では、憲法裁判所は、時おり、違憲性を確認したものの、しかし様々な理由により無効とは宣言せず、（権限を有する）立法者に憲法に適った規律を設けるように求めたことがある（一種の「アピール判決」であるが、ドイツの場合と異なり、違憲性を確認したうえでのことである）。

（b）　憲法上の衝突（権限争議および機関争訟）についての決定において、憲法裁判所は、とくに積極的な衝突の場合、どの機関が権限を有するのかについて決定しなければならない。そして、必要があれば、衝突のきっかけとなった措置や決定を廃止しなければならない。消極的な衝突の場合に、手続が国家の政府によって開始されたときは、判決は、自治体が権限をもっていたのかどうかについて決定し、そうであれば自治体に対してこの権限を行使するための一定の期間を設定する。手続が個人によって開始されたときは、判決は（期間を設定せずに）どこに権限が存在するのかについて決定する。

（c）　基本権保護（アンパーロ）の手続においては、判決の効力は、訴訟当事者だけに限られる。却下の決定は、それによって将来類似の異議が不適法とされる限りにおいて、一般的（erga omnes）意義を有する。

憲法裁判所の国家における実務およびその役割については、以下の点が報告されねばならない。すなわち、八〇年代の初め（最初の判決は、一九八一年四月に出された）、憲法裁判所は、基本権や基本的自由ならびに国家の新たな組織に対してその労力を結集した。そこで憲法裁判所は、その規定が違憲であるような憲法制定前の法律についても判断した。そして、憲法制定前に違憲が生じていた場合にも基本権を保護した。それを超えて、規範の発展の必然性を承認することなく、基本権の直接の適用や憲法の直接的効力を認める判決を下した。憲法裁判所は、憲法第一章の基本権を直接適用可能と捉えた。さらに、憲法裁判所は、基本権の客観的次元を承認した。その結果、すべての一般の裁判官は、憲法裁判所のこのような理論に従って基本権の解釈を行うことができた。

社会生活および経済の指導的かつ基本的な諸原理については、次のように言うことができる。すなわち、社会権は、スペインの憲法によれば、このような指導的諸原理に数えられる。それは、単に法秩序の社会的共鳴を意味するだけではない。多くの判決において、憲法裁判所はむしろこの権利の法的範囲を特徴づけた。その一例：健康に対する権利（憲法四六条）は、主観的基本権ではなく、それは憲法がすべての市民に対して社会保障によって、あるいはその他の制度によって保護されるべき公的制度を保障していることを意味している（憲法裁判所判例一六二一（一九八九年））。憲法裁判所は、ドイツ式の制度的保障の意味において保障されたものとして見なしたのである。

国家組織の分野においては、憲法裁判所は、自治体の自律という概念を強調してきた。しかし、この概念は、憲法の領域でしかその展開を見ていない。このことが意味するのは、自治体と国家の統一とは相互に適合させられなければならないということである。

法律の合憲性に対するパラメーターとして、憲法裁判所は、単に憲法だけを用いるだけでなく、種々の組織法に対する留保が護られているかどうかを審査するために、憲法と自治体の自治的地位、さらには種々の組織法を用いている。これらの規範の総体は、「憲法ブロック」と呼ばれる。

ヨーロッパ統合の分野では、憲法裁判所は、制度的自治という原理を尊重し、遵守してきた。このことが意味するのは、ヨーロッパの規範がスペインにおける権限分配を修正せず、追加していないということである。この点がとくに指摘されねばならない理由は、次の点にある。すなわち、自治体が八〇年代の半ばに、一種の潜在的な権限、つまりヨーロッパ連合から与えられた一種の補助金の使用権を行使せんとしたのである。

領域的な自治体の組織に関しては、憲法裁判所の判例が三つの段階を歩んできたことを考慮しなければならない。当初の六〇年代、七〇年代では、自治体の構造は、自治的地位を根拠にして説明され、そして一種の権限分配の解明がなされた。第二段階（およそ一九八三年以降）においては、すでにすべての自治体が自治的地位を有していた時代、つまりスペインが一七の自治体および二つの自治都市[26]によって構築されていた時、憲法裁判所は、スペインにおける権限分配の体系化の基本を定めた。その際、未だ完全には明確ではなかったにしろ、スペイン憲法第八章の注目に値する解釈を行った。その言明は、曖昧、不完全であり、散漫であった。というのも、憲法の規定が、常に自治的地位と抱き合わせで解釈されたからである。憲法裁判所は、この第二段階では、重要な政治的な法律に対する決定を行っただけではなく、社会的法律をも判断した。今日の第三段階では、権限分配はすでに体系化されており、その場合、一種の潜在的な均衡が一般に感じられた。現在では、理論および実務において、権限分配に対するより良い理解がなされている。[27]

三　まとめ

憲法裁判のオーストリア・ドイツモデルの受容は、ドイツ語圏からスペインへの継受の唯一ものではないにしても、最も重要なものの一つである。憲法問題について特別に権限を有する集中的な憲法裁判所のオーストリアのモデル（基本権については、一八六七年以降、規範統制については、一九二〇年以降）は、第二次大戦後その基本線においてドイツの連邦憲法裁判所に受容されている。しかし、比較すれば、ドイツの連邦憲法裁判所の権限の方が、さらに拡大されている。ドイツの連邦憲法裁判所は、ドイツの基本法の放射効の点で、後に世界の多数の国々のモデルとなった。

憲法裁判所は、一九七八年のスペインの民主化の際に、そしてそれに伴った現代憲法の制定の際にも、まさに新しい国法秩序の特別に実効的な保証人として登場した。その場合、忘れてならないのは、スペインは、既に憲法裁判の独自の基礎を有していたということである。上述の保証人の地位は、立憲国家的な民主主義的構造そのものの維持や準連邦的な「自治制度をもった国家（Staat der Autonomien）」における権限配分の保障と関係するものである。それに対応して、スペインの憲法裁判所の最大の任務は、権限争議の決定、法律審査および基本権異議の手続（アンパーロ手続）である。スペインの憲法裁判所は、個別的には多くの点でドイツの規律の影響を受けている。すなわち、スペインの憲法裁判所は、組織上、二つの法廷に分かれている。違憲の法律は、「無効」と宣言されるが、しかし、部分的には、別の判決の効力（将来的判決（sentencias prospectivas）、延期的効力（efecto diferido）、および一種のアピール判決）も存在する。判決および決定と並び、憲法裁判所は、国際条約の批准の前にそれが憲法と一致するかどうかの判断を求められることがある。スペインの憲法裁判所は、その裁判において「カールスルーエ」の各種の論証形態も受容した（例えば、本質理論、制度的保障など）。最近では、ドイツのモデルに倣い、自治行政に対する憲法上保障された権利（autonomía local）の保護のための「自治体の憲法異議」が導入された。さらに、つい最近のスペインの憲法裁判権における興味深い、独自の発展の幾つかを書き記すことができる。例えば、とくに際だつのが、法律の直接の異議以前になされる中央国家と構成体との間の一種の間接的な手続である。憲法裁判所の制度は、スペインでは、迅速に馴染まれ、そして極めて適していることが実証されてきた。この制度は、憲法意識のために、国家との同一化のために、そして社会的および政治的平和のために重要な役割を演じてきているのである。

（1） それ以降、イギリスでは、他の規範に基づく法律の規定の審査が認められている。次の二つの問題が伝統的に審査されうる。

(a) 法律がコモンローを侵害しているかどうか。

(b) 法制定手続に従い、議会の法律がそもそも成立しているのかどうか。

（2） 初期立憲主義の時代では、政治的過程、とくに議会が君主やその行政について憲法が遵守されているかどうか注意することが期待されていた。

（3） 君主の無答責の点で、弾劾は大臣だけにしか向けることができなかった（身代わり理論）。

（4） 憲法裁判の個々の起源や前身は、既に一五世紀に設立された帝室裁判所（Reichskammergericht）および一六世紀の帝国枢密院（Reichshofrat）に見られる。これらの裁判所は、等族および個人の権利保護の義務があった。一九世紀では、ドイツ同盟および若干のドイツの邦において、憲法上の争議に対する特別の手続（仲裁手続（Austrägalverfahren）および同盟仲裁裁判所、若干の邦における国事裁判所）があった。しかし、実際には、この国事裁判権は、ほとんど活用されなかった。

（5） *Georg Jellinek*,「オーストリアの憲法裁判所」（一八八五年）は、この彼の小論でもって専門用語を明らかにし、そして制度を初めて適切に記述したものである。

（6） 基本権は、当時国民の権利として捉えられていた。

(7)　この職権による審査は、当然、具体的事件が憲法裁判所に係属し、かつ法律規範がその判決の前提となっている場合に限られる。

(8)　特別の憲法裁判が二〇世紀の戦間期に、チェコスロヴァキアとスペインでも設けられたが、長続きしなかった。この点の詳細については、*Pedro Cruz Villalón*, La formación del sistema europeo de control de constitucionalidad 1918-1939 (1987), 277 ff., 301 ff.,および *Rainer Groto*, Rechtskreise im öffentlichen Recht, AöR 126 (2001), 10 (49 ff.).

(9)　抽象的規範統制の対象や法的効果については、*Hans Kelsen*, La garantie juridictionelle de la Constitution (La Justice constitutionelle), Revue de droit public 45 (1928), 197 (221 ff.) 参照。先例制度の回避および統一的な憲法裁判の確立に対する考察について、ハンス・ケルゼンが報告したものとして、*Hans Kelsen*, Judicial Review of Legislation, Journal of Politics 4 (1942), 183 (188 ff.) 参照。

(10)　確かに、一八四九年のフランクフルトのパウル教会の憲法草案（一二六条）は、ライヒ裁判所の権限（例えば、最高の国家機関間の連邦国家上の争訟、裁判所の規範統制および憲法異議について）の規律をすでにもっていた。一八七一年のドイツ第二帝国の憲法は、国事裁判権を定めていなかった（そして、一八七九年に設立されたライヒ裁判所は、帝国においては何ら憲法裁判を行わなかった）。ヴァイマル憲法は、確かに国事裁判所を設けていたが、しかしその裁判所には、ライヒの領域内における連邦上の秩序の分野での僅かな任務しか割り当てられなかった。法律に対する裁判官の一般的な審査権に関する議論は何ら実際上の実を結ばなかった。

(11)　ヘレンキームゼーの憲法会議および本来の憲法制定議会においても、際だった規範統制の権限およびその他の憲法保障の手続を備えた真の憲法裁判の創設については、最初から、基本的な意見の一致をみていた。

(12)　一八〇八年のバイヨンヌ憲章（これがスペインの憲法に数えられるかどうかについては、争いがある。というのは、それがフランスの占領下で制定されたからである)、一八一二年のカディス憲法、一八三四年のスペイン憲章、一八三七年の憲法、一八七三年の憲法草案、一八七六年の憲法、一九二九年の憲法草案、一九三一年の第二共和国憲法、一九七八年のスペイン憲法(現在のスペイン憲法)。

(13) 法律違反を理由とする命令の異議申立てについては、すべての裁判所が権限を有するが、憲法違反を理由とする法律の異議申立てについては、第二審の裁判所ならびに最高裁判所と行政裁判所だけが権限を有する。

(14) 一九八八年以来、オーストリアには「独立行政部(Unabhängige Verwaltungssenate)」が存在し、その部に対しては、とくに「処分異議(Maßnamen-Beschwerde)」を申立てることができる(この異議は、官庁の直接の命令権や強制権の行使に対するものである)。この独立行政部は、決定(行政行為)により判定を下すが、それについては行政裁判所、憲法裁判所等の最高の裁判所で争うことができる。

(15) *Bernd Pfeifer*, Probleme des spanischen Föderalismus (Berlin 1998).

(16) *María J. Montoro Chiner*, Spanien als Staat der Autonomen Gemeinschaften, DÖV 1987, 85 ff; dieselbe, Landesbericht Spanien, in *Fritz Ossenbühl* (Hrsg), Föderalismus und Regionalismus in Europa (Baden-Baden 1990), 167 ff.

(17) 自治体の国家構造の支柱について、憲法裁判所は、自治体は自治権を有するというように簡単に述べている。しかし、この自治権は、限定された権力でしかない。自治は、主権ではない。そして、自治の原理は、スペインの統一の原理に矛盾するものではない。しかし、他方では、次のように明言することもできる。つまり、自治は、同一性を意味するのではなく、自治は、多様性でもあると。さらに、自治体の財政上の自治権についても宣言されることがある。また、自治体の多様性とあらゆる状況下での、そしてあらゆる自治体での市民の権利の統一性との間の均衡が承認されている。領土内での統一性および市民や物資の移動の自由という原理によって、市民の法的地位には余り大きな相違は存在しないという帰着が最終的にもたらされた。

(18) いわゆる憲法裁判所への裁判官の移送は、すべての裁判官によってなされうる。このような規範統制手続は、自律的な手続であり、原審での当事者の介入を必要としない。ちなみに、この手続が適用されうるのは、憲法制定後に成立した法律に対してだけであって、憲法制定前の法律に対しては、適用されてこなかった。憲法制定前の法律に対しては、一般の裁判官が違憲とすることができた。

(19) 実務からいえることは、憲法裁判所の存立二〇年間に六一四件の抽象的規範統制が決定されたことである。これについては、*Pablo Pérez Tremps* (coord.), Veinte años de jurisdicción constitucional (Madrid 2002).

(20) 国際条約の予防的コントロールは、現在スペインで存在する唯一の事前のコントロールである。元来は、組織法の事前コントロールも存在していた。しかし、それは、一九八八年に廃止された。その理由は、それがスペインにおける重要かつ必要な改革を阻止する手段だったからである。

(21) 国家対自治体の権限争議は、法律の合憲性または違憲性に基づくものであり、従って、権限衝突は、手続上抽象的規範統制として扱われる。

(22) 後者は、今日ではもはや問題とならない。近時では、もはや兵役の義務が存在しないからである。

(23) 憲法に規定された基本権は、憲法一〇条によれば、憲法裁判所（および他の裁判所）によって保障されるが、それはヨーロッパ人権裁判所が与えた解釈と一致した形でなされる。その他の基本権は、この手続では保障されない。たとえそれが国際協定に依拠するものであってもそうである。

基本権の保護を求めるこのような憲法異議（手続）が開始された場合、国家行為（行政行為であれ、その他の官庁の行為であれ）は、通常は中断される。その理由は、一般の裁判官が目下ヨーロッパの判例に基づき（EuGH-Entscheidung *Factortame* 参照）、暫定的な権利保護を与え、（行政）行為の否定的な作用を阻止しようとしているからである。しかし、このような行為がなお「効力をもっている」場合には、憲法裁判所がこの行政行為を中断させることができる。

(24) 一九七五年以来、オーストリアの憲法裁判所は、すでに失効した規範が違憲であったことを確認する権限をも有している。

(25) このことは、とくに国家と自治体との間の争訟について当てはまる。

(26) Ceuta und Melilla.

(27) これについては、再度、*Pablo Pérez Tremps*, a.a.O. 参照。

VII

憲法裁判と国際法

Verfassungsgerichtsbarkeit und Völkerrecht

12 一般裁判所、憲法裁判所およびヨーロッパ人権裁判所による基本権保護

ヨルン・イプゼン
嶋崎健太郎 訳

一 立憲国家における基本権

1 主観的公権としての基本権

ドイツ憲法史の伝統によれば、基本権とは、国家の介入に対する個人の自由の保護のための法的予防装置を意味する。この装置は、主に革命によってかちとられたものであり、一旦獲得された法状態を永続的に保障する。基本権は、規範のヒエラルヒーの中で最高のランクにある憲法の構成要素としては客観的法である。基本権について特に強調されている（基本法一条三項）法律と法への拘束（基本法二〇条三項）に基づき、国家による基本権

侵害が禁止される。

基本権がこのような客観法的効力しかもたないとすれば、個人は、——主観的権利を有さないのだから——決して基本権を引き合いに出せないし、個人の権利侵害を主張できないことになる。このような条件下では、基本権は、たしかに通常は最高の価値として宣言されてはいるが、自由の保護としての実際の効力が制限されてしまうというイメージは単なる空想ではない。要求と現実との間のギャップは、基本権に主観的権利としての性格を付与し、この主観的権利を個人が援用し、その保護を裁判所に求めることができて初めて埋めることができる。(1) 権利侵害に対する出訴の途が開かれれば、国家機関はもはや個人の自由と自由の限界を最終的拘束力を持って——個人に対する効力を持って——決定できなくなる。国家機関は、潜在的に裁判所が中立の第三者として裁判する法的紛争の当事者となる。

主観的権利という概念の特性は、他人に作為又は不作為を命ずる、個人に認められた（出訴可能な）法的能力であるということである。主観的権利を法理論的に分析すれば、権利の主体、権利の名宛人、および権利の対象ないし「客体」という三つの要素からたりなっていることがわかる。権利は——通常歴史的制約を受けて——様々に表現されているが、この構造は全ての基本権について見て取れる。(2) すべての基本権は、——明示的にせよ黙示的にせよ——権利の担い手、すなわち、その基本を付与された者を指定する。基本法一条三項は、——いわば限定的に——基本権により義務づけられるもの、すなわち、そのものに対し権利の担い手が基本権を援用することができるものを挙げている。基本権の対象は、基本法の個々の規定により画定される。

基本権のこの三部構造は、主観的公権の性格と同一であり、それゆえに憲法から導かれる。(3) もしも基本権が客観的法にすぎなかったならば、という仮説を立てれば、そのことがよく理解できる。もしも、基本権が単なる客観的法にすぎなければ、権利の担い手は存在せず、その結果、基本権は、単なる二部構造となる。つまり、「誰か」――すなわち国家機関――は、何か――すなわち基本権内容――に拘束されるにすぎない。これに対して、三部構造の場合には、誰か（すなわち権利の担い手）は他の誰か（すなわち義務づけられる者）に対して、何かを要求できる。

基本権の構成要素の呼び方は、憲法で規定されているわけではない。この三つの各要素について、学説および判例は、たいていは似かよってはいるが様々な諸概念を用いている。そのため、［ここで］用語を確定しておく必要がある。

– ある基本権が与えられた者（「誰か」）を、以下では、基本権主体と呼ぶ。
– 基本権主体が（「誰かに」）何かを要求することができるその相手方を、基本権名宛人と呼ぶ。
– 基本権主体が、基本権名宛人に対して、何かを要求するとき、その「何か」を、以下では、基本権内容という概念で呼ぶことにする。(4)

2　基本権と基本権により保護されている法益

立憲初期には、基本権によって自由が保障されており、自由は法的な許容（Dürfen）を意味する、という観念が支配的であった。法的許容という意識は、――とくにドイツでは――人権の歴史が比較的浅かったため、今日においてもなお基本権の重要な機能である。基本権は、その場合、個々の市民にとっては確認としての機能を営む。この機能は、臣民根性や権威国家的態度を克服するのには役立つ。しかし、基本権内容は、基本権主体の様々な法的許容の記述だけに尽きるものではない。そのことは、基本権は単に――いわば分節的に――相互に境界を画定している様々な行為の自由を保護しているだけではなく、国家が意のままに処分不可能で、処分が許されない他の法益も保護していることからの当然の帰結である。［例えば］「生命の権利」（基本法二条二項一文）

は、国家が原理的に処分不可能な法益を保護している。この［生命という］法益には「賦与」(Gewährung) または法的許容は当てはまらない。けだし、生命の権利の意味は、人間が基本法二条二項の基本権によって（初めて）生きることを許されるということではなく、国家が生命に介入することが禁止され、国家に生命保護が命じられていることが明白だからである。(5)

「生命の権利」とその他の基本権で明らかになったことは、全ての基本権に妥当する理論的言明へと一般化できる。つまり、基本権は、主に憲法に先行し、したがって自然権的自由とみなされる法益の憲法による保障である。(6) 人間の行為の可能性として自然権的自由を承認することが、論理的前提であり、同時に基本権の基盤をなす。すでにシュミット (*C. Schmitt*) が認識したように、市民的自由という観念の本質は、個人の自由の諸相が国家に先行するものとして前提され、原理的に無制限なものとされるのに対して、個人の自由の諸相に対する国家の介入権限が原理的に制限されている点にある。(7) したがって、基本権の内容は、憲法によって初めて作り出されるのではなく、憲法に先行する。このことは、生命、身体不可侵およびその他の人間の生存の諸条件について当てはまるのみならず、人間の行為の可能性にも当てはまる。それゆえに、基本権は、国家が憲法の力で人間の存在の表現能力を形成する権限（許可、権原、認可、特権賦与、または免許）ではない。個々の基本権内容は、憲法制定者が保護に値するとか保護の必要があるとみなした様々な法益——とくに分節的「諸自由」——によってすでに形成されている。(8)

基本権解釈上の根拠の他に、基本権理論上の根拠が生ずる。憲法制定権力は、国民の手にある。そのことを前提とすると、基本権が憲法による「賦与」を意味するという思考モデルは、国民が自分自身で自己の権利を「賦与する」ことを意味する。この理論は、権利の承認という観念像が、国民自身が憲法によって、当時包括的とみなされていた君主主権から、次第に自由領域を闘い取っていったという立憲主義的な憲法思想にかなっているということをよく説明できる。[9] その限りで、基本権は、君主主権の制限物であったが、また君主が臣民に権利を「賦与」してやった場合には、君主主権と調和するものとみなされた。しかし、国民主権が勝利し、憲法制定権力の国民への帰属が疑いなくなったあとでは、すべての権利賦与に不可欠な、承認する者と承認される者という二極関係は消滅する。それゆえに、基本法二〇条二項一文に定められているような国民主権に適合するのは、基本権とは保障（Gewährleistungen）であるという観念像のみである。

3　基本権保障の技術

［基本権］保障の技術の核心は、個人の法益に影響を与える国家の措置は原則として正当化が不可欠だという点にある。個人が、自身に行為を行う権利がある（資格がある、権限がある）ことを示す筋合いはない。逆に、国家が自己の措置を基本権に照らして正当化しなければならない。[10] したがって、主観的公権としての基本権の効力の本質は、国家の行為に対する抵抗として主張でき、国家の行為を制限する点にある。上述した法的「承認」というカテゴリーを再び用いるならば、基本権は、個人が何かをする権限（資格）を画定しているのではなく、国家が踏み越えることが許されない限界を示しているのである。基本権の保護法益は、国家の権限の限界づけにより保護される。要約するならば、基本権は行為またはその他の生命の発露の自由を賦与しているのではなく、国家の介入からの自由を保障しているのである。[11]

二　基本権－権利保護－基本権保護

憲法上の保障としての基本権を、憲法に先行する自由やその他の法益として理解すべきだとすれば、次の問題が生ずる。すなわち、どうすれば自由やその他の法益を保障できるかという問題である。基本法一条三項によれば、基本権は、直接適用される法として、立法、執行権および裁判を拘束することから、基本法で保障されている法益は、全ての国家権力が基本権に拘束されていることによりすでに達成されていると考えられるかもしれない。しかし、あらゆる歴史的経験が示しているように、国家機関の法への拘束のみでは基本権の保護を実現できず、さらに進んで、法への拘束を審査し、必要とあらば法違反を認定する制度と手続が必要である。これが権利保護の任務である。権利保護とは、――基本権も含む――権利の保護と、法の形式による保護――すなわち法による保護――とを含む二重概念である。

この意味での権利保護は、裁判所による法の形式に則った手続により実現される。このことは、裁判所が直接適用される法としての基本権に拘束される（基本法一条三項）がゆえに、原則として、すべての裁判所の任務である基本権保護にもあてはまる。しかし、裁判所も、裁判において基本権を無視するか基本権の解釈を誤る場合には、基本権を侵害することが考えられる。[12]それゆえ、一般裁判所（Fachgericht）、憲法裁判所、およびヨーロッパ人権裁判所による基本権保護を概観するためには、あらかじめ基本権解釈上および方法論上の問題、すなわち、基本権は一般裁判所が解釈権を有している単純法に対していかにして介入するかという問題を明らかにしておく必要がある。

憲法と単純法は、異なったランクにあり、このランクの違いの結果、単純法は憲法――とりわけ基本権――に適合していなければならず、不適合の場合には無効である。[13]しかし、憲法と単純法律とのランクの差は、憲法――とりわけ基本権――と単純法――とりわけ民事法――とが相互にいかなる内容的関係にあるのかについて答えていない。伝統的見解によれば、私法は自律的な法領域とされ、この法領域は自由と平等の原理を前提とし、それらの原理に基づいて構築されたものであるにせよ、憲法は私法に介入することはできないとされてきた。[14]

「リュート」事件によって、これらの前提が不適切であることが明らかになった。ハンブルクのプレスクラブ会長であったリュートは、ドイツの映画館主たちに対して、ナチスの影響を受けた映画監督、ファイト・ハーランの映画をプログラムに入れないよう、また同時に、観客に対してこの映画を見ないように呼びかけた。監督と映画配給会社の訴えに基づき、ハンブルク地方裁判所は、リュートに対して、刑事制裁を示唆しつつ、その煽動をやめるよう命じた。この判決は、基本的には民法八二六条に基づいている。同条によれば、他人に対して「良俗に反して」損害を与えた者は損害賠償義務がある。リュートは、彼のボイコット煽動を貫徹するためのいかなる強制手段も持っておらず、世論に呼びかけたにすぎなかった。このため地方裁判所の判決により、以下のような法状態が生じた。一方では、基本法五条一項一文は、何人にも、自己の意見を、言語、文書、図画によって自由に表明し、流布する権利を保障するが、他方では、この意見表明は裁判所の見解によれば「良俗」に違反する。この明らかな価値衝突は、民法八二六条を「一般法律」とみなし、基本法五条二項により意見表明の権利の制限を認めることだけでは解決できない。意見表明の自由は、法律自体によって制限されるのではなく、当該裁判所の包摂行為によって初めて制限される［からである］。文言上は、損害賠償規定である民法八二六条は意見表明の自由とは無関係なのだから、この規定の合憲性については疑いはなかった。むしろ、この具体的な判決が、ボイコット煽動に関する民事裁判所の確立した判例に基づいており、リュートの呼びかけは特別な事情を考慮することなく簡単にボイコットとみなされたのである。この判決に対して申し立てられた憲法異議は、受理された（また、適法とされた）、なぜならば、判決では、憲法裁判所法九〇条の意味における公権力の行為が問題となっていたからである。憲法異議は、理由があるとされた。ハンブルク地方裁判所は、憲法上重要な［基本権を］制限する法律（［この事件では］民法八二六条）と基本権（基本法五条一項一文）との相互作用を無視していたからである。(15) しかし、［基本権を］制限する法律は、違憲とはされなかった。なぜならば、当該法律自体が憲法に違反しているのではなく、違憲的に解釈されたにすぎないからである。

二〇〇一年のドイツ公法学者協会のヴュツブルク大会では、「憲法と単純法―憲法裁判権と一般の裁判権」というテーマが扱われ、[16] そこでパーピア（H-J. Papier）は、「『リュート判決』以前に戻る途はない」[17] と主張した。今までのところ、リュート判決をのりこえる途はなく、連邦憲法裁判所が開発した諸原則はあいかわらず有効だ、と要約することができよう。それらの原則は大要以下のとおりである。

– 憲法――とりわけ基本権――は、憲法上の諸価値が通常法――とりわけ不確定法概念――の解釈に影響を及ぼすことによって、単純法の中にに浸透する。

– ［一般］裁判所が、基本権の単純法律に対する「放射効」を誤解したり無視する限りで、［一般］裁判所は基本権への拘束（基本法一条三項）に違反し、当該基本権を侵害する。

– 連邦憲法裁判所は、憲法異議において、［一般の］裁判所が「基本権の放射効」を考慮したかどうかについて審査し、［一般］裁判所が「基本権の放射効」を考慮しなかった場合には、［一般］裁判所の判決を破棄する。

– 概観してきた解釈論上の諸原則は、基本権の保護に関して、一般の裁判権、憲法裁判権、およびヨーロッパ人権裁判所の様々な機能に応じた詳細な決定を可能とする。

三　一般裁判所と基本権保護

「一般裁判所」という概念は――多くの批判にもかかわらず――次第に普及した。それは、通常の裁判権を有する裁判所、ならびに通常行政裁判所および特別の行政裁判所を意味する。「一般裁判権」という概念は、訴訟法ないしは裁判所構成法で定められた、一定の法領域についての管轄権をさす。同時に、「一般裁判所」[18] という用語は、基本権保護の機能が必然的に広範で、それゆえにすべての法領域に及ぶ憲法裁判権の対立物を示すすべての一般裁判所は、直接適用可能な法としての基本権に拘束されるにもかかわらず（基本法一条三項）、様々な法領域の基本権との近接性は多様である。たとえば、市民と国家との間の争訟の場合には、通常行政裁判所と特別行政裁判所が管轄するが、そこではしばしば同時に、基本権の適用も問題になる。なぜならば、基本権は国家に向けられた防御権だからである。そのことは日常の裁判業務の中では常に意識されるわけではないとしても、判決が一方当事者の憲法異議に基づいて破棄せられるときに常に顕在化する。しかし、ときおり基本権問題があまりにクローズアップされたために、ただちに基本権問題それ自体が世論の注意を引くことがある。

連邦行政裁判所は最近、公務員たる小学校教諭としての任用を求めたイスラム教徒の女性教師による上告を棄却した。彼女は、イスラム教徒の信仰に基づいて、日常的にスカーフを着用し、授業中にそれを脱ぐ意思もなかった。教育庁（Schulbehörde）は、そのため、教育公務員への任用を求める彼女の請求を退けた。彼女は明らかに公務員に求められる宗教問題での中立性原則を遵守する意思がないのだから、教育公務員としての適性を欠くというのである。彼女は、教育庁を相手に訴えを提起したが、すでに、シュトットゥガルト行政裁判所（NVwZ 2000, 959）において敗訴していた。控訴審でも敗訴した（VGH Manheim, NJW 2001, 2899）。この事件は、個人の信仰の自由と国家の中立義務との間の対立を反映したために、世論の注目を集めることとなった[19]。

個別事件において、一般裁判所の裁判の時点では、一般的には、基本権に関する論点はまだ認識できない。連邦憲法裁判所の法形成的な裁判によって初めて、それが認識できることがある。

いわゆる「連帯保証事件[20]」では、わずかな収入しかない二一歳の、ある実業家の娘が、重い債務を負う父親のために、連帯保証宣言を行っていた。この連帯保証宣言は、単なる形式手続にすぎないという金融機関のコメントによってなされたものであった。［ところが］数年後には負債は相当の額となり、その利息は彼女の収入を遥かに超えるものとなった。地方裁判所および上級地方裁判所は、金融機関が娘のビジネス経験の不足につけこんだとの理由で、金融機関の訴えを退けた。［しかし］連邦通常裁判所は、それらの判決を覆して、成人はとくに取引の経験がなくとも、連帯保証宣言を行ったことにより責任のリスクが生ずることを認識していなければならないとの理由で、この娘に責任があると判示した。連邦憲法裁判所は、連邦通常裁判所の判決に対する娘による憲法異議において、連邦通常裁判所の判決を基本法二条一項違反を理由に破棄した。その理由として、契約当事者間に「交渉能力の構造的不平等」がある場合には、憲法上契約に対する高度の内容審査の義務が生ずることが挙げられた。連邦憲法裁判所の、このきわめて世論の注目を集めた決定は、学説上厳しい批判を受けたが(21)、この決定によって、この憲法異議手続でクローズアップされた問題は、基本権問題ではなく、民事法上の問題であるということが明らかである。この事件の特別な事情――すなわち、保証人となったこの娘の父親は金融機関に、とくに担保なしの総額二四〇万マルクもの負債があるという事情――を考慮すれば、この連帯保証契約（民法一三八条）が良俗違反であることの明確な兆候がある。連邦憲法裁判所は、当該契約自体を良俗違反と判断することは避け、連邦通常裁判所の判決だけを基本権違反を理由に破棄できたのであるから、このような基本権違反は契約の自由（基本法二条一項）に関していわば「作為的に作られた」ものである。しかし、この事件で重要だったのは、連邦憲法裁判所が「正義の府」(22)としての自己理解を強調することによって(23)、不公正な判決を破棄することであった。

ときおり、一般の裁判所による（基本）権保護が明らかに機能せず、連邦憲法裁判所によって初めて基本権保護がなされる状況が生ずることがある。

大学都市・ミュンスターでの警察の検問の際に、警察官が、ある人物が数回、手を口に持ってゆくことに気づいた。経験上、麻薬検査の際に、合成樹脂に密閉されたコカイン（いわゆる「コカイン・バブル」）を飲み込んで、身体検査の際に発見できなくすることがある。警察官は、麻薬ディーラーと疑われるこの人物を拘束し、ある病院に移送し、内視鏡検査を求めた。その際、この人物の胃の中に複数の「コカイン・バブル」が確認された。担当の内科医が、この「バブル」を取り出すことを拒絶したので、警察官は外科医のもとにこの人物を移送し、外科手術を行うよう求めた。外科手術は、胃の開口部の下の腹壁を通して行われ、予想されたとおり大量のコカインが発見された。本人は、弁護士を通じて、警察官および施術した外科医を告訴したが、検察庁はそれを拒絶した。公訴強制手続（Klageerzwingungsverfahren）も失敗した。連邦憲法裁判所の部会は、本人は明らかに法的聴聞を求める権利が侵害されたことを理由に、ハム上級地方裁判所の判決を破棄した。(24)

連邦憲法裁判所の刑法二四〇条に関する判決は、まれに、基本法一〇三条二項違反を理由に刑事裁判所の判決を破棄している。

刑事裁判所の判例は、いわゆる「座り込みデモ」を刑法二四〇条の意味での脅迫とみなし、処罰する傾向にあった。二つの構成要件条文、「耐え難い害悪をもってする脅迫」――これは疑いなく存在しない――および「暴力」である。［学説は］おおむね暴力の条件として実力の行使行為が必要としていたのにもかかわらず、(25) 判例は、接近中の列車が「座り込みデモ」のために運行不可能となることで十分としていた。連邦憲法裁判所は、刑事裁判所の判決を、刑法二四〇条の意味における暴力概念の拡張解釈が基本法一〇三条二項に違反することを理由に、破棄した。(26)

ここで素描した事例群は、連邦憲法裁判所が不可欠とみなした基本権保護を一般の裁判所が保障していなかった点で共通している。もっとも、これらの裁判はそれ自体、連邦憲法裁判所が必要と考える、一般の裁判所による基本権保護を個別的に実現する道すじを、また、――実体法的に見て――憲法が通常の法に介入するやり方を明らかにしている。その限りで、これらの連邦憲法裁判所の裁判は、個別事例のみを挙げたにすぎず、一般的に、一般の裁判所による基本権保護は常に不十分だと推定することは誤りである。憲法と単純法は別々の自律的な法領域ではないとの認識は、むしろ、しだいに定着している。その限りで、憲法上の考慮にも基づく原告の申立ては、必ずしも一般の裁判所の無理解にばかり遭遇するわけではない。――通常は単独で公表されている――連邦憲法裁判所の裁判に基づいて、ときおり次のような印象が生ずることがある。すなわち、一般の裁判所による基本権保護では、不十分である。なぜならば、十分であるならば、連邦憲法裁判所が一般の裁判所の判決を破棄する必要はなかったはずだ、という印象である。しかし、この印象は誤りである。連邦憲法裁判所は、判決に対するおびただしい数の憲法異議の中から、わずかな憲法異議についてだけ裁判しているのだから、一般の裁判所による基本権保護は十分に保障されていることが確認できる。

四　憲法裁判所による基本権保護

私の講演のタイトルに選んだ一般的な表現は適切である。なぜならば、基本権保護はけっしてひとり連邦憲法裁判所のみで確保されるのではなく、州の憲法裁判所によっても確保されるからである。したがって、最初に、連邦憲法裁判所が裁判する場合と、州の憲法裁判所が裁判する場合とを区別しておかなければならない。

1　連邦憲法裁判所

憲法裁判所のいくつもの手続形態が基本権保護に役立っている。なぜならば、基本権は常に憲法裁判所による法律の審査の基準だからである。それゆえに、抽象的規範統制や具体的規範統制も基本権保護のための手続とみなされる。しかし、主要な役割を演じているのは、「公権力の介入から国民をまもるために国民に与えられた特別の法的救済手段[27]」たる憲法異議である。憲法異議は、憲法裁判所法（九〇条以下）によって導入されてから、その後憲法上の地位（基本法九三条一項四号）を与えられ、比類のない成果を挙げてきた。たとえば、「エルフェス判決[28]」、「リュート判決」、「薬局判決[29]」、「ブリンクフュア判決[30]」、「メフィスト決定[31]」、「大学判決[32]」から「十字架像判決(33)」にいたるまで注目される裁判が、憲法異議手続によってなされてきた。しかし、憲法異議手続のこの驚くべき人気は、この手続の限界をたちまち露呈させる原因ともなった。年間五〇〇〇件の憲法異議が提起される連邦憲法裁判所の過重負担の増大は、立法者に連邦憲法裁判所の負担軽減のための法改正を求めることとなった。もっとも、統計だけでは、憲法異議の成功の見込みとこの手続の重要性を表現できない。憲法異議のうちごく一部しか法廷（Senat）によって裁判されないとしても、見るべき成功率がある。法廷が憲法異議を受理した場合には、憲法異議は成功の見込みが非常に高い。その限りで、法廷の判決と、半世紀以上の間に提起された憲法異議の絶対数とを比較するだけで済まされるわけではない。むしろ、法廷の裁判数と憲法異議の成功数との比較のほうが事態を明らかにする。(34)

2　州の憲法裁判所

州の憲法裁判所は、基本権保護の際の重要性を増してきている。その前提は、州憲法(35)の制定や、従来基本権を含んでいなかった州憲法への基本権の導入(36)であった。州憲法の基本権は基本法の保障を超えて可能であることは、すでに基本法一四二条が規定している。

州憲法中の基本権の存在は、それ自体、それらの基本権も保護されねばならないこと、つまり、州の憲法裁判所による基本権保護の十分な根拠を与えよう。しかし、主観的権利としての基本権の性質は、憲法異議の形で、異議申立人個人の主張のための法的救済手段が定められていて初めて実現されることは明らかである。抽象的規範統制や具体的規範統制手続では、法律と基本権との適合性が審査可能であるにすぎない。ところが、連邦憲法裁判所の手続統計によれば、憲法異議の九五％が［一般の］裁判所の判決に対して提起されている。(37)この数字から、なによりも、既判力のある［一般の］裁判所の判決に対する憲法異議を用いて、さらなる審級を獲得しようとする様々な――そしてたいていは失敗する――試みを読みとることができる。

したがって、州の憲法裁判所による効果的な基本権保護は、州憲法がそれぞれ憲法異議によって個人の権利の保護のための法的救済手段を規定して初めて可能となる。州の憲法裁判所の今までの報告は、州の憲法異議が無駄であるとか、濫用されているとの示唆を与えていない。(38) 州の憲法異議は、州法律または単に州法律を適用した裁判所の判決に対してのみ可能である。連邦法は、基本法と基本法一条から一九条までの基本権を基準として審査されだけである。しかし、連邦憲法裁判所は、州の基本権が、基本法の対応する権利と同様の内容をもつ場合には、連邦法に定められた手続を、州の基本権を基準として審査することも認容めた。(39)

この事例では、異議申立人が有罪とされた小切手訴訟が問題となった。彼女は連邦憲法裁判所に憲法異議を提起したが、その理由は、彼女に法的聴聞（基本法一〇三条一項）が保障されなかったというものであった。しかし、彼女は、同時に、州の憲法裁判所に、同様に彼女の法的聴聞が拒絶されたことを理由とする異議を提起した。連邦憲法裁判所の部は、この憲法異議を採り上げなかったが、州の憲法裁判所は異議申立人の（他の）基本権が侵害されていると判断した。この州憲法裁判所は、この事件を基本法一〇〇条三項によって連邦憲法裁判所に移送した。その理由は、この州憲法裁判所は基本法の解釈に関する他の州の憲法裁判所の裁判から逸脱しようと考えたからである。(40) 連邦憲法裁判所は、州の憲法裁判所には、連邦法が規律する手続についても、州の基本権を適用する権限があるとみなしたが、その一方で、法適用の統一性を保障するための多くの要件を挙げた。(41)

連邦憲法裁判所が判断したこの事件は、州の憲法裁判所が、従来発揮してこなかった基本権保護のための相当の潜在能力を有していることを示している。毎年連邦憲法裁判所に申し立てられる憲法異議の膨大さによって、個々の憲法異議のきめ細かい審査が阻害されている。州法の適用に対する憲法異議か、州の裁判所の手続に対して向けられている憲法異議が、州の憲法裁判所に配分されるならば、より徹底した審査が可能となるし、同時に基本権保護はより強化されるだろう。

五　ヨーロッパ人権裁判所

ヨーロッパ人権条約は、ドイツにおいては、基本法と州憲法の基本権とは別の法的性質を有しており、それとは別の法的ランクにある。それにもかかわらず、同条約とヨーロッパ裁判所によって保障される基本権保護の意義は――ドイツにとっても――無視すべきでない。もちろん、一九九八年の第一一議定書による権利保護の根本的な改定が人権の効果的な保護のための条件を作り出したことは明らかである。[42] ヨーロッパ人権条約は二つの手続類型を定めている。国家による異議（三三条）と個人による異議（三四条）である。国家による異議は、ある条約加盟国が、他の加盟国による条約または議定書の義務違反を主張する場合に許される。これは、加盟国内の人権保護の最低水準の確保のための効果的な手段とみなされている。[43]

個人による異議は基本法九三条一項四号の憲法異議をモデルとしている。人権条約三四条一文によれば、裁判所は、

「条約当事者によって、この条約または議定書において認められた権利が侵害されていると主張する自然人、非政府団体、または個人の集団による異議を受理することができる」。

この異議の申立て要件は、憲法異議に類似している。とりわけ、ヨーロッパ人権裁判所は、国内法上のすべての法的救済手段が尽くされた後にはじめて事件を受理できる（ヨーロッパ人権条約三五条一項）。国内法上の法的救済手段には、連邦憲法裁判所または州の憲法裁判所への憲法異議も含まれるので、個人による異議は、連邦憲法裁判所の後で初めて申立て可能となる。

個人による異議が申し立てられるのは、まったくまれなことではない。なぜならば、連邦憲法裁判所は適切な時期に判決してきたわけではなく、それゆえにヨーロッパ人権条約六条一項違反を主張できるからである。ドイツ連邦共和国は、連邦憲法裁判所の手続が長期化しすぎたために、ヨーロッパ人権裁判所によって、しばしば条約違反との判決をうけてきた。(44)

連邦憲法裁判所および州の憲法裁判所とは異なり、ヨーロッパ人権裁判所は、無効とする権限をもたない。それゆえに、同裁判所は、人権違反の措置を取り消すことはできない。同裁判所の判決は、確認判決ではあるが、被害者への賠償を付すことができる（条約四一条）。条約締加盟国は、同裁判所の判決に従う義務がある（条約四六条一項）。

ヨーロッパ人権条約は［基本法の］基本権と比べるとランクが低いにもかかわらず、またヨーロッパ人権裁判所の権限には限界があるにもかかわらず、同裁判所の判決は、高い評価を得ている。連邦憲法裁判所または州の憲法裁判所の裁判の後に、条約三四条に基づく個人による異議が認められるという可能性により、憲法裁判所の法発見に影響を与えることはがある。この事前効果（Vorwirkung）の一つの例として、現在連邦憲法裁判所に継続中のドイツ国民党（ＮＰＤ）禁止手続が挙げられる。

基本法二一条二項により、目的または党員の行動からして、自由で民主的な基本秩序を侵害もしくは除去し、またはドイツ連邦共和国の存立を危うくすることを目指す政党は違憲である。政党の違憲の問題については、連邦憲法裁判所がこれを決定する（基本法二一条二項二文）。一般に、憲法のこの明確な文言ゆえに、特別な比例性審査を行うことは否定されている。(45)ヨーロッパ人権条約一一条一項は、自由かつ平穏に他人と集会し、自由に他人と結社する権利がする権利を保障している。この権利の行使は、法律で定められ、かつ国家または公共の安全のため、秩序の維持もしくは犯罪の防止のため、健康もしくは道徳の保護、または他の人の権利および自由のために民主社会において不可欠の制限のみに服する（条約一一条二項一文）。連邦憲法裁判所がドイツ国民党（NPD）を禁止すれば、それは条約一一条二項によれば不必要（nicht erforderlich）な禁止でありそれゆえに条約違反であるとの理由での個人による異議が申し立てられる可能性が生ずる。(46)

六　総括

基本権は、かつて完全かつ永続的に保障されたことはない。国家機関の法への拘束とさらに基本権の尊重だけでは、基本権侵害を防ぐことはできない。それゆえに、基本権保護を達成しうる手続が決定的に重要となる。

1　基本権が直接に効力を持つ法であり、すべての裁判所の裁判官を拘束する（基本法一条三項）のだから、基本権保護は、原則としてすべての裁判手続において求められ、また保障されうる。注目を引く判決が、ときおり異なった印象を与えることがあるとしても、一般の裁判権――とりわけ行政裁判所――は包括的な基本権保護を提供していることは依然として確認される。

2　連邦憲法裁判所は、その五〇年以上にわたる裁判活動において、基本権保護にとって重要な裁判所であり、その裁判は国際的にも高く評価されている。しかし、その深刻な問題は連邦憲法裁判所の容量の限界であり、その限界のために必然的に個人の権利保護が悪影響をうけている。

3　多くの州で認容されている州の憲法裁判所への憲法異議手続は連邦憲法裁判所のための負担軽減を示唆している。(47)立法論としては、基本法九三条一項四b号に相当する補充性条項が考えられる。連邦憲法裁判所は州の憲法異議が認容されない場合に限り、州法律または州法に基づく州裁判所の裁判を基本権を基準に審査することになろう。

4　ヨーロッパ人権条約三四条による個人による異議は重要性を増している。この個人による異議［の制度］は、権利の保障には、常に権利侵害を非難しうる法的救済手段が組み合わされていなければならないことの証左となりうる。

（1）　裁判による要求可能性は主観的権利の特徴である。これについて、*K. F. Rohl*, Allgemeine Rechtslehre, 2. Aufl. 2001, S. 356 ff. さらに基本的には、*G. Jellinek*, System der subjektiven öffentlichen Rechte, 2. Aufl. 1905 参照。

（2）　*R. Alexy*, Theorie der Grundrechte, 1985, S. 171; *J. Ipsen*, Staatsrecht II, 5. Aufl. 2002, Rdnr. 46 参照。

（3）　詳しくは、*J. Ipsen*, Staatsrecht II, Rdnr. 47。

（4）　用語は、*J. Ipsen*, Staatsrecht II, Rdnr. 49 に従う。さらに、しばしば、「基本権者（Grundrechtsberechtigte）」と「基本権義務者（Grundrechtsverpflichtete）」という名称が用いられる（たとえば、*H. Dreier*, in: *ders.* [Hrsg.], Grundgesetz Kommentar, Bd. I, 1996, Vorb. Rdnr. 70）。また、基本権内容にかえて、「保障内容」や「保護対象」という概念も存在する（*M. Sachs*, in: ders. [Hrsg.], Grundgesetz-Kommentar, 3. Aufl. 2002, Vor Art. 1 Rdnr. 77）。さらに、*I. v. Münch*, Staatsrecht II, 5. Aufl. 2002, Rdnr. 234 も参照。

（5）　*R. Alexy*, Theorie der Grundrechte, S. 172 f. も同旨。

（6）　基本的なものとして、*G. Jellinek*, System der öffentlichen Rechte, S. 45.自由概念については、*G. Haverkate*, Verfassungslehre, 1992, S. 155 f.も参照。もっとも、彼は、「個人の主張資格（individuellen Wahrnehmungszuständigkeit）」という概念を用いて自然権的自由の自明性を問題にしている。

（7）　*C. Schmitt*, Verfassungslehre, 1928, S. 126.

（8） 同様に，*J. Schwabe*, Probleme der Grundrechtsdogmatik, 2. Aufl. 1997, S. 41.

（9） たとえば，南ドイツの諸憲法の成立について，*E. R. Huber*, Deutsche Verfassungsgeschichte seit 1789, Bd. I, 2. Aufl. 1975, S. 314 ff.参照。より詳細には，*U. Scheuner*, Die rechtliche Tragweite der Grundrechte in der deutschen Verfassungsentwicklung des 19. Jahrhunderts, in: FS E. R. Huber, 1973, S. 139 ff.; *R. Wahl*, Rechtliche Wirkungen und Funktionen der Grundrechte im deutschen Konstitutionalismus des 19. Jahrhunderts, Der Staat 18（1979）, S. 32 ff.

（10） *J. Ipsen*, Staatsrecht II, Rdnr. 65 参照。

（11） くわしくは，*J. Ipsen*, Staatsrecht II, Rdnr. 65.

（12） *W. Rüfner*, in: Isensee/Kirchhof（Hrsg.）, HStR V, 1992, § 117 Rdnr. 30; *C. Starck*, in: *v. Mangoldt/Klein/Starck*（Hrsg.）, Bonner Grundgesetz, Bd. I, 4. Aufl. 1999, Art. 1 Abs. 3 Rdnr. 206 f. 参照。

（13） *J. Ipsen*, Staatsrecht I, 14. Auflage 2002, Rdnr. 766. 基本的なものとして，*ders.*, Rechtsfolgen der Verfassungswidrigkeit von Norm und Einzelakt, 1980.

（14） *K. Hesse*, Verfassungsrecht und Privatrecht, 1988, S. 7 ff.; *W. Heun*, in: VVDStRL 61（2002）, S. 95 ff.; *C. Starck*, in: *v. Mangoldt/Klein/Starck*（Hrsg.）, Bonner Grundgesetz, Bd. I, Art. 1 Abs. 3 Rdnr. 268 f. さらに，*C.-W. Canaris*, Grundrechte und Privatrecht, AcP 184, S. 201 ff.; *U. Diederichsen*, Das Bundesverfassungsgericht als oberstes Zivilgericht — ein Lehrstück der juristischen Methodenlehre, AcP 198（1998）, S. 171 ff. も参照。

（15） BVerfGE 7, 198（209）.

（16） 1. Beratungsgegenstand VVDStRL 61（2002）.

（17） *H.-J. Papier*, VVDStRL 61（2002）, S. 155.

(18)「憲法裁判所」と「一般裁判所」という用語をめぐる議論については、*S. Korioth,* Bundesverfassungsgericht und Rechtsprechung, FS 50 Jahre BVerfG, Bd. I, 2001, S. 55 (57 f.) 参照。問題状況全体について、さらに、*J. Berkemann,* Das Bundesverfassungsgericht und „seine“ Fachgerichtsbarkeiten, DVBl. 1996, S. 1028 ff.; *M. Düwel,* Kontrollbefugnisse des Bundesverfassungsgerichts bei Verfassungsbeschwerden gegen gerichtliche Entscheidungen, 2000, S. 241 ff.; *F. Ossenbühl,* Verfassungsgerichtsbarkeit und Fachgerichtsbarkeit, in: FS H. P. Ipsen, 1977, S. 129 ff.; *H.-J. Papier,* „Spezifisches Verfassungsrecht“ und „einfaches Recht“ als Argumentationsformel des Bundesverfassungsgerichts, FG 25 Jahre BVerfG, Bd. I, 1976, S. 433 ff.; *W. Roth,* Die Überprüfung fachgerichtlicher Urteile durch das Bundesverfassungsgericht und die Entscheidung über die Annahme einer Verfassungsbeschwerde, AöR 121 (1996), S. 544 ff.; *G. F. Schuppert,* Zur Nachprüfung gerichtlicher Entscheidungen durch das Bundesverfassungsgericht, AöR 103 (1978), S. 43 ff.; *C. Starck,* Verfassungsgerichtsbarkeit und Fachgerichte, JZ 1996, S. 1033 ff. 参照。

(19) BVerwG, Entsch. v. 04. 07. 2002 (2 C 21.01). この問題について、さらに、BVerfGE 93, 1（教室における十字架［**最新憲法判例14：石村修**］; BVerfG, NJW 2002, S. 663（イスラム教徒のためのハラール屠殺禁止除外）［近藤敦：自治研究七九巻五〇号一四六頁］。

(20) BVerfGE 89, 214［**最新憲法判48：國分典子**］。

(21) *J. Isensee,* Bundesverfassungsgericht—quo vadis?, in: Fikentscher u.a. (Hrsg.), Wertewandel-Rechtswandel, 1997, S. 93 (106) ヨーゼフ・イーゼンゼー（ドイツ憲法判例研究会編訳）『保護義務としての基本権』（信山社、二〇〇三年）三八四頁以下; *G. Spieß,* Inhaltskontrolle von Verträgen—das Ende privatautonomer Vertragsgestaltung?, DVBl. 1994, S. 1222 (1228).

（22） So: *R. Dreier*, Zur Problematik und Situation der Verfassungsinterpretation, in: *Dreier/Schwegmann* (Hrsg.), Probleme der Verfassungsinterpretation, 1976, S. 13（39）.

（23） この自己理解をめぐる議論について、*W. Heun*, Funktionell-rechtliche Schranken der Verfassungsgerichtsbarkeit, 1992, S. 9 ff.; *Schlaich/Korioth*, Das Bundesverfassungsgericht, 5. Aufl. 2001, Rdnr. 489 ff.; *G. F. Schuppert/C. Bumke*, Die Konstitutionalisierung der Rechtsordnung, 2000, S. 55 ff. 参照。

（24） 一九九八年五月四日第二法廷第三部会の決定（EuGRZ 1998, S. 466.）。ただし、これについては、その後二〇〇二年三月二八日に連邦憲法裁判所の別の判決（-2 BvR 2104/01-）があるので、それを参照されたい。

（25） さらに *Lackner/Kühl*, StGB, 24. Aufl. 2001, § 240 Rdnr. 10; Tröndle/Fischer, StGB, 50. Aufl. 2001, § 240 Rdnr. 17 ff. 参照。

（26） BVerfGE 92, 1（14 ff.）［**最新憲法判例67：松本和彦**］.これについてはさらに、*C. Gusy*, in: *v. Mangoldt/Klein/Starck*（Hrsg.）, Bonner Grundgesetz, Bd. 1, Art. 8 Rdnr. 79 f. 参照。

（27） BVerfGE 18, 315（325）.

（28） BVerfGE 6, 32. ［**憲法判例4：田口精一**］

（29） BVerfGE 7, 377. ［**憲法判例44：野中俊彦**］

（30） BVerfGE 25, 256.

（31） BVerfGE 30, 173. ［**憲法判例25：保木本一郎**］

（32） BVerfGE 35, 79. ［**憲法判例32：阿部照哉**］

（33） BVerfGE 93, 1. ［**最新憲法判例14：石村修**］

（34） *J. Ipsen*, Staatsrecht I, Rdnr. 958 に掲載した、二〇〇一年一二月三一日の連邦憲法裁判所の全体統計からの抜粋。さらに、*Benda/Klein,* Verfassungsprozeßrecht, 2. Aufl. 2001 の付録も参照。

（35）　その例として、「新しい」諸州の州憲法中、一九九二年五月二七日のザクセン州憲法一四条以下（GVBl. S. 243)、一九九二年七月一六日のザクセン・アンハルト憲法三条以下（GVBl. S. 600)、一九九三年一〇月二五日のテューリンゲン州憲法一条以下（GVBl. S. 625)、一九九二年八月二〇日のブランデンブルク州憲法五条以下（GVBl. I S. 298)、一九九三年五月二三日のメークレンブルク・フォーアポンメルン州憲法五条以下（GVOBl. S. 372)。

（36）　その例として、一九九三年五月一九日のニーダーザクセン州憲法への基本権の導入（Nds. GVBl. S. 107)。

（37）　*J. Ipsen,* Staatsrecht I, Rdnr. 958 に掲載した、二〇〇一年一二月三一日の連邦憲法裁判所の全体統計からの抜粋および *Benda/Klein,* Verfassungsprozeßrecht, 2. Aufl. 2001 の付録を参照。

（38）　この問題について、*J. Dietlein,* Landesverfassungsbeschwerde und Einheit des Bundesrechts, NVwZ 1994, S. 6 ff.; *E. Klein,* Landesverfassung und Landesverfassungsbeschwerde, DVBl. 1993, S. 1329 ff.参照。とりわけ、ニーダーザクセン州への憲法異議導入の要求について、*G. C. Burmeister,* Chancen und Risiken einer niedersächsischen Landesverfassungsbeschwerde, NdsVBl. 1998, S. 53 ff.; *J. Ipsen,* Eine Verfassungsbeschwerde für Niedersachsen!, NdsVBl. 1998, S. 129 ff.

（39）　BVerfGE 96, 345（372 ff.).これについては、*E. Klein/A. Haratsch,* Die Landesverfassungsbeschwerde —— Ein Instrument zur Überprüfung der Anwendung von Bundesrecht?, JuS 2000, S. 209 ff. 参照。

（40）　一九九五年九月二一日のザクセン州憲法裁判所の決定（NJW 1996, S. 1736 ff.).基本法の異なる解釈を理由をする連邦憲法裁判所への移送につき、一般的に、*K.-G. Zierlein,* Prüfungs- und Entscheidungskompetenzen der Landesverfassungsgerichte bei Verfassungsbeschwerden gegen landesrechtliche Hoheitsakte, die auf Bundesrecht beruhen oder in einem bundesrechtlich geregelten Verfahren ergangen sind, AöR 120（1995), S. 205

(235ff.).

(41) BVerfGE 96, 345 (372 ff.).

(42) Protokoll Nr. 11 zur EMRK v. 11. 05. 1994 (BGBl. II 1995 S. 578).この改定につき、*Schlette*, Europäischer Menschenrechtsschutz nach der Reform der EMRK, JZ 1999, S. 219 参照。

(43) Vgl. *K. Ipsen*, Völkerrecht, 4. Aufl. 1999, § 49 Rdnr. 11; *J. Limbach*, Die Kooperation der Gerichte in der zukünftigen europäischen Grundrechtsarchitektur, EuGRZ 2000, S. 417 (418); *dies.*, Das Bundesverfassungsgericht und der Grundrechtsschutz in Europa, NJW 2001, S. 2913 (2914 f.); *R. Nickel*, Die Zukunft des Bundesverfassungsgerichts im Zeitalter der Europäisierung, JZ 2001, S. 625 (626 f.); *U. Steiner*, Richterliche Grundrechtsverantwortung in Europa, in: FS H. Maurer, 2001, S. 1005 (1007 f.); *R. Uerpmann*, Internationales Verfassungsrecht, JZ 2001, S. 565 (568).

(44) EGMR, NJW 1997, S. 2809 (Probstmeier/Deutschland); EGMR, NJW 1999, S. 3545 (Pélissier und Sassi/Frankreich); EGMR, NJW 2001, S. 56 (Selmouni/Frankreich), dazu: *F. Lansnicker/T. Schwirtzek*, Rechtsverhinderung durch überlange Verfahrensdauer, NJW 2001, S. 1969 ff.

(45) *J. Ipsen*, in: Sachs (Hrsg.), Grundgesetz Kommentar, Art. 21 Rdnr. 172 ff.; *ders.*, Parteiverbot und „politisches Ermessen", in: FS H. Maurer, 2001, S. 163 ff.; *R. Streinz*, in: *v. Mangoldt/Klein/Starck* (Hrsg.), Bonner Grundgesetz, Bd. 2, 4. Aufl. 2000, Art. 21 Abs. 2 Rdnr. 245. これらは反対説に対しても言及している。

(46) 先行例として、トルコの政党の禁止に関する手続がある（この点の指摘として: *J. Ipsen*, in: Sachs [Hrsg.], Grundgesetz Kommentar, Art. 21 Rdnr. 204).

(47) 一九九五年一一月二三日のベルリン州憲法八四条二項5号 (GVBl. 779)、ザクセン州憲法八一条一項四号、メークレンブルク・フォーアポンメルン州憲法五三条一項六号、ブランデンブルク州憲法一一三条四号、テューリンゲン州憲法八〇条一項一号、ザクセン・アンハルト州憲法七五条六号。

13 国際化・グローバル化と憲法裁判

門田　孝

一　はじめに*

国際化・グローバル化との関連で憲法裁判について論じようとする場合、まず想起されるのは、人権の国際的保障と憲法裁判の問題である。国際化が進む今日、普遍的権利とされる基本的人権がグローバルな視点から把握されるべきことについては、ほぼ異論のないところであろう。このことは、人権保障の内実がグローバルな基準に見合ったものであるべきことのみならず、国際人権法をも視野に入れた重層的な人権保障のあり方を模索するよう要請するものでもある。この点、日本についてみれば、憲法において、基本的人権を「侵すことのできない永久の権利」として最大限の尊重が払われ、数々の人権保障条項が設けられているほか、主だった国際人権条約の当事国にもなっており、グローバルな視点に立った人権保障に向けての環境は整っているようにもみえる。しかしながら、人権をめぐる裁判の現実に目をやった場合、グローバルな視点からはほど遠い、特殊日本的なるものが見出せるように思われる。本報告では、主として国際人権条約の国内裁判所による実施を念頭に置きつつ、人権の国際的保障をめぐる問題の一端を論じることとしたい。以下ではまず、日本国憲法における権利保障と憲法裁判に関して、本報告の前提となるべき基本事項の確認から入っていくことにする。

二　日本国憲法における人権保障と憲法裁判

ドイツ連邦共和国基本法が「基本権」に対して最高の価値を見出すのと同様、日本国憲法は「基本的人権」に対して最大限の尊重を払っている。憲法の文言によれば、基本的人権は、「侵すことのできない永久の権利として、現在及び将来の国民に与えられる」（一一条。なお九七条参照）。学説上も、基本的人権は一般に、「人間がただ人間であるということにのみもとづいて、当然に、もっていると考えられる権利」(1)と定義され、憲法や国家に先立って存在する前国家的で普遍的な権利として理解されてきた。ここには明らかに一種の自然権的な発想をみてとることが可能であろう。そして、憲法で保障された権利を指す場合にも、近時異論はあるものの、一般に「基本的人権」ないし端的に「人権」なる用語がそのまま特に厳密な区別を行なうことなく用いられてきた。

日本国憲法は、第三章の「国民の権利及び義務」という標題のもとに権利のリストをおいている。こうした日本国憲法の権利条項は、比較法的にみても、数多くの権利をカバーしているということができよう。それは、いわゆる「第一世代の人権」としての、法の下の平等（一四条）や、思想・良心の自由（一九条）、信教の自由（二〇条）、表現の自由（二一条）、居住・移転・職業選択の自由（二二条）、財産権（二九条）および各種人身の自由（三一条・三三条以下）といった自由権のみならず、「第二世代の人権」たる、生存権（二五条）、教育を受ける権利（二六条）および勤労の権利（二七条）などの社会権をも含んでいる。さらに、憲法の権利条項に明示されていない権利であっても、人権の総則的規定とされる「幸福追求権」（一三条）などを根拠に、なお憲法上認められると考えられている。実際、憲法に列挙されていないプライバシー権、環境権、あるいは自己決定権などが、「新しい人権」として、学説上積極的に主張されている。このように、日本国憲法の権利条項は、極めて多岐にわたるものであるが、ただ個々の条項そのものには比較的簡潔なかたちでしか権利保障に言及されておらず、個々の権利の内容や射程についての詳細な説明は必ずしもみられない。このことは、良くも悪くも、権利条項の柔軟な解釈を可能にするものであると考えられる。

以上のような人権の保障に際して、裁判所が重要な役割を果たすものであることは、日本においても同様である。裁判所による人権保障は、典型的には、違憲審査権を行使するなかではかられる。つまり、憲法で保障された基本的人権を制限する法令について、かかる法令が憲法に適合するか否かを判断するわけである。憲法は、「最高裁判所は、一切の法律、命令、規則又は処分が憲法に適合するかしないかを決定する権限を有する終審裁判所である」（八一条）と述べ、違憲審査権を行使する裁判所として最高裁判所のみに言及しているが、それ以外の裁判所も同じく違憲審査権を有していると考えられる。すでに他の報告でも触れられたように、日本では、裁判所としては、最高裁判所、高等裁判所、地方裁判所、家庭裁判所および簡易裁判所の五種類のみが認められるが、これらはすべてドイツでいうところの通常裁判権に含まれるものであり、ドイツの専門裁判所にあたるものは日本には存在しない。(2)　とりわけ通常の第一審である地方裁判所、控訴審である高等裁判所、および上告審である最高裁判所の間で、扱う事件の性質に何ら質的な違いはないのである。

さらに通説および判例によれば、こうした違憲審査権は、いわゆる付随的違憲審査権であると考えられている。つまり、通常の裁判手続において、原則として具体的な権利義務をめぐる争訟を前提とし、こうした争訟を解決するために必要な限りで法令等の憲法適合性を審査するという、アメリカ型の司法審査（judicial review）と同じ類型に属するものである。違憲審査制の性質をめぐっては憲法制定当初から議論があったが、最高裁判所は、いわゆる警察予備隊訴訟で、日本の違憲審査制を付随的違憲審査制とする立場を表明し、実務上はこうした理解が定着するに至った。(3)したがって、現行法上「憲法裁判権」なるものを語りうるとしたら、それは通常の裁判手続の中で行使される付随的な違憲審査権にほかならない。ドイツでいうところの「抽象的規範統制」は、日本においてはごく例外的な場合にのみ認められるにすぎない。

さて、以上のような日本国憲法における人権保障に加え、近時、国際的人権保障の重要性、必要性が認識されるようになってきている。こうした国際的人権保障とは、どのようなかたちをとるものであろうか。また、それは日本の国内法にどのような問題を投げかけるものであろうか。以下に節を改めて、こうした点について簡単に言及しておくことにする。

三　人権の国際的保障と日本国憲法

人権保障の問題は、かつては専ら国内事項ととらえられていたが、現在ではすぐれて国際的な関心事となっている。とりわけ、民主制の樹立と人権の保障が、世界平和にとってもつ重要性が示された第二次世界大戦以降、幾多の国際人権条約が採択され、多くの国々の批准を経てきた。日本の場合、国際人権規約B規約の選択議定書、死刑廃止議定書、およびジェノサイド条約といったいくつかの重要な人権条約に未加入であるものの、それ以外の主だった人権条約については、その当事国となっている。人権は単に国内法だけの問題ではなく、国際法の平面においてもいっそうの保障がはかられるべきであるとの認識は、日本においても今日多くの人々の共有するところであると言ってよい。

ヨーロッパ人権条約や米州人権条約などの地域的人権条約をもたないアジアにあって、国際人権法としてまず重要な意味をもつのは、人権を広範に保障しかつ法的拘束力を有する国際人権規約である。こうした国際人権規約の人権条項は、日本国憲法におけるそれと比較しても、極めて具体的かつ詳細である。例えば、「表現の自由」について、日本国憲法二一条は、単に、

「1　集会、結社及び言論、出版その他一切の表現の自由は、これを保障する。

2　検閲は、これをしてはならない。通信の秘密は、これを侵してはならない。」

とのみ定めるのに対し、国際人権規約（自由権規約）一九条では以下のように詳細な定めがある。

「1　すべての者は、干渉されることなく意見を持つ権利を有する。

2　すべての者は、表現の自由についての権利を有する。この権利には、口頭、手書き若しくは印刷、芸術の形態又は自ら選択する他の方法により、国境とのかかわりなく、あらゆる種類の情報及び考えを求め、受け及び伝える自由を含む。

3　2の権利の行使には、特別の義務及び責任を伴う。したがつて、この権利の行使については、一定の制限を課することができる。ただし、その制限は、法律によつて定められ、かつ、次の目的のために必要とされるものに限る。

（a）他の者の権利又は信用の尊重

（b）国の安全、公の秩序又は公衆の健康若しくは道徳の保護」

こうした、国際人権条約をどのように実施していくかについては、大きく、「国内的実施」と「国際的実施」とがある。(4) そして、国内的実施の方法については、立法府による国内法の制定または改正というかたちをとる場合と、国内裁判による適用というかたちをとる場合とがあり、後者はさらに、国内裁判所が人権条約の規範をそのまま用いる「直接適用」と、国内法令を解釈する際の指針とする「間接適用」との区別が認められる。

まず、国内的実施にあたって、どのような方法をとるかについては、原則として締約国に委ねられていると考えられる。すなわち、一般に条約が国内法的効力をもつか否か、もつとした場合に国内法上いかなる地位を占めるかについては、各国の国内法によって定まる。この点、例えばドイツでは、国際法と国内法を次元の異なるものとするかつての二元的理解は衰退しつつあるものの、条約は国内法への転換をまって、はじめて国内的にも効力を有することになるとする「変形理論」がいまだ有力であるとされるのに対し、日本では、原則として特別の国内法化の措置を経ることなく、公布によって直ちに国内的効力を有するものと考えられている。(5) その理由として、第一に、日本国憲法のもとでは、すべての条約（実質的意味の条約）について国会の承認を必要とし（七三条三号）、承認された条約は天皇が自動的に公布することとしていること（七条一号）、第二に、憲法第九八条第二項において、「日本国が締結した条約及び確立された国際法規は、これを誠実に遵守することを必要とする」として、明文上特に留保事項を設けることなく条約遵守の必要性を謳っていることが挙げられる。(6) 実務上も、少なくとも自動執行的（self-executing）な条約については、特別な立法手続を経ることなく、そのまま国内法的効力をもつものとして扱われている。(7) 何をもって自動執行的な条約をいうかは問題であるが、例えば自由権規約の規定の多くは、その性質上自動執行的なものと考えてよい。もとより、日本においても、人権条約の実施にあたって何らかの立法措置が望ましいことはいうまでもないが、仮にこのような立法措置がなかったとしても、人権条約を国内裁判において適用することはなお可能なのである。

これに対して国際的実施は、国際人権法の規範が各国において遵守されているか否かを、国際的に監視し必要な統制を行なおうとするものである。ここでも、ヨーロッパ人権条約によって設立されたヨーロッパ人権裁判所が、ヨーロッパにおける人権保障の実現にむけて、多大な実績を重ねてきたことが知られている。しかしながら、こうした地域的な国際人権条約に加入していない日本にあっては、ここでも重要な意味をもつのは国連の定める人権保障システムである。これに関しては、第一に、国連憲章に基づくものとして、国連委員会に設けられた公開審議手続（いわゆる一二三五手続）、および人権小委員会に設けられた通報審査手続（いわゆる一五〇三手続）などがあり、これらはあらゆる人権問題を提起しうるもので、その射程は極めて包括的である。第二に、国際人権規約をはじめとする個別的国際人権条約に定められたものがあり、これに当たるものとしては、各締約国が定期的に条約機関に報告書を提出する報告制度や、条約違反を主張する個人や国家からの申立てを条約機関が審査する通報制度などが知られている。

四　日本における人権条約の国内的実施をめぐって

1　日本における国際人権訴訟の現状

人権条約が特別の国内法化措置を経ることなく、公布によって国内的効力を生じると考えられる日本にあっても、後述するように、ある人権条約の批准に際して何らかの立法の整備が行なわれることが多く、そうした意味では、立法府による国内的実施も重要な意義を有している。しかしながら、個別具体的事件において、人権規範を解釈・適用し救済をはかるという点では、やはり国内裁判所による国際人権条約の国内的実施が、何よりも重要であるといえよう。実際、人権問題を争う国内裁判において、憲法違反の主張と併せて国際人権条約違反も主張されることが少なくなく、こうした傾向はとりわけ一九八〇年代以降に顕著なものとなり、多くの人権訴訟の場で、特に国際人権規約違反が積極的に主張されるようになった。

これに応えるかたちで、国際人権条約の効力を何らかのかたちで認める裁判例もみられるようになった(8)。この点に関してよく引かれる事例に、一九九六年の徳島地裁判決がある(9)。これは、刑務所内で職員に暴行を受けたなどの理由で国家賠償請求訴訟を提起した受刑者が、弁護士との接見を刑務所長によって違法に妨害され、精神的苦痛を被ったとして、国家賠償法に基づき、国に慰謝料の支払を求めた事例である。接見妨害の違法性を根拠づける議論のひとつとして、原告は、裁判を受ける権利を保障した憲法三二条違反の主張と併せて、公正な裁判をうける権利を保障した自由権規約第一四条第一項違反にも言及した。裁判所は、以下のように述べて、自由権規約の直接的な国内的効力を認めた。

「B規約は、自由権的な基本権を内容とし、当該権利が人類社会のすべての構成員によって享受されるべきであるとの考え方に立脚し、個人を主体として当該権利が保障されるという規定形式を採用しているものであり、このような自由権規定としての性格と規定形式からすれば、これが抽象的・一般的な原則等の宣言にとどまるものとは解されず、したがって、国内法としての直接的効力、しかも法律に優位する効力を有するものというべきである。」

裁判所は、欧州人権条約の規定なども参考にしながら、「B規約一四条一項は、そのコロラリーとして受刑者が民事事件の訴訟代理人たる弁護士と接見する権利をも保障していると解するのが相当であ」るとし、「監獄法及び同法施行規則の接見に関する条項も右B規約一四条一項の趣旨に則って解釈されなければならないし、法及び規則の条項が右B規約一四条一項の趣旨に反する場合、当該部分は無効」であると述べた。もっとも、本件の場合、問題となった法令そのものは無効とはせず、ただ刑務所長の裁量権の逸脱があったとして、原告の慰謝料求を認める結論を導いている。[10]　このように、判決のなかで自由権規約を積極的に用いていこうとする事例が、散見されるようになってきた。[11]

しかしながら、以上のように国際人権条約の規定に積極的な意義を見出す事例は、全体としてはいまだ少数にとどまっているのが現状である。概して日本の裁判所は、訴訟の場で国際人権条約を用いることに消極的である。例として、改正前の外国人登録法に基づき要求された指紋押なつを拒否したため、罪に問われた在日外国人が、指紋押なつ制度の憲法違反および自由権規約違反を争った事例を挙げることができる。被告人側はまず、本人の意思に反した指紋の採取が、プライバシー権を保障した憲法第一三条、および「品位を傷つける取扱い」を禁じた自由権規約第七条に違反すると主張した。これに対して、裁判所は、指紋採取が「在留外国人の公正な管理を目的に登録の正確性を維持するため、これを同一人性の確認の手段として用いること」にあり、十分合理的な理由と実質的な必要性をもつもので、憲法一三条に違反するものではないと述べ、さらに、「押なつを拒む者に対し直接に物理的な力を加えて押なつさせるなどという手段をとることは許されず、刑罰により間接強制の方法をとりうるのみで、……国際人権規約B規約七条に違反するものでないこともいうまでもない」と述べている。次に、問題となた外国人登録法の規定が、外国人のみに指紋押なつを義務づける点で、法の下の平等を保障した憲法第一四条および自由権規約第二六条に違反するとの主張に対しては、「本邦の構成員である日本国民とその構成員でない外国人との間に基本的地位の違いがあることは否定できず」、かかる義務づけが憲法第一四条の許容範囲内であるとしたうえで、「憲法一四条に反するものでない以上、国際人権規約B規約二六条に抵触するものでないこともいうまでもない」と述べて、被告人側の主張を退けている。

法廷傍聴人のメモ採取の禁止が争われた一九八七年の東京高裁判決にも、これと同様の発想を見出すことができる。[12]　裁判所は、「訴訟の公正かつ円滑な運営」のためにメモ採取が制限されてもやむをえず、こうした措置が表現の自由を保障した日本国憲法第二一条に違反するものではないとしたうえで、自由権規約第一九条第二項違反の主張も退けている。裁判所によれば、「この規定は、万人がメモをとるという方法により情報を受ける自由を有することを、明らかにしたものということができる。しかしながらまた、この規定は、表現の自由に関する規定であるから、憲法二一条で保障されている、表現の自由以上の意味を持つものと、解することはできない。」

このように、一般に日本の裁判所は、国際人権条約に独自の意義を見出そうとする発想には乏しい。国内裁判所において、人権侵害が申立てられた事例においては、国際人権条約違反のみならず憲法違反の主張も併せて展開されることが多い。このような場合、裁判所の多くは、国際人権条約による人権保障の水準が、日本国憲法におけるそれを越えるものではないとの主張を繰り返しているのである。見方を変えるなら、国内裁判における人権保障は日本国憲法のみで十分であり、国際人権条約の規範は不要であるとの立場として理解することもできるであろう。こうした、日本における「国際人権訴訟の貧困」が生じる原因としては、違憲判断に消極的な裁判所自身の態度もさることながら、これまでの日本の憲法論の問題に帰せられる部分もあるのではないかと思われる。以下では、「憲法と条約」、および「憲法による人権保障」の二点につき、考察を加えておくこととしたい。

2　日本国憲法と条約

前述したように、日本においては、人権条約は公布とともに国内的効力を有すると考えられるのであるが、ここにいう国内的効力とはどのようなものであろうか。広く、実質的意味の条約の国内的効力をめぐっては、とりわけ憲法との関係で、憲法と条約の優劣の問題としてさかんに論じられてきたところであった。日本国憲法は、第九八条第一項で、「この憲法は、国の最高法規であつて、その条規に反する法律、命令、詔勅及び国務に関するその他の行為の全部又は一部は、その効力を有しない」と述べ、憲法の最高法規性を認めているが、そこに示された下位規範のなかに条約は含められておらず、同条第二項では、前述したように、条約遵守義務を定めている。条約と法律との関係については、一般に条約が法律に優位することについてはほぼ異論のないところである。それでは、憲法と条約との効力関係はどのように理解できるであろうか。

憲法と条約の効力関係をめぐっては、日本では、従来、「条約優位説」と「憲法優位説」の対立という図式のもとに、議論が展開されてきた。日本の憲法学界においては、かつては条約優位説が有力であったが、現在の多数説は憲法優位説に立っているとされる[13]。条約優位説は、①憲法第九八条一項に列挙された下位規範から条約が除かれ、同条二項では条約遵守義務が謳われていること、②憲法八一条の違憲審査の対象からも条約が除かれていること、および、③日本国憲法が徹底した国際協調主義に立つものであることを主たる根拠に、条約が憲法に優位すると主張する立場である。これに対し、憲法優位説は、条約優位説の論拠を批判し、①憲法九八条一項は国内法秩序における憲法の最高法規性を宣言したにすぎず、また同条二項によっても「違憲の条約」まで遵守すべきだとする趣旨とは解されないこと、②憲法八一条一項により、条約の違憲審査を否定したものとまでは解することはできず、また、条約の違憲審査が許されるか否かは、憲法と条約の優劣の問題とは直接関係はないこと、③国際協調主義という一般原則によっても条約の優位を正当化するのは困難であること、などを指摘して、条約に対する憲法の優位を主張する。こうした論拠に加えて、日本国憲法のもとで条約が優位することになれば、法律よりも簡単な手続によって成立する条約によって憲法改正が認められることになり、国民主権の否定につながるのではないかといった指摘もされている。このように、現在では憲法優位説が多数説だとされるが、その背景には日米安保条約のような憲法原理と抵触するおそれのある条約に対処しようという、すぐれて実践的な意図があったことも否定できないところである。

問題は、こうした憲法優位説が、国際人権条約との関係では、かかる人権条約の効力を制限するかたちで作用し得るということである。かりに国際人権条約による人権保障が、憲法による人権保障よりもさらに手厚い保護を認めていたとしても──そうした事態が生じるか否か自体別途検討する必要があるであろうが、仮に生じたとしても──憲法優位説を機械的に理解する限り、憲法による手薄い人権保障の方が「優位」することになってしまう。また、国法の段階構造において、条約が憲法よりも下位の規範だということになると、憲法の保障する人権の中身を、条約の人権規範によって充塡することは、理論上矛盾することになってしまわないか、疑問が残る。まさに、「国内裁判所において国際人権条約を援用する国際人権訴訟が展開されるようになったとき、憲法学がかねてから維持していた枠組は、議論の発展を拘束する意味あいを強くするものとなった」[14]といえるのである。

こうした問題点は、一部では早くから指摘されていたところであるが、特に最近では、人権条約を国内裁判で実効的に活用するために、憲法優位説を見直そうとの試みが行なわれるようになってきている。ある論者によれば、「必ずしも国法秩序の段階構造において単独で最上位を確保する必要はない、すなわち、必ずしも憲法と条約のいずれが形式的効力において優位するかを問題とする必要はない」のであり、「国内裁判における国際人権条約の実効性確保に際しては、憲法に優位するか否かが重要なのではなく、国際人権条約に対して、憲法に対するのと同等の尊重ないし配慮が国内裁判所によってなされうるか否かが問題だと解される」という[15]。そうした主張の根底には、「条約を一律に捉えて論じるのではなく、それぞれの条約の性質に応じて憲法の対応を考えていくべきではないか[16]」という発想が存している。国際人権訴訟が展開されるようになった現在、憲法優位説がむしろ国際的人権保障の進展を妨げているのではないかという懸念からすると、確かに傾聴に値する指摘であるといえるであろう。

条約が、単なる二国間の政策的合意にとどまらず、個人の権利保障という点でも重要性を増してきている今日、条約そのものの理解の仕方も自ずと変わってこなければならないであろう。とりわけ、憲法と条約が、ともに人権保障という近代法における普遍的価値を実現しようとするものである場合には、両者はかかる価値の実現に向けて相協力するものでこそあれ、互いに対立し合うものではないはずである。もしそうだとするなら、憲法優位説かそれとも条約優位説かといった、従来の思考枠組自体からして見直される必要があるであろう。そして、そのためには、憲法と条約、あるいは国際法と国内法に関する、より根源的な問題に立ち返って考えていくことが必要であると思われるのである。

3　日本国憲法における人権保障と人権条約

上述したように、日本国憲法の人権規定は総じて比較的簡潔なかたちで定められているため、柔軟な解釈が要求される場合が少なくない。今日少なくとも、学説においては、憲法に明示されていない権利であっても、なお憲法上の権利として認められるということについては、ほぼ異論はないといえよう。この点注目されるのが、「すべて国民は、個人として尊重される。生命、自由及び幸福追求に対する国民の権利については、公共の福祉に反しない限り、立法その他の国政の上で、最大の尊重を必要とする」と定める憲法一三条の規定である。主としてここにいう「幸福追求権」に基づき、たとえ憲法典に明記されていない権利であっても、それが「個人の尊重」の理念に合致する限り、なお憲法上の権利として認められるとされ、具体的には、前述したようなプライバシー権、環境権、あるいは自己決定権などが主張されている。「人権のインフレ」を懸念するむきはあるものの、こうした「新しい人権」論は、学説においてはほぼ定着している。

問題は、このようなダイナミックな解釈を可能にしたがゆえに、国内の人権問題は日本国憲法の解釈・運用のみで十分対処できるとの発想が、学説においても無意識的に生じてきたのではないかという点である。国際的視野にたった人権保障の必要性は認識されつつも、「個別人権規定の解釈においては『国際人権』がまったくと言っていいほど無視されており、『国際人権』を憲法上の『人権』に上手く繰り込んでいるとは言えない」[17]状態にある。もとより、憲法の人権論への国際人権の「繰り込み」は、決して一筋縄でいくものでもないのであって、例えば、国際人権条約による人権保護の水準が日本国憲法のそれよりも低いと思われる場合には、国際人権条約の規範をわざわざ適用する必要はなく、日本国憲法のみで足りると考えられる。[18]しかしながら、既に述べたように、国際人権条約による人権保障の定式の方が、一般に日本国憲法のそれよりも詳細なものが多いのも事実である。例えば、「表現の自由」に関する自由権規約一九条二項の詳細な規定に鑑みるなら、表現の自由が問題となった国内裁判においても、憲法二一条のみで十分と考えるのではなく、自由権規約一九条を直接援用するか、あるいは憲法二一条の解釈・適用にあたっての補助手段として間接適用することなどが、考えられてしかるべきであろう。[19]

いずれにせよ、国内裁判において人権を論じる場合も、もっぱら日本国憲法による人権規定のみでこと足れりとする立場は、今日では疑問であると言わざるをえない。ある論者が適切にも指摘するように、「ある特定の時代に作成された日本国憲法が人権保障において完全無欠であり、常に世界の最先端を行っていると考えることは現実的でない。したがって、人権は憲法にすべて尽きているといった解釈態度は克服されなければならない。憲法の人権は、趣旨を同じくする条約によって補充され豊富化されなければならないのである。[20]」むろん憲法に列挙されていない権利であっても、個人の尊重に必要なものであるかぎり、さながら「ドラエモンのポケット」のような憲法一三条から、自由に憲法上の権利として引き出し得ることは、理論上決して誤りではない。[21]だが、そうした作業も、理念を同じくする国際人権条約の規範を参照し、援用することによって、いっそう実あるものになっていくと考えられるのである。

五　人権条約の国際的実施と日本

人権条約の国際的実施については、日本では、国連機関による実施が最も重要である点についてはすでに述べたとおりである。そこでは国連憲章や各種人権条約によって設けられた人権委員会の勧告などにより、日本における人権問題が浮き彫りにされ、その中には、いわゆる「代用監獄」や、第二次大戦中の「従軍慰安婦」の問題など、看過できないものも少なくない。ただ、ここでは、本報告のテーマとの関係から、自由権規約選択議定書の批准問題にのみ言及することとしたい。

周知のように、自由権規約選択議定書は、自由権規約で認められた人権を締約国によって侵害されたとする個人が、人権委員会に対して訴えを起こし、侵害国の責任を問おうとするものであるが、日本は、現在、自由権規約の選択議定書については、いまだ批准するに至っていない。日本が選択議定書を批准するうえでの妨げとなっているのが、「司法権の独立」の要請であるといわれる(22)。つまり、自由権規約委員会が、日本の裁判所、とりわけ最高裁判所と異なる見解を示すことが懸念され、委員会との見解の対立が、「司法権の独立」を脅かすものになるというわけである。

しかしながら、「司法権の独立」の本来の趣旨は、「裁判が、政治的な圧力・干渉を受けずに、あくまでも法に基づいて厳正かつ公正に行なわなければならない(23)」ということであり、そこには、「国家の行う裁判は、国民の権利に重大な影響を及ぼすものであるから、政治的な圧力によって不公正な裁判が行なわれるようなことがあれば、国民の権利は著しく侵害されることになる(24)」との認識があることに留意すべきである。ここに「司法権の独立」は専ら政治部門（立法府および行政府）との関連で問題にされているのである。日本の裁判所と、国連の人権委員会との関係について、同様のことが言えるのかどうかは、おおいに疑問であると言わねばならない。むしろ、人権問題に関する限りでは、人権委員会も、国内裁判所も、人権保障という点では目的を同じくするものであるはずであり、互いに協力し合うものであるとさえ言いうるのではなかろうか。「司法権の独立」を理由に自由権規約選択議定書の批准を拒む日本政府の立場は、「司法権の独立」の意義、および、実効的な国際的人権保障という世界的潮流を見誤ったものであると言わざるを得ないように思われる。

六　結　語

本報告は、主として人権をめぐる事例を念頭に、日本国憲法のもとでの憲法裁判の現実を、国際的人権保障との関連で批判的に検討してきた。問題としてとりあげた、憲法と条約との関係における「憲法優位説」、人権論における「新しい人権」論、あるいは統治機構論における「司法権の独立」の要請などは、こと議論の視点を専ら国内にのみ限定したなら、何ら問題がないようにも思われる。しかしながら、グローバルな視点に立った人権保障を模索しようとするとき、皮肉にも従来の議論の枠組が、用い方によっては、実効的な人権保障を妨げる方向に働き得るものであることに留意されるべきである。近代憲法も国際人権条約も、共に普遍的権利たる人権に最高の価値を見出すものであり、そうした意味で理念を同じくするものであるとしたら、今後は、国際人権条約の積み上げてきた成果を生かすべく、グローバルな視点から人権をめぐる憲法裁判のあり方を、見直していく必要があるのではなかろうか。

＊本論は、シンポジウムにおける報告原稿をほぼそのままのかたちで維持している。日本人以外の日本国憲法になじ

みのない参加者も対象とした関係上、とりわけ二節および三節は、日本の読者からすればごく基本的・常識的な内容に終始していることをお断りしておきたい。

(1) 宮沢俊義『憲法II［新版］』（有斐閣、一九七四）七七頁。
(2) *H. P. Marutschke*, Einführung in das japanische Recht (1999), S. 72. 参照。
(3) 最大判昭二七（一九五二）・一〇・八民集六巻九号七三八頁。
(4) 参照、阿部浩己＝今井直＝藤本俊明『テキストブック国際人権法［第二版］』（日本評論社、二〇〇二）一七頁以下
(5) もっともここにいう「条約」とは、国会の承認を必要とする実質的意味の条約であって、いわゆる行政協定などは含まれないことに注意する必要がある。
(6) 参照、芦部信喜『憲法学I』（有斐閣、一九九二）八九頁以下。
(7) もっとも、self-executing の概念は必ずしも明確ではなく混乱を生じてきたことが指摘されているが（岩沢雄司『条約の国内適用可能性』（有斐閣、一九八五）四頁以下）、その通常の意味は、「直接適用可能」ということであるとされる（参照、同書一六頁）。
(8) 古くは、ILO九八号条約違反を認めた、東京地判昭四一（一九六六）九・一〇労民集一七巻五号一〇四二頁が注目されよう。
(9) 徳島地判平八（一九九六）三・一五判時一五九七号一一五頁。
(10) したがって、本件は、自由権規約の直接的な国内的効力を認めつつも、実際には刑務所所長の裁量権行使に濫用があったか否かを判断する際の基準として、自由権規約を用いたものであり、当規約を「直接適用」した事例とは言えないと考えられる。（阿部他・前掲注（4）三七頁）。

(11)　例えば、参照、指紋押捺拒否に関する大阪高判平六（一九九四）一〇・二八判時一五一三号七一頁、いわゆる二風谷ダム事件に関する札幌地判平九（一九九七）三・二七判時一五九八号三三頁など。
(12)　東京高判昭六二（一九八七）・一二・二五判時一二六二号三〇頁。
(13)　参照、芦部・前掲注（6）八九頁以下。
(14)　齋藤正彰『国法体系における憲法と条約』（信山社、二〇〇二）五頁。
(15)　同六頁。
(16)　同vi頁。
(17)　横田耕一「『国際人権』と日本国憲法」国際人権五号（一九九四）七頁、一〇頁。
(18)　横田耕一「人権の国際的保障と国際人権の国内的保障」ジュリ一〇二二号（一九九三）二六頁。そこでは、例として、表現の自由の制限に関する自由権規約一九条三項が挙げられている。
(19)　同右。
(20)　同二六―二七頁。
(21)　参照、浦部法穂『全訂憲法学教室』（日本評論社、二〇〇〇）四三頁。
(22)　参照、阿部他・前掲注（4）一五九頁。
(23)　浦部・前掲注（21）三二三頁。
(24)　同右。

VIII

憲法裁判と憲法訴訟法

Verfassungsgerichtsbarkeit und Verfassungsprozessrecht

14 憲法訴訟法によらない憲法裁判
――国家賠償請求訴訟における立法行為の憲法適合性審査を中心に――

畑尻　剛

一　問題の所在

日本においては最高裁判所に審査権が集中されているわけではなく、すべての裁判官が審査権をもつ（付随的審査制）。その上、すべての裁判所によって行使される付随的憲法適合性審査については、そのための特別の訴訟法も手続も存在しない。したがって、裁判所による憲法適合性審査は、民事、刑事または行政訴訟の枠内で、それぞれの訴訟要件の下で行われている（憲法訴訟法の不存在）。

付随的審査制については、その長所として、①人権感覚にすぐれた下級裁判所の判断が生かされること、②市民の憲法感覚・権利意識に根ざした個別具体的な係争事件からはじまる手続は、市民参加という点でよりすぐれていること、③職業裁判官による違憲審査行使に意味があることなどが指摘される。反対に、その短所としては、①裁判の長期化が避けられないこと、②これによって迅速かつ適切な問題解決が阻害されること、③裁判の長期化が最高裁判所の消極的な憲法判断の要因になっていること、④現行制度では、下級裁判所も違憲判断を下しにくいこと、⑤職業裁判官的思考では違憲審査を積極的に行うことは期待できないことなどが指摘されている。そして、これらの議論を踏まえ憲法裁判を専門に行う独立した組織の創設も提唱されている。(1)

憲法訴訟法は存在しないが、実際には民事・刑事・行政訴訟の要件を緩和ないし拡大した形で憲法裁判が行われ、また、それぞれの訴訟制度本来の趣旨・目的を拡大して積極的に憲法判断が下される例がある。(2)しかし他方では、それぞれの訴訟制度本来の趣旨・目的が強調され、また訴訟要件が厳格に解されて、憲法適合性審査に対して消極的な例も多い。(3)

このような、制度趣旨・目的や訴訟要件を厳格に解する＝憲法判断に消極的、制度趣旨・目的や訴訟要件を緩やかに解する＝憲法判断に積極的という二つの傾向でも明らかのように、わが国の憲法裁判においては、本来技術的な問題である憲法判断の手続の問題と憲法判断の内容の問題が相互に密接に結びついている。また、一方では、消極的な憲法判断（憲法判断の回避）に際してはその論拠として制度趣旨論が用いられ、他方で積極的な憲法判断の際には、憲法判断の内容よりもその手法に関心が集まる傾向にある。(4)

本稿は、特別の憲法訴訟法の不存在ゆえに生じている日本におけるこのような問題状況を国家賠償請求訴訟における立法行為の憲法適合性審査を素材に具体的に検討する。

二　国家賠償法一条一項と立法行為の憲法適合性審査

日本国憲法は、一七条において「何人も、公務員の不法行為により、損害を受けたときは、法律の定めるところにより、国または公共団体に、その賠償を求めることができる」と定める。これを受けた国家賠償法一条一項は、「国又は公共団体の公権力の行使に当る公務員が、その職務を行うについて、故意又は過失によって違法に他人に損害を加えたときは、国又は公共団体が、これを賠償する責に任ずる。」と規定する。本項は、本来、通常の行政活動に携わる公務員による不法行為に対する個人の権利救済（賠償）の規定である。

しかし、国家賠償請求訴訟は、いままで多くの事件において、このような個々の権利救済が直接の目的ではなく、国家行為、特に国会の立法行為の憲法適合性審査を裁判所に求めることを目的として行われている。その理由は二つある。

第一は、諸外国においては、国会議員の立法行為（不作為を含む）が国家賠償請求訴訟の対象となるか否かは、一般に否定的・消極的に解されており、オーストリアのように法律執行行為に明文上限定している例もある。(5) しかし、わが国では、国家賠償法一条一項も、たんに「公権力の行使」と定めるだけで、その適用対象を限定していない。また、すべての裁判所に法律の（付随的）違憲審査権が認められている。そこで理論上は、法律制定行為についても国家賠償責任を肯定する余地が十分に開かれており、学説も消極的であるが当初からその可能性を認めていた。

第二は、国家賠償法では、原告は、自己の権利・利益に加えられた違法な行為により損害（精神的損失も含む）が生じていると主張して訴えを提起すれば、裁判所に受け入れてもらえるので、行政訴訟の場合のような厳格な訴訟要件論に妨げられることなく訴え提起の要件を充足することができる。[6]

三　判　例[7]

後に述べる在宅投票制度廃止に関する最高裁判所の八五年判決までにこの問題についての大きな流れを作ったのが、①議員定数不均衡訴訟と②在宅投票制度廃止訴訟の二つである。そして、これらの諸判決において下級裁判所は、若干の例外はあるが、国家賠償請求訴訟において国会の立法行為の憲法適合性を審査した。

1　最高裁判所八五年判決まで

(1)　七六年大法廷判決を受けた議員定数不均衡損害賠償訴訟において、内閣総理大臣ないし国会議員が不平等な公職選挙法の改正案を発案しないことが違法であるとする訴えに対して、東京地裁は、国民の重要な基本的人権の侵害があった場合にはできうる限りその是正救済が図られるべきものであるとの理解に立って、重要な権利が処分的性格をもつ違憲の法律規定によって現に侵害されており、しかもその法律規定が違憲であることの蓋然性が何人にも顕著であるときに、内閣総理大臣ないし国会議員が改正案を発案しないままに徒過したような場合には、その不作為は違法な行為を構成するとの判断基準を示した（東京地判昭五二（一九七七）・八・八（訟月二三巻九号一五三三頁））。また、国会議員が不平等是正の立法をしなかったことの違憲性・違法性が争われた事件で、東京地裁は、投票価値の不平等が憲法上許容される限度を超えているにもかかわらずその是正のため立法権を合理的期間内に行使しなかったときは、その不行使は違法となるとした（東京地判昭五三（一九七八）・一〇・一九訟月二四巻一二号二五四四頁、同旨：札幌地判昭五六（一九八一）・一〇・二二訟月二八巻三号四五四頁））。これら一連の判決は、このような判断規準を示した上で、問題とされた事例についてはいずれも違憲・違法ではないとして訴えを退けた。[8]

(2)　在宅投票制廃止訴訟においては、在宅投票制度を廃止したこと（立法の作為）あるいは復活しなかったこと（不作為）が問題とされた。

第一次訴訟の札幌地裁小樽支部では、改正法による廃止の違憲性について判断され、改正の立法目的（在宅制度悪用による不正行為を防止する）は正当であるが、在宅投票制度全体の廃止は、より制限的でない他の選び得る手段（ＬＲＡのテスト）との関係で、必要最少限度を超えるとした。その上で、当該違憲の法律改正（制度の廃止）を行ったことは公権力行使にあたり、注意義務に違背する過失があったとした（札幌地小樽支判昭四九（一九七四）・一二・九判時七六二号八頁）。この裁判ではそもそも立法行為が国賠法の対象となるか否かについて争点となっていなかったこともあって、判決でもこの点については正面から論じられていない。

これに対して、札幌高裁では改正後の不作為の違憲性が問題とされ、「若し国会が憲法によって義務付けられた立法をしないときには、その不作為は違憲であり、違法である。……裁判所は、国会によって故意に放置された立法不作為については、恰も憲法八一条によって既に制定された法律の憲法適合性を判断しうるものと解するのが相当であり、このように解したとしても、なんら憲法の三権分立の原則に反するものではない」との前提で、在宅投票制度を復活しなかったことについても合理的理由はなく、立法の不作為は違憲であり、原告の選挙権を侵害した違法なものであるとした。その上で、国会議員には不作為について故意・過失はないとした（札幌高判昭五三（一九七八）・五・二四訴月二四巻八号一五四一頁）。

また、第二訴訟の札幌地裁では、改正法による廃止の違憲性が問題とされ、在宅投票制度全体の廃止は、より制限的でない他の選び得る手段との関係で、必要最少限度を超えるものの、国会議員には在宅投票制度を廃止した立法について故意・過失はないとした（札幌地判昭五五（一九八〇）・一・一七判時九五三号一八頁。なお札幌高判昭五七（一九八二）・四・二六選挙三五巻八号三四頁も同旨）。

これらの諸判例を概観すると、①立法不作為の違憲性を問題とするものが多いこと、②立法の作為・不作為の違憲が、即、国家賠償法上の違法につながるとする考えが一般に前提とされていること、③過失に関しては、個々の国会議員の意思ではなく機関意思について判断していること、④違法性が認定された場合でも、すべて過失は否定されていること、⑤裁判所での国の主張（国会議員の立法行為に対する責任はあくまで政治的責任であって、法的な責任を問うことはできない。このことは、憲法五一条の免責特権の趣旨でもある。国賠訴訟で立法行為、とくに立法の不作為の憲法適合性審査をみとめることは、抽象的審査を認めることになり、権力分立からいっても許されない）がいずれも退けられていることが指摘できる。(9)

2　最高裁判所八五年判決

これに対して、最高裁判所は在宅投票制廃止事件判決で、国会の立法の作為と不作為を区別することなく国家賠償請求訴訟において国会の立法行為を争う可能性をほぼ否定した。

最高裁判所によれば、まず第一に、国会議員の立法行為が国家賠償一条一項の適用上違法となるかどうかは、「国会議員の立法過程における行動が個別の国民に対して負う職務上の法的義務に違背したかどうかの問題であって、当該立法の内容の違憲性の問題とは区別されるべきであり、仮に当該立法の内容が憲法の規定に違反する廉があるとしても、それ故に国会議員の立法行為が直ちに違法の評価を受けるものではない」。また、国会議員の立法行為は、本質的に政治的なものであって、その性質上法的規制の対象になじまず、法律の効力についての違憲審査がなされるからといって、当該法律の立法過程における国会議員の行動、すなわち立法行為が当然に法的評価に親しむものとすることはできない。また、国会議員の免責特権（五一条）が発言・表決について法的責任を免除しているのも、国会議員の立法過程における行動は政治的責任の対象とするにとどめるという趣旨である。特定個人に対する損害賠償責任の有無という観点から、あるべき立法行為を措定して具体的立法行為の適否を法的に評価するということは、原則的には許されない。

以上のような、①立法内容の違法性と立法行為の違法性の分離、②国会議員の立法行為に対する責任はあくまで政治的責任であって法的な責任を問うことはできないこと（憲法五一条の免責特権の趣旨）を根拠に、「国会議員の立法行為は、立法の内容が憲法の一義的な文言に違反しているにもかかわらず国会があえて当該立法を行うというごとき、容易に想定し難いような例外的な場合でない限り、国家賠償法一条一項の規定の適用上、違法の評価を受けない」とした。その上で、本件は例外的場合にあたると解すべき余地はないとした（最判昭六〇（一九八五）・一一・二一民集三九巻七号一五一二頁）。

3　最高裁判所八五年判決以降

(1)　八五年判決以降、立法に対する国家賠償請求の判例は、「立法の内容が憲法の一義的な文言に違反しているにもかかわらず国会があえて当該立法を行うというごとき、容易に想定し難いような例外的な場合」に該当するか否かをめぐって展開されることになる。最高裁判所は、一般民間人戦災者を対象とする援護立法の不存在（最判昭六二（一九八七）・六・二六訟月三四巻一号二五頁）、生糸の輸入制限（最判平二（一九九〇）・二・六訟月三六巻一二号二二四二頁）、女性の再婚禁止期間（最判平七（一九九五）・一二・五裁時一一六〇号二頁）において、当該事例がいずれも「例外的な場合」にあたらないとした。

(2)　議員定数不均衡事件に関しては、最高裁判所判決を前提として例外的場合にあたらないという判決（東京地判昭六二（一九八七）・一〇・七訟月三四巻四号六八四頁）がある一方で、当該規定は明白に憲法違反であるが、それを是正するための合理的期間が経過していないゆえに、改正案を発議・提出しなかったことは国家賠償法上の違法行為にあたらないとする判決もある（東京地判昭六一（一九八六）・一二・一六訟月三三巻七号一九〇七頁）。

(3)　これに対して最近の二つの下級裁判所の判決が注目される。一つは、関釜元従軍慰安婦訴訟である。山口地裁は、立法の不作為が国家賠償法上違法となるのは、たんに、「立法（不作為）の内容が憲法の一義的な文言に違反しているにもかかわらず国会があえて当該立法を行う（行わない）というごとき」場合に限られないとした。山口地裁は、「当該人権侵害の重大性とその救済の高度の必要性が認められる場合であって（その場合に、憲法上の立法義務が生じる。）、しかも、国会が立法の必要性を十分認識し、立法可能であったにもかかわらず、一定の合理的期間を経過してもなおこれを放置したなどの状況的要件、換言すれば、立法課題としての明確性と合理的是正期間の経過とがある場合にも、立法不作為による国家賠償を認めることができる」との新たな要件を示した。そしてその上で、元従軍慰安婦に対する国会議員の救済立法の不作為を違憲と認定し、原告一人あたり約三〇万円の賠償を命じた（山口地判平一〇（一九九八）・四・二七判時一六四二号二四頁）。

この判決が下されたとき原告はこの賠償額にいっせいに反発し不当判決であるとの批判を行った。今回の訴訟が、裁判の場で国会の従来の行為の違憲性を明らかにすることを主たる対象とするものであれば、そこにおける賠償はあくまで名目的なものであり、判決の中で、国会が従軍慰安婦に対して補償立法をなさなかったという立法の不作為の違憲性が明確に示された今回の判決は十分評価すべきものであろう（判決が将来の立法で被害が回復されることを考慮して損害賠償額を定めたとしていることはこのような趣旨である）。これに対して、あくまで、過去の違法な損害の賠償を求めることが主たる目的であるとするならば、今回の三〇万円という賠償額は確かにあまりに少ないといえよう[10]。

(3)　ハンセン病訴訟において熊本地裁は、まず最高裁判所八五年判決にしたがい、「国会議員の立法行為は、立法の内容が憲法の一義的な文言に違反しているにもかかわらず国会があえて当該立法を行うというごとき、容易に想定し難いような例外的な場合でない限り、国家賠償法一条一項の規定の適用上、違法の評価を受けない」とする。ただ、「立法の内容が憲法の一義的な文言に違反している」とは、立法行為の国家賠償法上の違法性を認めるための絶対条件ではなく、「立法行為が国家賠償法上違法と評価されるのが、極めて特殊で例外的な場合に限られるべきであることを強調しようとしたにすぎない」。このように八五年判決を解釈した上で、これを本事案にあてはめて、ハンセン病患者の隔離政策を定める法律を改廃しなかった行為は、「他にはおよそ想定し難いような極めて特殊で例外的な場合」にあたるとした（熊本地判平一三（二〇〇一）・五・一一訟月四八巻四号八八一頁）[11]。

このような熊本地裁判決に対して、政府は、ハンセン病患者・元患者に対して謝罪するとともに、人権侵害の深刻さ、多数の被害者そして高齢化による早期救済の必要性などから、判決の論理には不同意ながら控訴を断念した。国会も、「ハンセン病問題に関する決議」を行い、その中で、患者・元患者に対し立法府として謝罪するとともに、「隔離政策の継続を許してきた責任を認め、このような不幸を二度と繰り返さないよう、すみやかに患者、元患者に対する名誉回復と救済等の立法措置を講ずる」としている。そして、その後、熊本地裁判決にほぼそった内容の「ハンセン病療養所入所者等に対する補償金の支給等に関する法律」が制定された。

四　学説の対応

以上のような判例の蓄積によって、立法行為（作為・不作為）を国家賠償請求訴訟において争う場合のさまざまな解釈論上の個別問題が明らかにされたが[12]、本稿ではこれら個別論点を踏まえたうえで、国家賠償請求訴訟を立法行為を争う憲法訴訟の一類型として位置づけることの是非という観点から議論を進める。

1　二つの基本的立場

立法行為の憲法判断をもとめることが国家賠償請求訴訟の本来の目的ではないこと、すなわち、この訴訟は、個人の財産ないし精神的苦痛に対する損失への償いを侵害者に求めることが主たる目的であって、損失の認定よりも違法の内容、とりわけ違憲な行為がなされたことの確認を裁判所に求めようとする性格の損害賠償請求訴訟は、訴訟の本来の意味からはずれていること[13]については、学説に共通の理解がある。

問題はこれを前提に、①国家賠償請求訴訟に損害の塡補のみならず、②裁判所に立法の違憲性を確認させることすなわち、憲法裁判の機能をもたせることをどのように評価するかである。一般的傾向としては、立法に対する国家賠償請求の可能性については積極的に評価する者が多い。とくに憲法学界では、かかる訴訟を憲法裁判として積極的に活用することを期待する者が少なくない。他方、行政法学界では、この問題につき、有力な消極的見解も存在する。

2　消極的評価　ある行政法学者によれば、国会ないし国会議員が負う立法の作為義務・不作為義務は一般論としては、個別の国民ではなく国民全体に対するものであり、その義務違背だけでは、故意過失を論ずるまでもなく、個別の国民に対する賠償責任を基礎づけることにはならない。したがって「国家責任が生ずるためには、当該の義務ないし職責が個別の国民に対して負っていると見るべき特別の理由のある場合とか、あるいは当該国民の蒙った損害が、通常の違憲立法や不作為による損害とは区別されうべき特殊のものであるとか、特別の要件の存在を必要とする[14]」。

また、別の行政法学者によれば、「法令の違憲審査権は、既に法令の形に結実した国会の意思について、これを適用するにあたって、違憲ならばその適用をひかえるという形をとるものであるのに対して、立法行為とくに立法不作為の損害賠償法上の違法または故意過失の判断は、長期にわたる立法過程に積極的、消極的な手落ち、手ぬかりがなかったかを法的に判断するものであり、……長期にわたる統治過程そのものの是非を法的に判定することであって、極めて困難なものがある」(15)。

このように行政法学者は、当然のことではあるが、国家賠償請求訴訟を憲法訴訟として活用することの例外性・特殊性を強調する。

行政法学者だけではなく憲法学者の中にも、立法行為の憲法適合性審査が国家賠償請求訴訟の本来の制度趣旨から離れたものであることを前提に、「筋違いである」としてその可能性を否定する見解があり(16)、また、「訴訟の主目的が損害の補塡、しかも金銭的補塡であることは、憲法価値の実現ないし憲法秩序の形成と合致しないものといわざるを得ない。また、代替ないし補完的役割の損害賠償請求訴訟に対しては、しばしば（損害賠償によって－引用者）保護されるべき利益の存在が問題とされ、それを克服しないかぎり、この方式の訴訟の意義は生まれない」という形で、難色をしめす見解もある(17)。

3 積極的評価

これに対して、憲法学者の多くは、積極説を支持している。

ある憲法学者によれば、国家賠償請求訴訟を憲法裁判の場として利用することは形式的にみれば、「従来型訴訟の枠組みにかろうじて収まっている」。なぜなら、精神的損害は主観的利益の侵害であり、侵害された人権そのものや、それに対応する私法上の人格権が、法律上保護された利益であり、原告は、これら主観的法益の回復・賠償を求めているにすぎないのであるからである。同時に、現代型訴訟の必要性が高まっている現代、この種の訴訟にも実質的に現代型訴訟の役割をある程度担わせるべきである。そこで、裁判所は国家行為を違憲違法とする判決理由中に、合憲と違憲を分かつガイドラインを呈示し、そのガイドラインが、「政治部門に具体的実現方法の裁量は残しながら、違憲判決の趣旨に即した制度改革を目的として義務づけることは、可能であろうと考える」。このような形で、この種の訴訟が「人権救済の事案においては、形式的には従来型訴訟の枠内に止まりつつ、実質的には現代型訴訟的な役割を果たし得る」のである。(18)

また、別の憲法学者は、「およそ人権侵害に対しては、それを救済する訴訟法上の道筋が必ず設けられていなければならないはずであり、そのことは憲法三二条の『裁判を受ける権利』ならびに憲法七六条・八一条の違憲審査規定の要請しているところである」として、憲法上の要請としての人権救済手段整備の必要性を強調する。そして、「現代国家においては国家活動の方式は多様化しており、また国民の権利・利益の質もその侵害の態様も以前ほど単純ではなくなっている。憲法一七条や国家賠償法一条の趣旨が、国家活動による国民の権利・利益の損害を実質的に救済することにあるとすれば、そのような状況の下では、『公権力の行使』を狭く行政活動に限定しなければならない理由はない。立法活動や司法活動による国民の権利・利益の侵害がありうるならば、それらに対しても国家賠償請求が認められてしかるべきである」と主張する。すなわち、国家賠償請求訴訟において「間接的にもせよ立法不作為による人権侵害の違憲を判決理由のなかで確認させる」ことによって、「国家賠償請求訴訟をして実質的な違憲確認訴訟たらしめる」ことができるのである。(19)(20)

五　現状の問題点

(1)　積極説自身も認識しているように、現代型訴訟自体が従来型の訴訟とは根本的に異なったものであり、国家賠償請求訴訟を実質的に違憲確認訴訟たらしめることは、「理論的にも戦略的にも限界線上」にあり、また「純粋な国家賠償法の解釈の上で疑問が多少ある」[21]。

それだけに積極説には十分な憲法上の理由付けが必要である。積極説の憲法学者も国家賠償請求訴訟に憲法訴訟としての機能を付与するためには、それだけの理論武装が必要なことを強く主張している。すなわち、「立法行為に対する国賠訴訟を認めることは、憲法一七条と八一条の意義と作用を飛躍的に高めるものであった。それだけに、これを認めるにあたっては、学説において有力に主張されている消極的見解や、最高裁判所における司法消極主義的傾向を十分に配慮した周到な理論構成が必要とされたのであるが」、下級裁判所の諸判決の「立論の力点は故意・過失論に置かれることが多く、(1)法律内容の違憲性と立法行為の違法性との関係、および、(2)このような訴訟においては、裁判所が事実上抽象的規範統制類似の機能を果たすようになりうる点についての理論的検討はほとんどなされていなかったのである」[22]。この点について、積極説自身は、憲法一七条、三二条、七六条および、八一条の意義を中心に憲法上の根拠を示してはいるが、「実体憲法を具体化するものとしての憲法訴訟法。」[23]という観点から一層緻密な検討が必要であろう。

(2)　これに対して消極説は、国家賠償法それ自体の解釈はともかく、現代国家における人権救済とそのための制度整備の必要性という憲法上の要請に対してどのようにこたえるか。すなわち、国賠法を孤立したものではなく、そのような救済システム全体の中に国賠訴訟をどのように位置づけるのかという検討を抜きにしては、救済制度の不備（たとえば、国のレヴェルでの納税者訴訟の不存在）を放置することになる。

また、消極説は、国家賠償請求訴訟における立法行為の憲法適合性審査の特殊性・例外性を強調することによって、結果的には当該問題に対する憲法判断を回避することを認めるという機能を果たすことになる。たとえば、女性のみの再婚禁止期間を定める民法七三三条が憲法に違反するか否かが争われた事件では、下級裁判所・最高裁判所とも八五年判決の枠組みである、「例外的な場合」にあたるか否かのみが判断の対象とされ、そしていずれもこれに該当しないとされた（広島地判平三（一九九一）・一一・二八訴月三七巻七号一一六六頁、広島高判平三（一九九一）・一一・二八訴月三八巻六号一〇一三頁、最判平七（一九九五）・一二・五裁時一一六〇号二頁）。このような「最高裁……によるこの問題に対する一連の処理のし方は、確かに筋は通っているが、それでいて本質的な矛盾を内包しており、釈然としないものが残る[24]」。

(3)　具体的に提起された事例をみても、議員定数不均衡事件、在宅投票制度、従軍慰安婦事件、ハンセン病事件などさまざまであり、そこで提起された憲法問題がいずれも重要なものであったとしても、たとえば、議員定数不均衡訴訟のようにそれらを損害賠償請求という方法で処理することが必ずしも適切とはいえない事例もある[25]。また、関釜従軍慰安婦訴訟のように、実質的な賠償を求めることと立法の不作為の違憲性の確認のいずれが主たる目的なのか明確でない事例もある。すなわち、制度趣旨・タテマエ（個別の権利救済）と制度の機能・ホンネ（違憲性確認・制度改革訴訟）が事案によっては錯綜することになる。

(4)　本来異質な立法と行政に対する国家賠償が同じ土俵で議論され、国賠法の個々の論点について大きく異なる立論がなされている。その結果、立法について展開された議論が行政に対する国家賠償について適用され、その可能性が限定されるという現象が起こっている。たとえば、八五年最高裁判所判決の影響で、「最近、行政処分についても、職務行為基準説を採ることを明示した判例が現れた……。立法や裁判という特殊な分野に関する事件で最高裁判所が採用した違法性の認定手法を行政処分にまで適用する例が、いまだ少数とはいえ出ているわけであり、結果としてみれば、国家賠償法一条一項の『公権力』に立法権、裁判権を含めたことの影響が行政権にも及んでいるということになろう[26]」。

六 結 語

たしかに、立法行為による人権侵害に対する救済に関しては、「既存の訴訟法規の合理的解釈によってその道筋を開拓する余地は残されているし、また残されていなければならない」であろう。[27] しかし、国会賠償請求訴訟において立法行為の憲法適合性審査を行うとしても、「現行国賠法は、立法行為や司法行為をも一律の要件で扱っているという点から出発せざるを得ず、そのため特に『違法』要件に様々な問題が投げ込まれて、いわば過重な負担に喘いでいるという印象を受ける」[28]。そして、この「手続の過積載」から前述したさまざまな問題が生じているのである。

結局、積極説も国賠法の解釈論としてこのような類型の訴訟が当然に導かれると主張しているわけではなく、また、消極説もあくまで現行国賠法上この種の訴訟を認めることにさまざまな困難があることを指摘しているのであって、立法行為に対する権利救済制度自体を否定しているわけではない。したがって、それぞれの主張の最後が「立法行為の政治的性格や立法府・議員の役割、賠償責任を認めることに対する財政上の危惧、違憲審査制度への配慮などの諸点に気配りした上で、なお且つ救済制度として機能し得るような特則を立法行為について構想し、将来の立法に反映させていくことも、今日の学説の重要な責務である」[29]とか、「そこで、訴訟提起の方法を法律で規定するのが望ましく、それが打開方法だということがいえそうである。[30]」とかの言葉で締めくくられている例も多いのである。

最近では、さらに一歩進めて、行政法学者の中から立法、裁判について特別規定を設けるという具体的な立法論を展開する見解も現れている。これによれば、ドイツにおける一九七三年国家責任法草案第六条では、憲法裁判所による違憲判決確定後一八カ月以内に立法者が別の定めをしないときに国家責任が生ずるとしていた。この手法によって国は直ちに損害賠償責任を負わされることなく、法改正のために一定の猶予期間が与えられることになる。したがって、予想外の財政支出を回避しうるし、逆に、確定した判決の趣旨に従って一定期間内に違憲状態を是正するように議会に対して強く促すことができる。「しかし、ドイツのように抽象的規範統制が認められていればともかく、わが国のように一般にこれが否定的に解されている国では、そもそも国家賠償請求訴訟以外のルートで裁判所に違憲判断をしてもらうのに困難が伴う事例もありうると思われる。したがって、私案の域を出ないが、公権力発動要件欠如説（違憲＝違法―引用者）を採用することによって、国家賠償のルートで違憲判断が可能となるようにするとともに、合憲性の判断を中間判決でできるような制度を設け、そこで違憲判決が出たときは、一定期間内に法改正により違憲状態が是正されないときに限り、終局判決で損害賠償を命じうることとしてはどうであろうか(31)」。

このような先の立法論の「中間判決」に関する議論は、本稿の問題提起で言及したわが国の憲法裁判に関する第一の問題、すなわち、憲法問題を独立してあつかう組織を創設すべきか否かという議論とも直結するものである。

また、この種の訴訟においては、違憲確認を踏まえた立法・行政の適切な対応措置が必要である。たとえば、ハンセン病訴訟熊本地裁判決とその後の一連の動きが示すように、ハンセン病患者の強制隔離を定めた法律を改廃しなかった立法の不作為に対する裁判所の違憲判決も、これに対する内閣と国会の適切な対応があってはじめて権利救済にとって有効なものとなるのである。

以上のように、国家賠償請求訴訟における立法の憲法適合性審査の問題は、現行国家賠償法の解釈をめぐる議論だけではなく、憲法裁判制度と結びついた具体的な制度論・立法論を含めたより広い観点からのより具体的な立論が必要となっているのではなかろうか。

（1）　畑尻剛「憲法裁判所設置問題を含めた機構改革の問題――選択肢の一つとしての憲法裁判所――」公法研究六三号（二〇〇一）一一〇頁以下、および Tsuyoshi Hatajiri, Ein Versuch zum richterlichen Prüfungssystem unter rechtsvergleichende Gesichtspunkten ― Refomvorschläge in Japan, in: JöR Bd. 51, 2003, S. 711-723 参照。

（2）　たとえば、議員定数不均衡を争う場としては、選挙訴訟が利用されており、現在ではこれについて疑念が示されることはまれであるが、少なくとも一九七六年大法廷判決までは、そもそも選挙訴訟で公職選挙法上の選挙区割それ自体の違憲性が争われるか否かについて大きな議論があった。すなわち、公職選挙法二〇四条の選挙訴訟が、元来、同法の定める適法な再選挙の実施の可能性を前提とする制度であり、定数配分規定が違憲無効とされ、それを改正しなければ適法な再選挙を行なうことができないような場合を予定する制度ではないことを理由に、訴訟の適格性自体に疑義を提示する見解も決して少なくなかった。これに対して。七六年判決の多数意見は、「しかし、右の訴訟は、現行法上選挙人が選挙の適否を争うことのできる唯一の訴訟であり、これを措いては他に訴訟上公選法の違憲を主張してその是正を求める機会はないのである。およそ国民の基本的権利を侵害する国権行為に対しては、できるだけその是正、救済の途が開かれるべきであるという憲法上の要請に照らして考えるときは、前記公選法の規定が、その定める訴訟において、同法の議員定数配分規定が選挙権の平等に違反することを選挙無効の原因として主張することを殊更に排除する趣旨であるとすることは、決して当を得た解釈ということはできない。」とした（最大判昭五一（一九七六）・四・一四民集三〇巻三号二二三頁）。本稿で検討する国家賠償請求訴訟の問題に関しても、このような最高裁判所の姿勢に着目して憲法訴訟としての積極的な活用を主張する見解がある（野中俊彦「在宅投票制度復活訴訟最高裁判決の検討」、同『憲法訴訟の原理と技術』（有斐閣、一九九五）一一九頁以下参照）。

また、行政事件訴訟法における取消訴訟を提起するためには、訴えの客観的利益として、処分または裁決を取り消す現実の必要が存在し、かつ取消判決によって所期の救済目的が現実に達成される見込みがあることが必要である（行訴法九条）。訴訟継続要件としての「訴えの利益」に関しても、最高裁判所は、必ずしも厳格ではない。例えば、最高裁判所は、皇居外苑使用不許可処分取消請求事件において、昭和二七年五月一日メーデーのための皇居外苑使用不許可処分の取消を求める訴訟が「同日の経過により判決を求める法律上の利益を喪失」するが、「なお、念のため」として憲法判断を行った（最大判昭二八（一九五三）・一二・二三民集七巻一三号一五六一頁。また、朝日訴訟最大判昭四二（一九六七）・五・二四民集二一巻五号一〇四三頁参照）。

（3）　たとえば、朝鮮民主主義人民共和国創建二〇周年記念祝賀団事件（最判昭四五（一九七〇）・一〇・一六民集二四巻一一号一五一二頁）、第一次家永教科書裁判（最判昭五七（一九八二）・四・八民集三六巻四号五九四頁）、長沼事件（最判昭五七（一九八二）・九・九民集三六巻九号一六七九頁）、兵庫県小野市立中学校丸刈校則事件（最判平八（一九九六）・二・二二裁時一一六六号・二頁）参照。

（4）　この種の訴訟では、国家賠償法による憲法訴訟が議論の中心となることによって、提起された具体的な憲法問題の検討が背後に退いてしまう。たとえば、在宅投票制度が憲法に違反するか否かについても議論があるが、この点についての詳細な検討は十分なされていない（長尾一紘「在宅投票制度の立法の不作為と国家賠償法一条の適用」民商法雑誌九五巻二号（一九八六）二八一頁以下参照）

（5）　稲葉馨「国会議員の立法行為と国家賠償――西ドイツ職務責任法上の『第三者に対する職務義務違反』にかかわる考察を中心として――（一）」熊法五八号（一九八八）七頁以下参照。たとえば、ドイツにおいても、立法行為が国家賠償請求訴訟（職務責任）の対象となるか否かについて、立法不法（legislatives Unrecht）という概念を用いて議論され、積極説・消極説の対立がある。しかし、そこでの問題はあくまで、立法行為によって生じた損害に対して賠償するか否かであって、国家賠償請求訴訟に憲法訴訟としての機能を認めるか否かという問題ではない。

(6)　戸松秀典『憲法訴訟』(有斐閣、二〇〇〇) 一四二頁、棟居快行「現代型訴訟としての違憲国賠訴訟」同『憲法学再論』(信山社、二〇〇一) 四五六頁以下、戸波江二「立法の不作為と憲法訴訟」Law School二五号 (一九八〇) 五〇頁参照。

(7)　判例の概観については、稲葉馨「国家賠償請求訴訟判例展望　立法」ジュリスト九九三号 (一九九二) 六一頁以下および内野正幸「立法行為・司法行為と国家賠償責任」西村宏一・幾代通・園部逸夫編『国家補償法大系2国家賠償法の課題』(日本評論社、一九八七) 二頁以下参照。

(8)　内閣および国会議員には故意または過失がないので、違憲・違法の問題は判断するまでもないとして、請求を退けた例もある (東京地判昭五六 (一九八一)・一一・三〇訟月二八巻三号五二四頁)。一連の判例に対する詳細な分析は樋口陽一・佐藤幸治・中村睦男・浦部法穂『注釈日本国憲法下巻』(青林書院、一九八八) 一二四八頁以下 (佐藤幸治執筆) 参照。

(9)　宇賀克也『国家補償法』(有斐閣、一九九七) 一〇〇頁以下参照。

(10)　「山口地裁下関支部三階の三号法廷。国に賠償を命じる判決が言い渡されると、原告席の弁護士はうんうんとうなずいた。……『立法不作為の違法を裁判所が認めたことはこれまでなかった。今後の戦後補償裁判に与える影響は大きい』。判決後、……原告弁護団の山本晴太弁護士は、判決の意義を強調した。判決が認めた元慰安婦三人に対する賠償金は、『将来の立法で被害が回復されることを考慮』するとして、各三〇万円。請求額はそれぞれ一億一一〇〇万円だった。戦後半世紀以上たち、提訴からも五年半にわたって闘い続けてきた原告にとっては、あまりに少ない。……『判決を聞いているときは難しくてよく分からなかったけれど、だんだん怒りがわいてきた。悔しい気持ちでいっぱいだよ』。朴頭理さんは判決後、弁護士に不満をぶつけた。『一七歳から二五歳まで言葉では言い表せないようなことをされて……。三〇万円なんて冗談じゃないよ』」（朝日新聞一九九八年四月二八日朝刊）。新聞が伝える判決当日の様子は、この種の訴訟の二重性を浮き彫りにする。

(11) さしあたり、飯田稔「公法判例研究(1)ハンセン病訴訟熊本地裁判決」法学新報一〇八巻一一・一二号（二〇〇二）一七五頁以下参照。

(12) 解釈論上の個別問題は、①賠償責任の性質に関する代位責任説と本人責任説、②立法内容の違憲性と国家賠償法上の違法性の関係（二元論と一元論）、③結果行為説と違法行為基準説、④国会議員の個々の国民に対する責任、⑤故意過失と損害との因果関係、および⑥損害賠償額の扱いなど多岐にわたる。

(13) 戸松・前掲注(6)一四五頁以下参照。

(14) 雄川一郎「国家補償総説」雄川一郎・塩野宏・園部逸夫編『現代行政法大系〔6〕』（有斐閣、一九八三）四頁。

(15) 遠藤博也『国家賠償法上巻』（青林書院新社、一九八一）四五〇頁。

(16) 尾吹善人『解説憲法基本判例』（有斐閣、一九八六）一三二頁以下、『日本憲法―学説と判例』（木鐸社、一九九〇）三五七頁以下。

(17) 戸松・前掲注(6)一四五頁以下。

(18) 棟居・前掲注(6)四六六頁以下。

(19) 野中俊彦「立法義務と違憲審査権――選挙権訴訟を素材に――」同『憲法訴訟の原理と技術』（有斐閣、一九九五）八三、八九頁、野中・前掲注(2)一一四頁。さらに別の憲法学者も同様の視点から次のように指摘する。すなわち、国家賠償請求訴訟において立法行為の憲法適合性審査が認められる根拠としては、憲法八一条と三二条をあげることができる。第一に、わが司法審査制の下においては、原則として、すべての裁判所がすべての訴訟手続において審査権を発動しうるものとされている。八五年最高裁判所判決は「国賠訴訟に限って『違法性』の要件を加重することにより、立法行為に対する司法審査の可能性を原則的に否認するものであり、八一条の趣旨に反する」。また、第二に、「裁判を受ける権利は、たんに適法な出訴がなされた場合に、裁判官による裁判を拒絶されないという『形式的訴権』を保障するだけではない。それは、『有効な権利保護の保障』をも含むものでなければならない」。八五年最高裁判所判決では立法行為を国賠訴訟で争うことは原則的に否認されることになり、このような憲法三二条の精神に反する「一七条の国家賠償請求権も、他の基本権と同じく、三二条の保障をうけてはじめて現実的な権利たりうるのである」（長尾・前掲注(4)二八〇頁以下）。

(20)　そしてこの延長線上で、学説は、故意過失の要件の認定の仕方、違憲確認訴訟としての機能と損害賠償の名目化（戸波・前掲注(6)五〇頁以下参照）、そして、立法の作為・不作為の憲法適合性判断の要件（①憲法規範上立法の作為・不作為義務が明確で、②違憲の立法の作為・不作為が国民の具体的権利に直接影響を及ぼす処分的性格をもち、③立法の作為・不作為行為と損害との間に具体的・実質的な関連性が認められ、④さらに立法不作為の場合には、一定の「合理的期間」の経過という要素が必要となる（佐藤・前掲注(8)一二四三頁））などについて議論を展開していった。

(21)　棟居・前掲注(6)四六七頁および野中・前掲注(2)一一九頁。

(22)　長尾・前掲注(4)二六八頁以下。

(23)　畑尻剛「ペーター・ヘーベルレの憲法裁判論――憲法裁判論と憲法原理論・憲法解釈方法論との交錯」樋口陽一・上村貞美・戸波江二編『日独憲法学の創造力――栗城壽夫先生古希記念――下巻』二三一頁以下。

(24)　小林節「女性の再婚禁止期間の合理性」憲法判例百選Ⅰ［第四版］（二〇〇二）六七頁。

(25)　阿部泰隆『国家補償法』（有斐閣、一九八八）一四三頁および稲葉・前掲注(7)六三頁参照。

(26)　宇賀・前掲注(9)一一二頁。

(27) 野中・前掲注(19)八三頁。
(28) 稲葉・前掲注(7)六六頁。
(29) 稲葉・前掲注(5)六六頁以下。
(30) 戸松・前掲注(7)一四五頁以下。
(31) 宇賀・前掲注(9)一一二頁以下。

総　括

Schlußbemerkung

総　括

栗城壽夫

本総合研究の結果として、また、本総合研究の一環として行われた二〇〇二年九月の日独シンポジウムの結果として、このテーマにかかわる研究の一層の進展・深化のために、以下の視点・観点が重視され、引続き追究されるべきであるという知見に達した。

一　憲法の優位

憲法裁判の研究において、憲法裁判の基礎となる「憲法の優位」が重視されるのは当然である。しかし、これについては以下の事を考慮にいれる必要がある。

① 憲法はその成立の最初から憲法の優位という思想を伴っていたわけではない。従って、憲法の優位が認められていなかった時代もあったのであり、そのような時代には、憲法の意義は君主との闘争における議会の政治的手段であるところに存したし、君主政が崩壊した後でも、憲法の優位の思想は引続き立法者の形式的全能との闘いを行わなければならなかった。憲法の優位の思想は憲法の法的性格の承認の結果なのであり、逆に、憲法の優位の思想が憲法の法的性格を強める結果をもたらした。

② 憲法の優位は国家行為の裁判所によるコントロールを要求するものであるが、しかし、特別の裁判所によるコントロールが憲法の優位からの唯一の帰結なのではなく、アメリカにおける国家行為の裁判所によるコントロールの起源と発展が示しているように、通常裁判所によるコントロールも十分に憲法の優位に役立つことができると考えるべきである。

③ 憲法の優位の思想は二つの異った機能を営むものである。即ち、一方で未だ存在していないものを実践的に要求するという機能と、他方で、既に存在しているものを理論的に説明し、或いは正当化するという機能とである。どちらの機能が強いかは、それぞれの国の状況にかかっている。例えば、ドイツでは、どちらかというと理論的に説明する機能のほうがより強い。けだし、ドイツでは憲法裁判が憲法や法律によって殆んど完全に制度的につくりあげられているからである。日本では、憲法の優位の思想は、既に或る程度実現されている。国家行為の裁判的統制の制度の理論的説明の機能を果しているだけでなく、この制度のよりよい構築・運用を実践的に要求する機能をも果しており、むしろ後者の機能のほうが強い。というのは、日本では、国家行為の裁判的統制のための特別の訴訟法が存在しておらず、また、とりわけ最高裁判所が国家行為の裁判的統制に関して非常に消極的な態度をとっているからである。

日本では、憲法の優位の思想が厳格な付随的審査制からの例外を正当化するための根拠として機能していることが注目される。例えば、最高裁判所は幾つかの客観訴訟事件において例外的に国家行為を審査したことがあるがその際、憲法の優位の思想に相当するものを正当化の理由とした。

④　憲法の優位の理解のしかた如何によって国家行為の裁判的統制の度合いが強くなったり、弱くなったりすることがある。即ち、憲法の優位を実質的なものとして理解すると、より強度な、もしくは、より徹底した統制が志向され、憲法の優位を形式的なものとして理解すると、抑制された統制に傾く。それゆえ、国家行為の裁判的統制の強度に関しては、ドイツにおいても、憲法の優位の思想の機能のうちの実践的に要求する機能が重要な役割を営むことになる。

⑤　それゆえ、憲法裁判制の比較法的研究においても、憲法の優位の思想が営む実践的に要求する機能を重視し、この思想から如何なる実践的帰結がひきだされているかを追究する必要がある。

二　権力分立制

憲法裁判は権力分立という観点からも論究の対象となる。権力分立が憲法の本質的構成要素であることを考えれば、それは当然のように見える。しかし、憲法裁判制と権力分立との間にはアンヴィバレントな関係が存在している。即ち、一方で、憲法裁判制は憲法が定めている権力分立制の保障者であるが、他方で、権力分立制を危険にさらすモーメントを含んでいる。確かに憲法裁判は、議会と政府の行為を基準として審査することによって、議会と政府を憲法で定められた限界内におしとどめると同時に、憲法が議会と政府に指定した権限を保障する。しかし、議会と政府の行為を憲法裁判所が審査するということは、憲法裁判所が両者の上に立つことを意味しないか？　そのかぎりにおいて、それは権力分立制の否定を意味しないか？

実際、最高裁判所は抽象的審査制を否定する根拠として権力分立制を援用した。即ち、日本国憲法八一条は裁判所の審査権を定めているのではあるが、しかし、審査権行使の仕方については何も規定しておらず、それについては裁判所による解釈にゆだねているといえるのであって、そのかぎりにおいては裁判所の解釈如何によっては抽象的審査制が導入される可能性もあったのであるが、最高裁判所は付随的審査制の採用を決定し、その際、権力分立をも一つの根拠としたのである。最高裁判所は抽象的審査制は権力分立制に反するが、付随的審査制は反しないと判断したが、その理由は、付随的審査制の場合には裁判所は通常の裁判手続の枠内においてのみ議会と政府の行為を審査するにすぎない、というところにあった。最高裁判所のこの決定は一般的に受容れられている。こうした事情は、憲法の優位は憲法裁判の導入を要求するが、しかし、憲法自身が抽象的審査制を明文によって規定することによって憲法の優位の徹底した実現する意思を明示しないかぎり、権力分立制が憲法の優位の徹底した実現を制約し、付随的審査制にとどまらせる、というように解釈されることができる。

しかし、また、権力分立制が三権の抑制・均衡という意味においてのみ理解されるべきでなく、広い意味においても理解されるべきであるという事が重要である。即ち、権力分立制は水平レベルにおいては、多数党と少数党との間の抑制・均衡として、また、垂直レベルにおいては、中央国家と支分国家、もしくは、国家と地方自治体との間の抑制・均衡としても理解されなければならない。そして、このように広く理解された権力分立制はまさに憲法裁判を要求するのである。したがって、憲法裁判と権力分立制との間には、このように見るかぎり、強い親和性があるということができる。ただし、付随的審査制と抽象的審査制のうちのいずれがより親和性を有しているかについては、議論の余地がある。

他方において、この権力分立制が裁判所による議会・政府の行為の審査の権限の抑制された行使を要請する。

裁判所が裁判所によって解釈された憲法を審査の基準とするということは、或る意味で、憲法規定の文言によって限界が劃されているとしても、裁判所が審査の基準を設定するということを意味している。この点に、裁判所が他の権力の上に立つという潜在的な危険が存する。それは、裁判所が抽象的審査制のもとにあるか、付随的審査制のもとにあるかの如何を問わない。この危険は、後者におけるよりも、前者におけるほうがより大きい。それゆえ、権力分立の観点からは、後者におけるよりも前者において裁判所の審査権の行使の一層の抑制が要請される。しかし、実際には、まさに付随的審査制においてこそ、議会・政府の一定範囲の行為を裁判所の審査からしめだすための根拠として権力分立制が持ち出されている。例えば、日本では、高度に政治的な性格をもった国家行為（例えば内閣による衆議院の解散）や議院運営上の行為（例えば法律の議決手続）は最高裁判所の審査に服さないとされているが、前者に関しては、裁判所は法律問題に限定されているということが理由とされ、後者に関しては、権力分立思想によれば三権への任務もしくは権限の配分は三権への任務遂行上もしくは権限行使上の自律権の配分をも含んでいるということが理由とされている。この点に関しては、憲法学者からは権力分立制を根拠とする裁判所の審査権行使の抑制が大きくなりすぎないことが要求されている。

総じていえば、憲法裁判と権力分立制とが相互に要求し合うかどうかということだけでなく、権力分立原理から議会・政府の行為の裁判所による統制の具体的あり方にたいして如何なる実践的結論がひきだされているかということを追究することが重要と思われる。

三　国民主権（もしくは民主政原理）

既述の如く、日本の最高裁判所は、憲法解釈によって、付随的審査制をもって日本の審査制と認定したのであるが、この認定にあたって、国民主権原理をも根拠として持ち出した。もちろん、ドイツが模範的な形で証明しているように、国民主権原理のもとでも抽象的審査制は十分成立することができる。最高裁判所のこの認定は日本の憲法学者の圧倒的多数によって支持されているが、その場合、抽象的審査システムの認定は憲法の明文の規定があって始めて可能となるのであって、明文の規定がなければ国民主権のハードルを越えることができないと考えられているのである。

したがって、日本においては、審査制のシステム選択――しかも付随的審査制の選択――のための根拠として国民主権が持ち出されているということができる。これに対して、ドイツでは、システムの選択は憲法自身によって行われており、それゆえ、このレベルにおいて国民主権を持ち出す必要はないのである。

それでは、裁判所の審査権限行使のレベルにおいてはどうか？

日本においては、国民主権がこのレベルにおいてももともと限定されている裁判所の審査権限を更に限定するための論拠として持ち出され、例えば、高度に政治的な性格をもった国家行為を裁判所の審査からしめだすための論拠として持ち出され、或いは、議会や政府の行為について原則としてゆるやかな審査をするための論拠として持ち出されている。

ドイツにおいても同じ趣旨で国民主権もしくは民主政原理が議会や政府に広汎な裁量の余地を認めるための論拠として持ち出されていると思われる。

しかし、また、国民主権が二つのモーメント、即ち、レアールなモーメント（現実的に表明された国民の意思の尊重の要請）とイデアールなモーメント（イデアールな国民意思の尊重の要請、国民主権の存立条件の尊重の要請）を含んでいるということ、及び、例えば、日本で表現の自由を侵害する法律についての厳格な審査のための論拠として用いられているように、後者のモーメントが裁判所の審査の強化のための論拠として用いられうるということに注意する必要がある。

従って、この観点においても、憲法裁判制と国民主権とが両立しうるかということだけでなくて、裁判所による審査の具体的なあり方について国民主権原理から如何なる実践的帰結がひきだされているかということをも——比較法的に追究することが必要である。

四　裁判の概念

日本の憲法においても、ドイツの基本法においても、国家行為の裁判所による審査に関する規定は裁判の章におかれている。しかし、裁判の概念が憲法裁判のあり方に関していとなむ役割は両憲法において異っている。基本法においては、裁判の概念が裁判所の審査のあり方に関して決定的な役割をいとなむということはない。けだし、裁判所の審査権限の行使の前提・方法・効果については必要なことは基本法自身のなかに規定されているからである。これに対して、日本においては、日本国憲法が裁判所の審査権限の行使の前提・方法・効果に関して何も規定していないので、裁判の概念が決定的な役割をいとなんでいる。確かに、既述の如く、権力分立の思想や国民主権の思想も重要な役割をいとなんではいるが、しかし、その役割はいわば第二次的なものであって、裁判の概念のほうが第一次的なものである。審査権限の前提・方法・効果の問題の解決にとっては、この権限を定めた規定が裁判の章におかれていることが決定的と見られており、したがって、この権限の行使は裁判の一環以外ではありえないと見られているので、この問題の解決は基本的に裁判の概念にかかっているということになる。

日本において支配的な見解によれば、裁判は独立した機関による、法規範の適用による、法的拘束力をもった、具体的な争訟の解決とされており、この見解によると、具体的な争訟が裁判にとって本質構成的なモーメントということになる。この立場に立てば、日本の審査システムは、具体的な争訟の解決に付随するシステム、即ち、付随的審査制でしかありえないということになる。この立場に立てば、日本国憲法のもとでは抽象的審査制を認める余地は全くないということになる。

他方において、基本法における裁判の概念は、具体的な争訟の解決のみならず、抽象的な争訟の解決をも含んでいる。このことは、裁判の本質は日本とドイツでは同じではないということを意味している。

このことは一般的に言って、法的概念や法的制度の本質とは何かという問題を提起する。それはそれぞれの憲法の決するところに全く委ねられているということになるのか。そうすると、なんらかの意味で法的概念や法的制度の本質を確定しようとする比較法・比較憲法の意義は、どこにあるのかという問題が提起される。逆に言えば、比較法・比較憲法的研究にあたっては、研究によって確定される法的概念や法的制度の「本質」が一定の偏差を許容する弾力的・流動的なものであることを自覚しておくことが肝要ということになる。

五　機能的観点

比較法・比較憲法においては、憲法裁判制は、制度的観点のもとでのみならず、機能的観点のもとでも考察されなければならない。そもそも、国家行為の審査権能をもった通常裁判所（とりわけその最高裁判所）と独自の憲法裁判所とを一緒にして憲法裁判機関として総括すること自体機能的考察にほかならないが、この考察をおしすすめると、通常裁判所と特別の憲法裁判所とが非常に近似したものであることが明らかになる。例えば、日本は制度としては付随的審査制を採用し、それを維持しているが、日本のシステムも少くとも幾つかの点においては抽象的審査制として機能していると見ることができる。

① 日本では憲法異議の制度はなく、したがって判決に対する憲法異議の制度もない。しかし、下級審の判決に対して憲法違反を理由として最高裁判所に上告することができる。即ち、判決の憲法違反性は、他の理由とならんで、最高裁判所への上告の理由となりうるのである。実際、最高裁判所に上告がなされる場合、ほとんど常に、判決の憲法違反が理由とされている。その場合、判決それ自体の憲法違反が理由とされることもあるし、判決の基礎におかれている法律の憲法違反が理由とされることもある。ほとんどの場合、最高裁判所は憲法違反を理由とする上告を却けているのであるが、若干の場合には、それを容認している。上告棄却の場合、最高裁判所は、理由において判決の基礎になっている法律の合憲性を宣言し、主文において下級審の判決を確認するのであるが、上告容認の場合は、理由において下級審の判決の基礎とされた法律の違憲性を宣言し、主文においてこの法律を適用してなされた下級審の判決を取消すのである。したがって、下級審の判決を、その違憲性を理由とする最高裁判所への上告によって攻撃することは、機能的考察においては、判決に対する憲法異議と見ることができるのである。

② 政治的国家機関の高度に政治的な行為をもその合憲性に関して審査することは、独自の憲法裁判所にとって本質的なことであり、また、通常行われているところである。これにたいして、通常裁判所の場合は、こうした国家行為の合憲性審査を放棄することが一般的である。日本の最高裁判所も裁判に服さない統治行為という理論に相当する理論を採用して高度に政治的な国家行為については立入った合憲性審査を拒否して来た。しかし、日本の最高裁判所の採用した統治行為論というのは独特のものである。即ち、この理論は高度に政治的な国家行為の合憲性審査を最初から放棄するのではなく、相当程度までの審査を要求するのである。最高裁判所は、これらの行為が一見極めて明白に違憲でないかぎり審査できないとするのであるが、一見極めて明白に違憲か否かは審査しなければならないとするのである。この理論にもとづいて最高裁判所は高度

に政治的な国家行為について相当程度まで審査し、且つ、この程度までの審査の結果を公表して来た。したがって、最高裁判所は高度に政治的な国家行為についても審査をし、且つ、一見極めて明白に違憲とはいえないという判断を下しており、ただ、合憲・違憲の最終的判断だけを回避しているのである。

他方、独自の憲法裁判所は高度に政治的な国家行為についても合憲性審査を行うのであるが、しかし、政治的国家機関に認められている広汎な裁量の余地を尊重して、これらの機関の政治的行為の合憲性を原則として肯定している。機能的観点のもとでは、結局、両者は同じこと、もしくは似たことを行っていることになるのではないのか。

③　抽象的審査制においては、法律無効の判断の効果については、無効の宣言によって法律はその効力を失うというように、憲法もしくは法律によって規定されているが、付随的審査制においては、殆んどの場合、この点に関する法律の規定はなく、実務においては、法律は最高裁判所をを含む裁判所による無効判断の宣言によっては一般的にその効力を失うことはなく、個々の具体的なケースに関してのみ当該裁判所によって無効とみなされうるというように、取扱われている。このような実務の取扱いの理由としては、付随的審査制にあっては、法律の効力を一般的に失わせることは、法律の廃止にあたり、それは法律を制定した立法者のみのなしうるところであるということが挙げられている。

しかし、日本の場合、二つの事情が考慮に入れられるべきである。

第一は、検察機関は最高裁判所によって無効と宣言された刑法規定の執行を判決宣告後直ちに停止したということである。このことによって、この法律規定は、正式に廃止されていないにもかかわらず、冬眠状態におかれたことになる。したがって、法律規定は最高裁判所によって無効と宣言されることによって一般的にその効力を失うという状況が事実上つくられたということができる。この場合、検察機関は違憲無効と宣言された法律規定の執行停止を単に政治的・道徳的に義務づけられているにすぎないのか、それとも、法的にも義務づけられているのか、ということについては、意見の相違がある。

第二は、立法者は二つのケースにおいて、最高裁によって違憲・無効と宣言された法律規定を判決後一ヶ月以内に廃止した、ということである。もっとも、他のケースにおいては、法律規定の改廃は非常におくれたのではあるが。立法者が迅速に対応する場合には――迅速に対応するという制度的保障がないところが問題なのであるが――法律は最高裁によって違憲・無効と判断されることによって一般的に効力を失うという状態が事実上つくられるということになる。このレベルにおいても、立法者は最高裁判所によって違憲・無効と宣言された法律の迅速な改廃を単に政治的・道徳的に義務づけられているにすぎないのか、それとも、法的にも義務づけられているのか、という問題が生ずる。

したがって、付随的審査制における最高裁判所の法律の違憲・無効の判断の効力の問題の実務的解決は、立法府や行政府が憲法の優位の実現に熱心である場合には、抽象的審査制のもとにおける制度的解決に接近するということになる。

六　コンセンサス

憲法裁判にとって国民のコンセンサスも重要な意味をもっている。国民のコンセンサスが憲法裁判所（もしくは最高裁判所）の活動を支持し、促進することができるというのは、確かである。しかし、また、国民のコンセンサスが憲法裁判所（もしくは最高裁判所）の判決に反対し、抵抗することがあるというのも、確かである。憲法裁判所（もしくは最高裁判所）は国民のコンセンサスにたいして如何なる態度をとるべきなのか？　憲法裁判所（もしくは最高裁判所）は、事実上存在する国民のコンセンサスに安易に依拠し、それを反映することで満足してもよいのか？　国民のコンセンサスが未だ成立していない場合、或いは、国民のコンセンサスが成立しているが、憲法と無関係に、或いは憲法に反して成立している場合、憲法裁判所（もしくは最高裁判所）は如何に対応すべきなのか？

この場合、事実上存在するコンセンサス（レアールなコンセンサス）と憲法を基準とした場合に存在すべきコンセンサス（イデアールなコンセンサス）とを区別して考えることが重要と思われる。そのように考えると、憲法裁判所（或いは最高裁判所）はレアールなコンセンサスを考慮に入れ、それを受容れるのみならず、イデアールなコンセンサスをも打ち出し、その実現をもはかるべきだということになる。憲法裁判所（もしくは最高裁判所）が後者の機能を行うのは、憲法の正しい解釈を通じて行うしかない。もちろん、憲法諸規定の意味内容は憲法解釈の伝統的カノンを適用するだけでは十分に確定されることはできない。その場合には、憲法裁判所（もしくは最高裁判所）の裁判官はその開かれた余地を憲法の優位の実現にとって最適の解決によってみたさなければならない。憲法裁判所（もしくは最高裁判所）の独自の活動の意義はその点にある。しかし、この独自の活動は二つの点で問題を提起する。第一はこの解決にあたってどの程度まで裁判官の判断の主観性が排除され得るか、という問題である。第二は裁判官はこの解決を打出すについて民主的正当性をもっているか、という問題である。それにもかかわらず、憲法裁判所（もしくは最高裁判所）の裁判官は、国民のレアールなコンセンサスをイデアールなコンセンサスに近づけ、憲法の優位の現実化の過程をおしすすめるために、この解決を試みなければならず、敢行しなければならない。この場合重要なことは、裁判官が自分が打出した解決が暫定的なものにすぎないということを自覚していることであり、一旦打出した解決を他のよりよい解決によっておきかえる意思をもち、そのための努力をすることである。そのための適切な方法が開発されなければならない。

七　憲法裁判と憲法学者

シンポジウムにおいては憲法裁判制にたいする憲法学者の役割もまた議論された。憲法裁判制度の実際的運用のために憲法学者は如何なる役割を営むべきなのか？

憲法裁判所（もしくは法令審査権をもった最高裁判所）の裁判官としての役割か？

憲法裁判所（もしくは最高裁判所）における訴訟代理人としての役割か？

訴訟当事者のための鑑定人としての役割か？

その理由づけのために判決によって引用される典拠としての役割か？

裁判所の判決と国民との間の架橋としての役割か？

裁判所の判決にたいする批判者としての役割か？

ドイツの憲法学者は、全体として見た場合、上述のすべての役割を営んでいる。これにたいして、日本の憲法学者の役割は主として批判者としての役割に限定されている。日本では、最高裁判所と憲法学者との間には基本的にギブ・アンド・テイクの関係は存在していない。それについては、それぞれの側から正当化理由があげられることができよう。一方は他方を非難することができよう。しかし、ネガティブな関係は憲法の優位の実現にとっては不毛であり、不利である。このネガティブな関係は如何にしてポジティブな関係、協働的な関係に転化されることができるか？　この問題こそこのシンポジウムがわれわれ日本の憲法学者につきつけた最も困難な問題である。

世界における憲法裁判の発展
――第一回シンポジウムの総括として――

クリスティアン・シュターク
光田督良訳

今回の我々のシンポジウムは、憲法裁判の一般的な問題のみならず、個別的な問題にも我々が言及したことによって特徴付けられる。一般論として、憲法裁判のタイプ、壊滅と独裁の克服の後の憲法裁判の成立要件が取り扱われた。憲法裁判は、民主主義国家における権力分立に二律背反的な効果を示している。一方で、憲法裁判自体が権力分立の一要素であり、他方でそれは、憲法を基準とした立法のコントロールの際に、憲法を余りにも限定的に解釈し、また立法の政治的な可能性を制限するという危険の中にある。すべての事柄は比較法的に取り扱われ、経験に基づいた報告がなされた。個別論として、裁判官の選出や憲法裁判手続法の問題、および判決に対する憲法異議に関して判断を下す憲法裁判所の過重負担の問題が取り扱われた。

憲法裁判の基本問題は、ほぼすべての報告において話題に上った。のみならず、憲法裁判のあるタイプから別のタイプへの転換についても言及された。さらには中間形態についても議論された。ヴェーバー（*A. Weber*）教授は、井上教授の報告に触発され、シンポジウム全体に関りあう問題を提示した。強弱併せ持つ憲法裁判は、オーストリア・ドイツ型憲法裁判所においてのみならず、アメリカモデルにおいても現れる。日本において憲法裁判が弱い形でしか発展しなかったことは、どのように説明されることになるのか。アメリカモデルからオーストリア・ドイツシステムへの転換は、日本における憲法裁判を強化すること、すなわち積極化することになりうるであろうか。制度は内容を基礎とした上で作用することを我々は認識している。したがって、日本における憲法裁判のタイプを転換するという思考は、原則的には筋の通った提案である。しかし、おそらく日本において憲法裁判の弱い特徴についての簡単に処理できない根拠が存在する。制度を変更しようとする前に、このことが認識されるべきである。それではどのような理由が挙げられるか、

－憲法は四〇年の長期にわたって統合要素として弱い存在でしかなかった。なぜなら、戦後アメリカによって押し付けられた憲法が問題とされているからである。おそらく、憲法は日本的な伝統や日本の住民の本質を余りにも考慮に入れていない。しかし、もし規範統制により憲法を立法者に活力あるものとすることが、最高裁判所を憲法裁判所と理解することとなりうるならば、その時、脆弱な基礎しか有さない憲法から頑強な憲法となりうる。

－最高裁判所の裁判官は上告に対して判断を下す裁判官（Revisionsrichter）である。彼らは個々の事件に関し、先例（Vergangenheit）から法律を基準にして判断を下すことを学んできた。規範統制については過去が問題なのではなく、法律がその中に入り込んで行く将来が問題なのである。規範統制はこれと異なった裁判官の態度、すなわち完結した生活実態に関する個別的事件の判決の再審査を要求する。もし、訴訟法がこの種の手続を特別に規定することになれば、裁判官は法律を統制する勇敢さを兼ね備えることとなる。

－個別的事件の判決の再審査に関りあうことのない特別の裁判所を設けるならば、このことは完全に、規範統制が真剣に行われることになるという有益な効果をもたらすことができる。たとえば、憲法院が――もちろん阻止的にのみにではあるが――法律を統制し、その限りで立法に対する憲法の優位を保障するフランスにおいてもそうである。

－法においては、つねに地下水脈および伝統もしくは間違った伝統が作用する。したがって、ヨーロッパにおいては古典古代まで遡る高次の法という観念が、日本において伝統的に存在するかどうかという問題が提起される。とくに、近代において高次の法という観念は、fundamenntal law, paramount law, higher lawなど多様なもの（virulent）となっていた。このような観念は、支配者もしくは今日では民主的な多数者が、期待された条件の下でのみ改正される法に拘束されるという意味を含んでいる。

－日本は明治時代ヨーロッパの伝統を受け継いだ。しかし、高次の法を否定し、権限ある国家機関に無制限の法定立権限を認めた時代の伝統を受け継いだのである。ビスマルクは、裁判官に国家機関間の争訟問題を判決させることを馬鹿げたことと考えていた。当時、基本権も高次の法とは認められておらず、むしろ立法者が特別の基本権法律において生じせしめることを書き換えるためのプログラムと考えられていた。この限りで、フランス、ドイツ、スウェーデンは同列に置かれる。

一九九五年に国際憲法学会の第四回世界大会が東京で開催された。そのときのテーマは「立憲主義の五〇年」であった。立憲主義は、憲法が通常の法律に優位すること、およびこの優位が保障されることを意味している。そして、立憲主義は世界的な運動となったが、長く今日に至るまで世界中で実行に移されているわけではない。四名の日本の教授がこれを擁護した。樋口教授は、深瀬教授と共に一九八四年に、日本における立憲主義とその問題性に関する書物を著し、最近では「Le Constitutionalisme entre et le Japan」という書名の論文集を公刊された。

憲法裁判に関する我々の今後の共同研究の作業において、我々は、歴史的に形成されてきた高次の法という思想との共通点が日本において存在するか否かを検討しなければならない。このこととは別に、常に権力（Herrschaft）の法的統制に帰するこの思想の普及に努めなければならない。この必要性は、今日の日本の社会で異議が差し挟まれることはまったくないであろう。

ヨーロッパやラテンアメリカにおいて、国際的な裁判所によって保障される地域的な国際人権協約が、高次の法という思想を強化している、つまり、国家の立法者たちに対しても国際的な裁判所での敗北を回避したいということが明らかになる。

さて、最後になりましたが、私は、主催者および報告者に心よりお礼を申し上げます。すべてのことが、私たちをとても満足させて下さいました。日本の同僚の皆様は、私たちに全体として素晴らしいプログラムを提供して下さいました。そのことに対して衷心よりお礼申し上げます。ありがとうございました。それでは、二〇〇四年にゲッティンゲンでの再会を期待しております。

あとがき

憲法裁判の隆盛は今日、世界的なものであり、一方ではオーストリア、ドイツ、他方ではまたアメリカ合衆国をモデルとして、憲法裁判は立憲国家の構成要素となり、多様な形で各国に受容され、発展している。しかし、現代の立憲国家において共通のものである憲法裁判は、これを採用する国々の憲法文化の違いによってさまざまな形相を帯びることになる。したがって、それぞれの国の憲法文化を無視して、制度や理論だけを議論することはできない。憲法裁判に関する研究は、たんに憲法裁判制度それ自体だけではなく、憲法裁判制度を導入している国々の政治・経済・文化状況あるいは憲法状況の中で憲法裁判がどのように機能し、またどのような問題を抱えているのかを明らかにしなければならない。これによって従来はともすれば抽象的な憲法解釈論・制度論のレヴェルにとどまっているわが国における違憲立法審査制度をめぐる議論に対して、二一世紀のわが国の憲法状況において違憲立法審査制度はどうあるべきかという視点から、個々の制度・手続の導入の是非や憲法訴訟法制定の可能性についても具体的な提言を行うことができる。

ドイツ憲法判例研究会（栗城壽夫・戸波江二代表）は、二〇〇〇年以来、文部科学省の科研費（平成一二年度～一四年度科学研究費補助金（基盤研究(B)(1)）の援助をうけて「司法改革における憲法裁判――違憲審査の制度と機能に関する比較法的研究」をテーマに共同研究を進めてきた。そして変革期にあるわが国の憲法裁判制度について広い観点からその処方箋を提示するために、憲法裁判所制度を採用しているドイツ、オーストリアをはじめとするヨーロッパ大陸諸国だけではなく韓国、台湾などアジア諸国の制度も視野に入れて、憲法裁判の理念と機能について総合的に研究してきた。

そして、この共同研究の成果を集約するという意味で、憲法裁判（違憲審査制）について、日独を中心に各国での発展経過とその異同を比較法的見地から研究し憲法裁判をめぐる諸問題を考察するため、二〇〇二年九月二〇日から二三日に東京（早稲田大学）と京都（立命館大学）で国際シンポジウム「憲法裁判の国際的発展」が開催された。

本シンポジウムでは、日本学術振興会・日独共同研究プログラム補助金および学術振興野村基金の研究プロジェクト助成の交付を受け、憲法裁判の研究に通じたドイツの研究者（ゲッティンゲン大学シュターク教授によって組織された研究者グループ）及び多角的な比較法の観点からオーストリア・スペイン・韓国・台湾の研究者を日本に招へいし、ドイツ憲法判例研究会とともに、①憲法裁判のアメリカ型モデルとドイツ型モデルとの比較、②日独の憲法裁判の現状と問題点、③憲法裁判と政治、憲法裁判の民主的正当性、④憲法裁判官の理念、⑤各国の憲法裁判制度とその機能、⑥国際化のなかの憲法裁判というテーマについて報告および討論が行われた。

本書は本シンポジウムの全報告に加筆したものである。

本書が、ドイツ憲法判例研究会の活動の一環であるという性格から、本書にでてくるドイツの憲法判例の中で、本会編（編集代表：栗城壽夫・戸波江二・根森健）『ドイツの憲法判例（第二版）』（二〇〇三年、信山社）、同編（編集代表 栗城壽夫・戸波江二・石村修）『ドイツの最新憲法判例』（一九九九年、信山社）に掲載されている判例については、それぞれ、「憲法判例」、「最新憲法判例」と略した上でそれぞれの判例番号と執筆者を示した。

本書のドイツ語版（„Die Fortschritte der Verfassungsgerichtsbarkeit in der Welt—von dem rechtsvergleichenden Gesichtspunkt, insbesondere zwischen Deutschland und Japan"）が、ドイツにおいて刊行される予定である。

なお、本シンポジウムを踏まえた第二回のシンポジウムが二〇〇四年八月にゲッティンゲン大学とオスナブリュック大学で開催される。

最後に、信山社の袖山貴氏に感謝したい。袖山氏のドイツ判例研究会に対するいつに変わらぬ配慮と激励が本書の成立に不可欠であった。そして、具体的な編集作業においては、有本司氏の大きなご助力を得た。

二〇〇四年二月

編　者

〔付記〕　本書は、日本学術振興会平成一五年度科学研究費補助金（研究成果公開促進費）の交付を受けた。ここに記してお礼を申し上げる次第である。

事項索引

あ行

か行

た 行

な 行

は 行

ま　行

や　行

ら　行

国名索引

人名索引

Grundrechtsschutz durch Fachgerichte, Verfassungsgerichte und den Europäischen Gerichtshof für Menschenrechte
···Professor Dr. Jörn Ipsen (Universität Osnabrück)
Übersetzung von Professor Kentaro SHIMAZAKI
(Universität Saitama)

Internationalisierung, Globalisierung und Verfassungsgerichtsbarkeit
··· Professor Takashi MONDEN (Universität Hiroshima)

Die Realisierung der Verfassungsgerichtsbarkeit durch das Verfassungsprozeßrecht oder das sonstige Prozeßrecht—der Prozess um Staatshaftungsanspruch als Instrument der verfassungsrechtlichen Kontrolle des Gesetzgebungsaktes—
··· Professor Dr. Tsuyoshi HATAJIRI (Josai Universität)

Schlußbemerkung
··· Professor Dr. h.c. Hisao KURIKI (Meijo Universität)

··· Professor Dr. Christian Starck (Universität Göttingen)
Übersetzung von Professor Masayoshi MITSUDA
(Komazawa Frauenuniversität)

Ein Vergleich zwischen dem deutschen und amerikanischen Modell der Verfassungsgerichtsbarkeit im Hinblick auf Japan
……………………………… Professor Dr. Noriyuki INOUE (Universität Kobe)

Stufen des Verfassungsrechts und die Verfassungsgerichtsbarkeit
…………………… Privatdozent Dr. Karl-Eberhard Hain (Universität Göttingen)
Übersetzung von Professor Hiroshi WATANABE (Kobe-gakuin Universität)

Wahl der Richter des Verfassungsgerichts
………………………………Professor Dr. Werner Heun (Universität Göttingen)
Übersetzung von Professor Toshiyuki OKADA
(Wako Universität)

Richter in der Verfassungsgerichtsbarkeit
……………………………………Professor Tatsuro KUDO (Chuo Universität)

Beziehung des Verfassungsgerichts zum Parlament Verfassungsgerichtsbarkeit zwischen Recht und Politik—Vergleichende Betrachtung zwischen Japan und Deutschland—
…………………………… Professor Hideki NAGATA (Ritsumeikan Universität)

Entwicklung und Stand der Verfassungsgerichtsbarkeit in Korea
…………………………Emeritus Proffessor Dr. Young Huh (Yonsei Law School)
Übersetzung von Professorin Noriko KOKUBUN
(Universität zu Aichi)

Verfassungsgerichtsbarkeit in Taiwan
……………………………… Prof. Dr. Tzong-li Hsu (Taiwan National University)
Übersetzung von Professor Motoi MIYAJI
(Meiji-gakuin Universität)

Die Rezeption des österreichisch-deutschen Modells der Verfassungsgerichtsbarkeit in Spanien
……………Professorin Dr. María Jesús Montoro- Chiner (Universität Barcelona)
………………………………Professor Dr. Heinz Schäffer (Universität Salzburg)
Übersetzung von Professor Dr. Toyoaki FURUNO
(Toin-Yokohama Universität)

DAS ERSTE SYMPOSIUM
AUFGRUND DER JAPANISCH-DEUTSCHEN ZUSAMMENARBEIT

IN TOKYO /KYOTO, 2002

Die Fortschritte der Verfassungsgerichtsbarkeit in der Welt
–von dem rechtsvergleichenden Gesichtspunkt,
insbesondere zwischen Deutschland und Japan

Inhalt

Eröffnungsansprache
.... Professor Dr. h.c. Hisao KURIKI (Meijo Universität)

Die Fortschritte der Verfassungsgerichtsbarkeit
.... Professor Dr. Christian Starck (Universität Göttingen)
Übersetzung von Professor Masayoshi MITSUDA
(Komazawa Fraueuniversität)

Gewaltenteilung und Verfassungsgerichtsbarkeit
.... Professor Dr. Christian Starck (Universität Göttingen)
Übersetzung von Professor Masayoshi MITSUDA
(Komazawa Frauenuniversität)

Die Entwicklung der Verfassungsgerichtsbarkeit und die Probleme der richterlichen Prüfungsbefugnis über die Verfassungsmäßigkeit in Japan
.... Professor Koji TONAMI (Waseda Universität)

Typen der Verfassungsgerichtsbarkeit
.... Professor Dr. Albrecht Weber (Universität Osnabrück)
Übersetzung von Dozent Yuuki TAMAMUSHI
(Sendai-Shirayuri Frauenuniversität)

〈編者紹介〉

栗城壽夫（くりき・ひさお）

名城大学法学部教授

戸波江二（となみ・こうじ）

早稲田大学法学部教授

畑尻　剛（はたじり・つよし）

城西大学経済学部教授

憲法裁判の国際的発展

—日独共同研究シンポジウム—

2004年（平成16年）2月29日　第1版第1刷発行

編　集　ドイツ憲法判例研究会

編集代表　栗　城　壽　夫
戸　波　江　二
畑　尻　　　剛

発行者　今　井　　　貴

発行所　信山社出版株式会社

〒113-0033　東京都文京区本郷6-2-9-102
電　話　03（3818）1019
FAX　03（3818）0344

printed in Japan

印刷・製本／暁印刷・大三製本

ISBN4-7972-3135-1　C3332

3135-012-052-03

分類 323.001